MANUSCRITS DU MUSÉE DOBRÉE

Le Cartulaire
de Saint-Serge d'Angers

Par l'Abbé G. DURVILLE

Membre de la Commission administrative du Musée d'Archéologie
de la Loire-Inférieure

NANTES
IMPRIMERIE MODERNE — JOUBIN & BEUCHET FRÈRES
22 et 24 - Rue du Calvaire

1903

PAR LE MÊME

Château-Ceaux aux VI ^{e}, VII ^{e} et VIII ^{e} siècles............ 0 ^{fr}.75

Études sur le Vieux-Nantes, I ^{re} et II ^{e} livraisons.. la livraison 2 ^{fr}.50

SOUS PRESSE

Les Manuscrits du Musée Dobrée.

Études sur le Vieux-Nantes : Vues et texte explicatif, pour l'illustration du premier volume.

A Monsieur L. Delisle,
Administrateur général de la Bibliothèque nationale
hommage très respectueux.
G. Durville

MANUSCRITS DU MUSÉE DOBRÉE

Le Cartulaire de Saint-Serge d'Angers

Par l'Abbé G. DURVILLE

Membre de la Commission administrative du Musée d'Archéologie de la Loire-Inférieure

NANTES
IMPRIMERIE MODERNE — JOUBIN & BEUCHET FRÈRES
22 et 24 - Rue du Calvaire

1903

Sceau et Contre-Scel de l'Abbaye de Saint-Serge

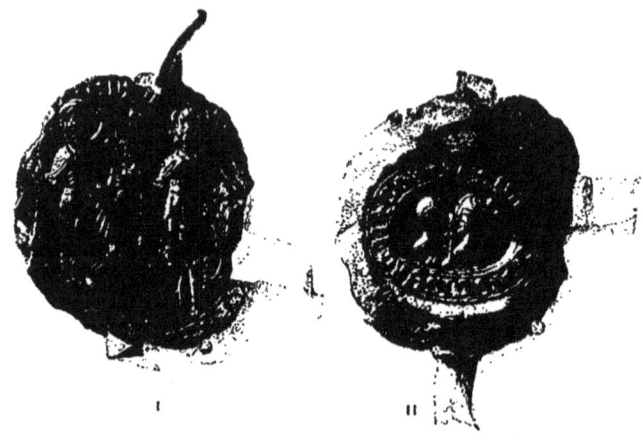

I — SCEAU

Légende :

✠ SIGILLVM [SANCT]ORVM [MARTYRVM SERGII ET BAC]HI

Diamètre : 0 m. 055.

II — CONTRE-SCEL

Légende :

✠ CONTRA : S : CAPITVLI : SCI SERGII

Hauteur : 0 m. 028 ; largeur : 0 m. 035.

Nous publions ces sceaux d'après une empreinte de cire brune appendue, sur double queue de parchemin, à un acte de 1293, avec le sceau ovale de l'abbé Jean Rebours, portant en légende :

[S.] FRIS IOH.... ...SERGII ADE. (ANDEGAVENSIS)

Cet acte concerne un arrangement passé entre Mathieu *de Vernée*, chevalier, et le prieur de Thorigné, relativement à la terre de la Martelière.

Ces sceaux, qui présentent certains caractères de ceux du XIIe siècle, étaient encore en usage à la fin du XVe. On les trouve aussi appendus à un acte de 1480, conservé aux Archives de Maine-et-Loire, H 793 : c'est d'après cette dernière empreinte que nous rétablissons le texte de la légende du sceau I.

Cartulaire de Saint-Serge d'Angers

I — LE MANUSCRIT [1]

Histoire du volume
de 1790 à son arrivée dans la collection Dobrée

Ce manuscrit du XII⁰ siècle est composé de 176 ff. chiffrés, vélin, 0.330 sur 0.221 mil.; sa reliure en bois recouvert d'un reste de cuir blanc, est en mauvais état. Au bas du premier plat se trouve un anneau mobile en fer, rivé dans le chêne.

Une note inscrite sur une des feuilles volantes, restées comme marques dans ce volume, porte l'indication suivante :

Cabinet Audouys, cartulaire de Saint-Serge, sæc⁰ XIII⁰ exaratum, liber concatenatus de 176 f⁰ˢ comprenant 376 chartes.

Les mots « *liber concatenatus,* livre enchaîné », sont suffisamment expliqués par l'existence de l'anneau dont nous parlons plus haut, et où passait jadis la chaîne qui empêchait d'emporter le volume.

L'attribution du manuscrit au XIII⁰ siècle, attribution qui se retrouve du reste répétée au crayon au premier feuillet du

---

[1] Cette étude est, en grande partie, extraite d'une autre plus considérable qui comprend tous les manuscrits du Musée Dobrée. Chargé par une confiance trop honorable de faire un catalogue raisonné des manuscrits de cette importante collection, nous avons cru qu'il ne serait pas sans intérêt, pour l'Anjou, de publier à part un article qui le concerne spécialement.

Il est vrai que le Cartulaire de Saint-Serge n'est pas le seul volume de la collection Dobrée qui l'intéresse. Cette collection comprend encore un Lectionnaire angevin du XI⁰ siècle, un Missel du XII⁰, un Pontifical du XIV⁰, un Manuscrit des statuts de Jean de Rely, de 1493, sans compter, parmi les imprimés, une collection de statuts qui commence par ces mêmes statuts de Jean de Rely.

Mais les autres ouvrages ne présentent pas pour tout l'Anjou un intérêt local aussi vif qu'un Cartulaire avec ses détails sur les usages, les mœurs, les faits historiques particuliers à telle ou telle localité.

Notre Cartulaire renferme, dans sa partie primitive, les titres manuscrit, est erronée : il est du XII°. L'indication la plus précieuse de cette note est la première : *Cabinet Audouys*, puisqu'elle nous permet de retrouver une étape du Cartulaire depuis sa sortie du chartrier de Saint-Serge jusqu'à son arrivée dans la collection Dobrée.

En 1843, le Cartulaire de Saint-Serge faisait partie de la

anciens de neuf prieurés de Saint-Serge, et, dans sa partie récente, des détails sur l'abbaye elle-même et la plupart de ses prieurés d'Anjou, du Maine et de Bretagne. On pourra se rendre compte de son importance en consultant le *Dictionnaire topographique* qui suit l'analyse des chartes. Toutes les paroisses qui y sont mentionnées peuvent avoir un plus vif désir de l'étude sur le Cartulaire que des études sur les autres manuscrits.

D'ailleurs, il est des choses qu'on ne s'attend pas à trouver dans un catalogue, et qui, loin d'être déplacées dans une étude sur un Cartulaire, en préparent l'intelligence en nous initiant mieux à l'esprit et aux usages du temps où il nous reporte. Ce sont ces considérations qui nous ont porté à offrir au public d'Anjou ce volume dans lequel nous ajoutons à la partie qui paraît dans un autre, actuellement sous presse, des considérations qui concernent plus spécialement les XI° et XII° siècles et ce pays.

Était-ce bien à nous d'entreprendre ce travail, et les érudits angevins ne trouveront-ils pas que nous sommes bien téméraire d'empiéter sur leur terrain ?

Nous avouons humblement qu'ils étaient mieux désignés que nous pour enrichir d'une nouvelle publication la série de leurs Cartulaires. Mais l'original du Cartulaire de Saint-Serge est désormais fixé à Nantes. Son étude nécessitait, pour les Angevins, des déplacements longs et coûteux : en prenant un peu plus de peine, nous leur en évitions beaucoup : c'est l'excuse de notre témérité.

Qu'ils nous le pardonnent donc, ainsi que les erreurs qu'ils pourront remarquer dans cet ouvrage, et dont nous attendons de leur complaisance la rectification, dans l'intérêt de la vérité. Pour mettre à point certaines choses, il aurait fallu consulter à loisir les riches dépôts historiques d'Angers. Nous n'avons pu le faire qu'au cours d'un rapide voyage. Nous n'avons pu trouver tout ce que nous cherchions mais, au moins, nous y avons trouvé partout, aux Archives, à la Bibliothèque et ailleurs, cette complaisance et cette amabilité dont le nom seul d'Angers rappelle l'idée à l'esprit naturellement.

Nous ne pourrions terminer sans remercier aussi M. Pitre de Lisle du Dréneuc, l'aimable conservateur dont nos collections départementales du Musée Dobrée et du Musée d'archéologie redisent le dévouement et la science. Si ardue que semble la rédaction d'un catalogue, la tâche en est singulièrement terminée par l'occasion qu'elle nous offre de vivre en rapports plus étroits avec ceux que l'on s'estime toujours heureux de rencontrer. Aussi, loi de désirer la fin de son travail, on n'est pas sans l'appréhender, parce qu'on prévoit que c'est moins la fin d'une peine que celle d'un plaisir.

collection *Toussaint Grille*. M. Marchegay lui consacrait les lignes suivantes :

« Le second registre appartient à M. Grille. Il est intitulé *Cartulaire volume 2*. C'est un petit in-folio dont la reliure est très ancienne et formée de planchettes de chêne dont une seule a conservé la peau blanche qui recouvrait le volume. Le manuscrit se compose de 177 feuillets de vélin, dont l'écriture a été commencée au XII° siècle et continuée jusqu'à la fin du XVI°. On y a copié trois cent soixante-seize chartes sans y comprendre les mentions d'hommages rendus aux abbés et qui occupent la fin du manuscrit. Ce cartulaire est très bien conservé et, pour ainsi dire, plus que complet, puisqu'on a attaché aux fils qui relient les cahiers diverses pièces originales, entr'autres une longue charte-notice ou pancarte du XI° siècle. L'écriture en est très belle, surtout pour le XII° siècle, mais sa lecture présente quelques difficultés en raison de sa finesse, pour la partie appartenant au XVI°. Elle est disposée en pleine page. Chacune de celles qui appartiennent au XII° siècle est peu remplie, attendu que les pièces sont courtes et très espacées (1). »

Il est à croire que ce volume a suivi pendant quelque temps le sort du Cartulaire de Saint-Aubin, qui vient d'être publié par M. Bertrand de Broussillon. En parlant de ce dernier, M. Marchegay écrivait : « Nous le voyons compris dans le catalogue des registres et titres, qui passèrent le 3 mai 1790, du chartrier du monastère dans les Archives du Département de Maine-et-Loire. Toutefois, il ne tarda pas à en sortir, et il est tombé, on ne sait trop comment, entre les mains de M. Audouys, l'un des feudistes attachés au triage et au dépouillement des titres provenant des communautés religieuses et des châteaux. Il est aujourd'hui la propriété de M. Grille, ancien bibliothécaire de la ville d'Angers, auquel il a été cédé par les héritiers de M. Audouys. » (2)

(1) P. Marchegay, *Archives d'Anjou*, t. I, p. 199. Le *Cartulaire* ne contient aucune pièce du XVI° siècle : la plus récente est de 1402. Une erreur typographique a probablement fait mettre XVI à la place de XIV. Cette erreur a, du reste, été corrigée à la main sur l'exemplaire des *Archives d'Anjou* déposé aux Archives de Maine-et-Loire.

(2) P. Marchegay, *Archives d'Anjou*, t. I. p. 102.

Le Cartulaire de Saint-Serge ayant aussi appartenu à M. Grille, après avoir fait partie du *Cabinet Audouys*, il n'est pas téméraire d'affirmer que ces deux cartulaires angevins ont eu la même histoire, depuis 1790 (1) jusqu'au moment où la vente des manuscrits de M. Grille les a séparés pour toujours.

Cette vente eut lieu à Angers, le 24 mai 1851. Le Cartulaire de Saint-Serge figure au n° 3.156 du catalogue, avec l'indication, *Second Cartulaire de l'abbaye de Saint-Serge d'Angers*. « Le premier Cartulaire de cette ancienne et importante communauté, perdu depuis longtemps, ajoute le catalogue, a été remplacé par celui que nous possédons. »

Nous ignorons où le rédacteur de ce catalogue a pu prendre ce renseignement. Il faudrait que le premier Cartulaire de Saint-Serge eût été perdu avant le XII° siècle, puisque celui que l'on donne pour le second est de cette dernière époque.

Mais, si ce rédacteur a négligé de nous dire où il a vu mentionné le premier Cartulaire de Saint-Serge, nous pouvons signaler une méprise qui semble avoir donné naissance à son opinion.

Au haut du premier feuillet, notre Cartulaire porte en écriture récente : *Cartulaire de Saint-Serge, Vol. 2°*. Cette dernière indication signifie évidemment : deuxième volume ; on lui a fait assez mal à propos signifier *deuxième Cartulaire*. Cette interprétation a prévalu dans les procès-verbaux du Conseil Général d'Angers et dans les actes administratifs de la Préfecture et du Ministère. M. Célestin Port, dans son *Dictionnaire de Maine-et-Loire*, ne parle, lui aussi, que du second

---

(1) On a dû dresser pour Saint-Serge, comme pour Saint-Aubin, un inventaire des titres qui devaient passer des chartriers de ces abbayes dans les Archives de Maine-et-Loire ; mais nous avons inutilement cherché ce document dans le dépôt de ces Archives : nous n'y avons trouvé qu'un inventaire des titres d'un des nombreux prieurés de Saint-Serge, et non l'inventaire des titres de l'abbaye elle-même. Ce dernier se trouve peut-être dans un fonds spécial qui n'est pas encore classé, avec l'inventaire des titres de l'abbaye Saint-Aubin, que nous avons aussi inutilement cherché. Le travail considérable auquel M. Audouys a pris part, forme probablement un fonds particulier, dont la découverte nous eût, peut-être, permis de voir comment le Cartulaire de Saint-Serge, ainsi que celui de Saint-Aubin, passa dans « le *Cabinet Audouys*. »

Cartulaire de Saint-Serge pour désigner le second volume de ce manuscrit.

Quand nous ne lirions pas, dès le commencement du Cartulaire : *Vol. 2e*, le simple contenu de ce qu'il renferme prouverait qu'il n'est qu'une partie d'un ouvrage plus complet.

Les prieurés de l'abbaye de Saint-Serge étaient beaucoup plus nombreux que ceux sur lesquels ce volume donne des documents. Dans le pays Nantais, trois prieurés, ceux de Rouans, de Chéméré, de Saint-André de Pornic, dépendaient du monastère angevin. Leurs titres, non plus que ceux de beaucoup d'autres prieurés, ne se trouvant pas transcrits dans le second volume, devaient certainement l'être dans un premier.

La découverte de l'inventaire des titres de Saint-Serge, déposé aux Archives de Maine-et-Loire, permettrait de dire si le premier volume du Cartulaire était encore à l'abbaye à l'époque de la Révolution. Il y était sûrement au XVIIe siècle. Un procès-verbal du 17 avril 1670, nous transporte dans « la Chambre du Trésor de Saint-Serge, où D. Georges Louvel a représenté un livre in-follio couvert de bois, avec une peau de mouton blanche par dessus, qu'il a dict estre le premier livre du Cartulaire de lad. abbaye, contenant 189 feillets en parchemin, escript recto et verso commenczant par ces mots au premier feillet recto: *Regestum cartarum et litterarum abbatiæ sancti Sergii*, et finissant par ces autres mots, au dernier feillet verso : *Qui Texcelinus senior Harduini accepit pro anto*, l'escripture duquel livre paroist très ancienne » (1).

On pourrait se demander comment ce premier volume a été séparé du second, et si cette séparation a eu lieu en 1790, ou à la vente du cabinet Audouys. Depuis la Révolution, nous ne trouvons nulle part mention de son existence. En 1843. M. Marchegay signalait sa perte. « Deux volumes, dit-il en parlant de Saint-Serge, composaient le Cartulaire de cette abbaye, et, d'après un fragment de mémoire sur le prieuré de Chalonnes,

(1) Archives de Maine-et-Loire. H 1811. Le Cartulaire des prieurés de Juigné, écrit en 1687, mentionne aussi le premier volume « relié couvert de cuir blanc relyé entre deux ays, ledit livre commenczant: *Registrum Cartarum*, etc. Ibidem, H 1082.

Duchesne les avait proclamés les plus beaux et les plus authentiques de la France. Nous n'avons pu savoir ce qu'est devenu le premier » (1).

Grâce aux nombreuses copies qui avaient été faites des actes de ce premier volume, soit dans les collections anciennes, soit dans les recueils comme celui de D. Housseau, M. Marchegay est parvenu à le reconstituer en grande partie. Son travail forme un gros volume grand in-4º. Il l'a déposé aux Archives de Maine-et-Loire, le 7 septembre 1859. C'est cette reconstitution du premier volume que M. Célestin Port cite sous les indications de premier Cartulaire de Saint-Serge (1).

M. Marchegay n'a pas eu à faire pour le second volume un travail aussi laborieux ; il en a fait un autre aussi utile. Craignant que les hasards de la vente fissent perdre à Angers un volume si précieux pour tout l'Anjou, il s'occupa de procurer aux Archives de Maine-et-Loire une copie du manuscrit, conservé alors dans la collection Toussaint Grille.

M. Grille désirait avoir un volume qui appartenait à ces Archives ; ce fut la base d'un échange et d'un arrangement passé entre lui et les Pouvoirs publics, en 1845. Dans sa séance du 29 août 1845, le Conseil Général de Maine-et-Loire autorisa le Préfet, M. Bellon, à faire les démarches nécessaires pour avoir cette copie. Le 17 septembre suivant, le Préfet écrivit au Ministre une lettre dans laquelle il lui représente « que M. Grille est fort âgé. Après sa mort, sa collection, justement célèbre, sera vendue par ses nombreux héritiers collatéraux. Il y a lieu de craindre que le manuscrit de Saint-Serge, dont les possessions s'étendaient jusqu'en Angleterre, ne passe entre les mains de sir Phillipps ou d'autres collectionneurs de la Grande-Bretagne qui, comme vous le savez, M. le Ministre, font monter les cartulaires à des prix que la Bibliothèque royale, elle-même, ose rarement offrir. Quand il sera rendu en Angleterre, le Cartulaire de Saint-Serge sera perdu pour notre histoire. Même en admettant la possibilité de l'y faire copier, on y aurait moins de facilités, et il en coûterait beaucoup plus qu'à Angers ».

Le Ministre répondit au Préfet qu'il ne tenait qu'à lui de

---

(1) P. Marchegay. *Archives d'Anjou*, t. i. p. 198.

faire l'échange proposé, la valeur des objets en cause ne dépassant pas la somme pour laquelle il est autorisé à faire des transactions. En conséquence, le Préfet prit, le 3 novembre, un arrêté relatif à la copie du *second Cartulaire de Saint-Serge*. D'après les conventions, M. Grille devait communiquer le manuscrit « à l'archiviste qui devra en avoir terminé la copie dans les deux mois qui suivront ».

Mais deux mois étaient courts pour la transcription de tout ce volume. M. Grille le prêta le 25 décembre 1845, et l'archiviste ne le lui rendit que le 15 avril 1846.

C'est ainsi que fut copié, pour les Archives de Maine-et-Loire, le second volume du Cartulaire de Saint-Serge. M. Marchegay a transcrit à la fin de son travail les pièces administratives qui l'ont autorisé : c'est de ces documents que nous tirons ces divers renseignements.

Dans la copie du second volume du Cartulaire, M. Marchegay a transcrit une charte par feuillet, et comme le manuscrit renferme 376 chartes chiffrées, sa copie contient 376 feuillets. M. Célestin Port, dans les citations qu'il fait de ce qu'il appelle le *second Cartulaire* de Saint-Serge a suivi la nouvelle pagination introduite par M. Marchegay. Nous ferons remarquer que cette pagination ne répond nullement à celle de l'original qui n'a que 176 feuillets chiffrés. Ceux qui voudront vérifier les références de M. Port, doivent se reporter dans notre Cartulaire à la numérotation des chartes et non à la pagination des feuillets.

Dans sa lettre au Ministre, le Préfet de Maine-et-Loire exprimait la crainte de voir le Cartulaire de Saint-Serge partir pour l'Angleterre. Cette crainte, heureusement, fut vaine. Parmi les prieurés sur lesquels le Cartulaire renferme d'anciens documents, se trouve le prieuré de *Juigné-la-Prée, en Morannes*. Or, M. Dobrée en était le propriétaire : et l'on voit encore dans le volume, à l'article de ce prieuré, la moitié d'une enveloppe jaune adressée à Madame Dobrée, au dos de laquelle (nous disons le dos de l'enveloppe), on lit au crayon : « *Juigné, propriété de M. Dobrée* ».

C'était une raison pour notre Mécène nantais d'acquérir ce manuscrit. C'est ce qu'il fit à la vente Grille à l'un des prix les plus élevés qu'aient atteints les vieux manuscrits qui s'y vendirent, et qui ne fut dépassé que pour le Cartulaire du prieuré de la Haye aux Bons-Hommes, les Comptes de la fabrique de la cathédrale d'Angers et le Cartulaire de Saint-Aubin.

Ainsi, le manuscrit au lieu de passer en Grande-Bretagne est resté dans la petite. Il a vu même, contrairement à toutes les prévisions humaines, d'autres précieux manuscrits venir de la Grande-Bretagne le rejoindre : et l'île qui, comme l'avare Achéron, passe pour ne pas lâcher sa proie, a envoyé notamment à la collection Dobrée un manuscrit qui est une des perles de cette collection : le splendide manuscrit des *Mémoires de Philippe de Commines*, dont nous parlerons plus loin.

Types d'écritures du Cartulaire

L'écriture du Cartulaire est assez variée. Plusieurs copistes ont dû se partager le travail. Nous signalerons, dans l'écriture de la partie ancienne, au moins sept types principaux (1).

Type A. — Une des particularités de ce type consiste dans la forme de l'*e* minuscule, dont la boucle est toujours fermée, et dans l'emploi d'une forme du *G* majuscule, dont la boucle du bas est, le plus souvent, complètement fermée et se prolonge au-dessous de la lettre par un trait qui lui donne l'aspect d'un *o* accroché dans un *C* (V. chartes 6, 8, 9, 41, 329, 336). Les *s* et les *f* sont parfois bouclées (ch. 4, 5).

A ce type appartiennent les chartes 1-19 inclusivement, 22-25, 27-35, 37, 38, 47-49, 213-224, 315-341, 352-354, 358-360, du fonds des prieurés de Beaupréau, Montrevault, Saint-Mélaine et Villeneuve.

---

(1) Nous nous contentons d'indiquer les caractères généraux qui distinguent, à première vue, un type d'un autre. Quelquefois, dans une même charte, on trouve deux écritures dans lesquelles une même lettre offre deux aspects complètement différents. Ainsi les sept premières lignes de la charte 217 appartiennent incontestablement au type A, mais on dirait que les huit lignes suivantes, qui font le bas de la page et le milieu de la charte, ont été écrites par une autre main que l'on retrouve dans une partie de la charte 222, dans les chartes 223 et 224. La charte 193 est également de deux écritures différentes.

Type B. — Il se rapproche du type A par l'*e* minuscule également fermé, mais s'en distingue, entre autres différences, par un *G* majuscule sans l'appendice que nous signalons dans le *G* de ce type, et par le trait abréviatif qui surmonte les mots. Il comprend les chartes 103-113, 125-129, 172-174, 176, 178-180, 183, 234-245, 265-268, 282-285 et 289, du fonds des prieurés de Grez, Sceaux, Thorigné.

Type C. — L'*e* minuscule est également fermé comme dans les types précédents : mais l'écriture est plus allongée, avec tendance à s'incliner vers la gauche ; le *G* majuscule présente tantôt les formes des types B et D tantôt celle du type F (v. ch. 51, 60).

Une des notes caractéristiques de ce type consiste dans la forme de l'*s* et de l'*f*. Le crochet supérieur de ces deux lettres, au lieu de tomber en saule pleureur sur la lettre suivante, se relève comme pour recevoir une suspension.

A ce type appartiennent les chartes 50-62, 364, 365, du fonds du prieuré de Chaumont.

Type D. — Il ressemble beaucoup au type B : l'*e* minuscule est fermé, et le *G* majuscule, sans appendice, mais le *g* minuscule de ces deux types offre des différences très sensibles. Dans le type B, la boucle supérieure du *g* consiste dans un *o* d'où se détachent, à droite et en bas, les autres traits de la lettre ; dans le type D, cette boucle est formée par le trait vertical du *g*, croisé à angle droit par le trait supérieur d'où descend un autre trait qui se recourbe à droite pour aller rejoindre le trait vertical. Le *W* de ce type diffère aussi du *W* du précédent.

A ce type appartiennent les autres chartes du prieuré de Chaumont et les chartes 63, 64, 362, 366-376, à l'exception de la charte 371 qui est du XIII° siècle.

Type E. — Il diffère sensiblement des précédents par la forme de l'*e* minuscule. Sa boucle, loin d'être fermée, reste ouverte, et le trait destiné à la fermer remonte vers la lettre suivante. Le *G* majuscule ne présente rien d'anormal et ressemble à celui du type B.

A ce type appartiennent les chartes 39-46, 65, 68-79, 85,

342-351, 355-357, du fonds des prieurés de Beaupréau, Montrevault et Villeneuve.

Type F. — Son *r* minuscule ouvert ressemble à celui du type E. Il se distingue de ce type par son *G* majuscule. Le crochet inférieur de ce G se replie d'abord vers le centre de la lettre, puis se retourne, en ondulant au niveau de la ligne, vers la lettre suivante. De plus l'écriture est plus courte que celle du type E : le trait abréviatif et le P majuscule offrent encore dans ces deux types des différences que nous nous contentons de signaler.

A ce type appartiennent les chartes 86, 87, 89, 90, 115, 116, 118, 120, 121, 131-148, 159, 160, 165, 168, 202, 204, 205 *bis*, 206-209, 226-233, 246-263, 271, 277-279, 281, 286-288, 290-293, 295-300, 302, 303 des fonds des prieurés de Juigné, Sceaux, Thorigné et Grez.

Type G. — Il tranche sur tous les autres par son caractère archaïque qui le fait ressembler plutôt à l'écriture du XIe siècle qu'à celui du XIIe, comme on peut s'en rendre compte en examinant une charte originale de 1102 insérée au f° 118 du Cartulaire. Les *f* et les *s* ont une tendance à dévier de la perpendiculaire, et prolongent leur crochet au-dessus des lettres suivantes, comme pour les protéger de leur ombre. Le bas des *m*, des *n* et des *r* s'amincit en se tournant vers la gauche, formant une courbe au lieu d'offrir des jambages droits.

A ce type appartiennent les chartes 66, 67, 79-84, 306-312, des fonds des prieurés de Beaupréau et de Montrevault. On trouve un type analogue, mais non absolument semblable, dans les chartes 184 à 192, et quelques autres du fonds du prieuré de Juigné.

Du reste, ce dernier fonds, plus considérable que les autres, offre encore d'autres variétés d'écriture. Ainsi dans les chartes 88, 91, 94, 96 et 97, le *d* oncial est plus souvent employé que le *d* minuscule : ce qui permet de différencier ce type des types E, F, avec lesquels il offre plusieurs points de rapprochement.

Ces différents types appartiennent à la première rédaction du

Cartulaire. Les temps postérieurs en ont encore augmenté la variété.

Les premiers copistes avaient laissé en blanc, à l'usage de leurs successeurs, une partie parfois considérable du feuillet. La charte que nous appellerons « de première inscription », n'occupe tantôt que le haut, tantôt que le bas de la page, laissant libre tout le reste, et, parfois, tout le verso. Dans la suite des temps, on a utilisé ces espaces libres: et l'on a intercalé entre ces chartes d'autres chartes dont l'écriture et l'encre contrastent avec celles du reste du manuscrit.

Ces intercalations ont commencé à la fin du XIIe siècle, peu de temps après la composition du Cartulaire. Elles se sont prolongées au XIIIe et au XIVe. Le document le plus récent qu'il contienne consiste en six lignes écrites en 1402.

Parmi ces différentes insertions, nous croyons pouvoir attribuer à la fin du XIIe siècle: d'abord, les chartes 20, 21, 36, 161-164, 166, 167, 181, 182, 193, 194, 210, 212; puis les chartes 26, 92, 117, 119, 122, 123, 130, 269, 270, 276;

Au XIIIe, les chartes 144, 157, 158, 170, 175, 177, 203, 205, 211, partie de 361, 363, 371, et des documents transcrits aux fos 61, 93 vo, 101, 168 et suivants;

Au XIVe, les chartes 99-102, 255, 280. 301. 304, 305, partie de 361 et les fos 169 et suivants.

Epoque de la composition du Manuscrit

L'étude des premières de ces chartes nous permettra de connaître assez précisément la date de leur insertion, et, par contre, la date de la composition de notre Cartulaire.

La première chose qui frappe dans le contenu de la plupart, c'est la mention d'Amauri, qui fut abbé de Saint-Serge de 1150 à 1168. Il y figure à double titre: tantôt comme prieur de Beaupréau, tantôt en sa qualité d'abbé.

Voici les extraits de chartes où il est question de ce personnage: *Guillelmo Amaurico monacho tunc priore sancti Martini*, ch. 20; *in manu Guillelmi prioris*, ch. 21; *in manu Guillelmi Amaurici qui erat prior supradicte celle... in manu Guillelmi*

Amauri abbatis, ch. 26; *in manu Willelmi Amaurici monachi tunc prioris*, ch. 36; *abbas Guillelmus concessit hoc*, ch. 163.

On remarquera ces expressions : Guillaume Amauri *qui était* prieur ; Guillaume Amauri *alors* prieur ». Les chartes qui les renferment datent évidemment de l'époque où le prieur Amaury était devenu abbé. Du reste, l'une d'entre elles, la charte 26, le mentionne avec sa double qualité.

Dans les chartes 92, 182, 193, 210 et 212, Guillaume Amauri figure comme abbé de Saint-Serge. Il est même à noter que dans toutes les chartes copiées par la main qui a transcrit les chartes 20 et 21, Guillaume Amauri est, de tous les abbés de Saint-Serge, le seul qui soit mentionné. La charte 181, il est vrai, parle de l'abbé Hervé, prédécesseur d'Amaury. Mais elle n'est que le début de la charte 182, dans laquelle Guillaume Amaury termine une affaire commencée par son prédécesseur.

Ainsi donc, les chartes ajoutées après coup au Cartulaire, et les plus anciennes de celles que nous appellerons « de seconde inscription », mentionnent des donations faites soit sous l'abbé Hervé, soit sous l'abbé Amaury.

Si maintenant, par une sorte de contre-épreuve, nous recherchons quel est le dernier abbé dont les chartes d'écriture plus ancienne fassent mention, nous trouvons que c'est l'abbé Hervé. La charte 29 parle d'une donation faite *tempore Hervei abbatis*. Parmi les témoins de la charte 180, figure *Herveo monacho qui postea fuit abbas*. De même, la charte 225 donne pour témoins l'abbé Gautier (1102-1113), puis *Herveo monacho postmodum abbate*.

Or, l'écriture de ces chartes appartient à la première époque du Cartulaire, à son origine, et donne les différentes variétés de types dont nous parlons plus haut. C'est une vérité dont il est facile de se convaincre à la seule inspection de ces chartes et de celles des n°˙ 54, 55, 57, 58, 64, 87, 128, 165, 179, 297, relatives à des donations faites sous l'abbé Hervé.

Une première conclusion qui se dégage de ces faits, c'est que le Cartulaire de Saint-Serge n'est pas antérieur à l'abbé Hervé, puisque ses premiers rédacteurs ont inséré dans leur recueil les chartes passées sous cet abbé. Une seconde, c'est qu'il n'a pas même été écrit sous son administration, comme le font entendre les mots *au temps de l'abbé Hervé, Hervé, moine, qui fut ensuite abbé*. Une troisième, c'est qu'il est du temps de l'abbé Guillaume Amaury, et que c'est ce dernier qui a pris soin de faire copier, pour empêcher leur perte, tous les titres de l'abbaye passés sous ses prédécesseurs (1).

Ceux dans lesquels il intervient lui-même ne furent pas insérés au Cartulaire de son vivant : différentes raisons lui firent laisser ce soin à ses successeurs. Mais, après sa mort, ce travail fut confié à des copistes différents des premiers. Ainsi s'explique le contraste si sensible qui existe entre l'écriture des chartes qui mentionnent l'abbé Amaury et de celles qui mentionnent ses prédécesseurs ; ainsi, également, s'expliquent les expressions : *le moine Guillaume Amaury, alors prieur de Saint-Martin de Beaupréau*. Suivant un usage dont on trouve bien d'autres exemples, le copiste du Cartulaire insère, dans les chartes qu'il transcrit, des expressions qui manquent à l'original et qu'il ajoute pour la plus grande instruction de la postérité.

C'est donc sous l'abbé Guillaume Amaury, et par conséquent de 1150 à 1168, que nous placerons la composition du Cartulaire de Saint-Serge. Les chartes où paraît cet abbé y furent transcrites à la fin du XIIe siècle, à part une, le n° 363, dont l'écriture est de la première moitié du XIIIe. Cette transcription fut, en grande partie, l'œuvre du même copiste. Tous les numéros que nous donnons plus haut comme *transcrits à la fin du XIIe siècle d'abord*, dénotent la même main.

De tous les copistes des chartes ajoutées au Cartulaire primitif, un seul a laissé son nom : c'est l'abbé Guillaume *Bajuli* qui a transcrit les n°^{s} 99, 100, 101, 102, 301, 304, 305, et a ajouté l'attestation suivante : *Copiata per me Guillelmum abbatem anno Domini M°CCCLXXV° mense novembri* : n° 99 ; ou cette autre formule : *Ego frater Guillelmus Baiuli sacræ theol. pro-*

---

(1) L'examen de la charte 23 confirme pleinement ces conclusions. Elle rappelle une donation faite *in manu Will. Amaurici monachi, tunc temporis eandem domum agentis*. Or, elle a été écrite par l'un des premiers copistes du Cartulaire. Ces copistes travaillaient donc au temps où Guillaume Amaury n'était plus prieur, c'est-à-dire à celui où il était abbé.

fessor, abbas... scripta manu mea propria anno Domini MCCCLXXIIII° quarta die mensis septembris, ch. 305.

Quant aux copistes du XII⁰ siècle, le Cartulaire ne renferme aucune indication de nature à les faire connaître. On trouve bien parmi les témoins d'une charte un moine qui signe *Robertus, scriptor* (295), mais cette indication est bien vague pour lui attribuer une part dans la composition du manuscrit. Tout ce que l'on peut conjecturer à ce sujet, c'est que les mêmes moines semblent avoir été chargés de transcrire les mêmes fonds. Le fonds du prieuré de Chaumont ne présentant que les types C et D, a été copié par deux moines qui ne se sont occupés que de ce fonds. Les fonds des prieurés de Beaupréau, de Villeneuve et de Montrevault, voisins les uns des autres, présentant les types A, E, G, ont été transcrits par trois moines. Ceux des prieurés de Sceaux, de Thorigné, de Grez, présentant les types B et F, l'ont été par deux autres, dont l'un a prêté aussi son concours à la transcription du fonds considérable de Juigné.

Il est même à remarquer que le parchemin et la réglure des feuillets varient souvent avec les fonds à la transcription desquels ils sont consacrés. Ainsi, la marge verticale des feuillets est indiquée par une simple ligne dans les deux cahiers du fonds de Chaumont, dans un des fonds de Grez et dans deux des fonds de Juigné : elle l'est par deux dans les autres cahiers.

Les auteurs du Cartulaire ont suivi dans leur travail différentes méthodes. Parfois ils insèrent le texte intégral de la charte, y compris tout ce qui est de pur protocole. C'est ainsi qu'ont été transcrites une charte de 1102, dont l'original est intercalé dans le Cartulaire, et une autre dont l'original est conservé aux Archives de Maine-et-Loire, (H 1242). Ce procédé semble avoir été aussi suivi pour la transcription de certaines chartes très importantes, telles que la *Noticia de ecclesia sancti Martini* de Beaupréau (65).

D'autres fois, le copiste a supprimé tout ce qui est de simple formule, surtout au début. La comparaison des chartes qui portent les numéros 342 et 353 nous initie à sa méthode. Ces deux chartes sont la reproduction l'une de l'autre. Comme, la première fois, elle n'avait pas été insérée dans le fonds dont elle fait partie, elle a été recopiée plus loin à sa place naturelle.

Le corps du document est identiquement le même dans les deux transcriptions, la différence consiste dans le début: le numéro 342 commence ainsi : *Notum sit omnibus sancte Dei ecclesie fidelibus, maxime nostris successoribus, quod Gosfredus...* Au numéro 363, le copiste abrège et met simplement: *Notum sit omnibus quod Gosfridus...*

D'autres fois enfin, ce n'est plus la charte que l'on a enregistrée: on en a fait une analyse substantielle qui donne à certaines parties du Cartulaire toute la sécheresse d'un catalogue. Le fonds de Grez souffre particulièrement sur ce point d'une trop laconique concision. Souvent deux, trois ou quatre lignes suffisent au copiste pour faire connaître l'objet, l'auteur et les témoins d'une donation.

Etat du Manuscrit

Dans la composition du Cartulaire, loin de ménager le parchemin, on y avait été largement. Sur tel et tel feuillet, on ne trouve, au recto et au verso, que quelques lignes: d'autres feuillets étaient restés complètement en blanc.

Si quelques-uns de ces feuillets d'attente ont été remplis plus tard, les autres ont persisté à rester inoccupés et, pour les utiliser autrement, on a exploité le vieux Cartulaire comme une mine de parchemin.

De là dans ces feuillets, de nombreuses coupures qui défigurent le volume. Ces coupures sont de toutes dimensions en hauteur et en largeur; quelquefois elles atteignent le feuillet tout entier. Nous croyons inutile de signaler ici les manquants: d'autant plus que si les siècles n'ont pas respecté l'intégrité du volume, ils ont, ce qui est l'essentiel, respecté l'intégrité du texte.

Dans quelques cas, c'est tout juste. L'opérateur opérait de son canif au dos de la charte, quand, la retournant, il s'aperçut qu'il avait été trop haut et tranchait dans le vif du document. Contrairement à ceux qui opèrent traîtreusement dans le dos des gens, il fut heureusement pris d'un scrupule: et c'est ainsi que la charte 207 nous est parvenue, bien que coupée, avec tout son texte, sa partie inférieure pendante, semblable aux lemnisques destinés à recevoir les sceaux plaqués.

Mais si notre découpeur de parchemin mérite un bon point pour son respect de la charte 207, il le perd pour la mutilation de la charte 359. Il a supprimé une partie des témoins de la donation de Renaud Burgevin. S'il n'existe, pour cette charte, ni original, ni copie, certaines familles angevines (la difficulté sera de dire lesquelles), pourront le poursuivre pour suppression d'aïeux.

Nous ne saurions préciser à quelle époque remontent ces coupures. Elles sont certainement antérieures à la pagination du volume. Les feuillets 33 et 101 ont perdu toute leur partie supérieure. Ce qui en reste a été chiffré par la même main que les autres feuillets. Le feuillet 104 a été coupé dans toute sa largeur. La bande verticale qu'on lui a laissée n'en porte pas moins son numéro. Çà et là, on voit encore des amorces de feuillets coupés dans toute leur longueur. On n'a tenu aucun compte de leur nombre pour la pagination.

Il est même naturel de penser que l'on a exploité les parties de feuillets restés en blanc, lorsque l'on ne se servait encore que de parchemin pour la rédaction des actes. Cette exploitation dut avoir lieu avant l'époque où l'on a donné au Cartulaire la reliure avec laquelle il nous est parvenu. Les feuillets 190, 201 et 207 nous semblent avoir été coupés par un même coup de canif. Or, les feuillets qui les séparent sont intacts : ce qui n'aurait pas lieu si ces coupures avaient été faites depuis que ces feuillets ont été reliés dans l'ordre actuel.

Notre volume ne semble pas dans sa première reliure. Les cahiers qui le composent se suivent dans un désordre qui ne devait pas exister primitivement.

Ces cahiers portaient pourtant, au bas du dernier feuillet, verso, leur numéro d'ordre. On y lit encore les indications I. Qv., II. Qv., III. Qv., etc., pour *primus, secundus, tertius quaternus*, premier, deuxième, troisième cahier. Mais le relieur n'a tenu aucun compte de cette sorte de réclame. Par un défaut dont la corporation ne s'est pas encore affranchie, il a bouleversé tous ces cahiers, et changé cet ordre dans le désordre suivant.

Nous indiquons en première ligne le fonds des prieurés, en

seconde, l'ordre actuel des cahiers, en troisième, l'ordre des feuillets, en quatrième, l'ordre des chartes.

1.	Beaupréau............	III. Qv.	1-9	1-28
2.	Beaupréau............	IIII. Qv.	9-17	28-50
3.	Chaumont	X. Qv.	17-25	50-65
4.	Beaupréau.........	I. Qv. et II. Qv.	25-37	65-80
5.	Juigné................	XI. Qv.	37-44	80-103
6.	Thorigné	XII. Qv.	44-52	103-115
7.	Seraux	XIII. Qv.	52-62	115-136
8.	Thorigné	XIIII. Qv.	62-70	136-149
9.	Juigné...	XV. Qv.	70-78	149-171
10.	Seraux	XVI. Qv.	78-84	171-184
11.	Juigné	XVII. Qv.	84-92	184-202
12.	Thorigné....	XVIII. Qv.	92-98	202-213
13.	[Saint-Melaine]	XIX. Qv.	98-106	213-226
14.	Grez.....	Sans indication.	106-114	226-265
15.	Grez...............	XXI. Qv.	114-126	265-290
16.	Juigné...............	V. Qv.	126-133	290-306
17.	[Beaupréau]	Sans indication. (1)	133-137	306-314
18.	Montrevault...........	VI. Qv.	137-145	314-335
19.	Villeneuve	VIII. Qv.	145-153	335-351
20.	Montrevault	VII. Qv.	153-159	351-362
21.	Chaumont	IX. Qv.	159-168	362-370

En tenant compte de ces indications, on a pour la disposition des cahiers, cet ordre qui est, du moins en partie, beaucoup plus naturel.

Beaupréau	I, II, III et IV	Thorigné.....	XII, XIIII, XVIII
Montrevault..	VI et VII	Seraux. ...	XIII et XVI
Villeneuve ...	VIII	Saint-Mélaine	XIX
Chaumont.....	IX et X	Grez... ..	XX, XXI
Juigné......	V, XI, XV, XVII		

Même ainsi rectifiée, la classification n'est pas des plus méthodiques. Pour l'excuser, on peut du moins dire que l'indi-

---

(1) Le feuillet de ce cahier, qui portait la réclame I ou II Qv., a été intercalé par le relieur dans le quatrième cahier qui renferme ainsi les deux réclames I Qv., II Qv.

cation des cahiers, autant qu'il est permis d'en juger par les caractères de l'écriture, n'est pas aussi ancienne que le manuscrit, et que, peut-être, a-t-elle été faite précisément pour le relieur qui en a si mal profité.

Le malheureux ne s'est pas contenté de brouiller l'ordre des cahiers sans leur en donner un meilleur ; il a encore, dans le même cahier, brouillé l'ordre des feuillets. Il a mêlé ensemble les feuilles des cahiers I et II du fonds de Beaupréau ; si bien que l'indication du cahier I se trouve au feuillet 35, et l'indication du cahier II au feuillet suivant. Sa maladresse a coupé en deux une charte importante pour l'histoire de cette même ville. Commençant au feuillet 25, ce document devrait se continuer au feuillet 26 : mais, entre le commencement de la charte et la fin des signatures, le relieur a intercalé les feuillets 26 et 27, de sorte qu'il faut se reporter au feuillet 28 pour trouver, au haut d'une page, une grappe de signatures, que, au premier abord, on ne sait à quel acte rattacher.

Le feuillet 154, qui contient trois chartes, a été également inséré entre deux autres ; et il faut passer par dessus les chartes 352, 353 et 354 pour avoir la fin de la charte 351. Quand une chose n'est pas à sa place, elle est de trop où elle est, et elle manque là où l'on est en droit de la chercher.

Le dernier cahier du volume ne porte aucune réclame. Par le parchemin et par la réglure, il diffère complètement du corps du manuscrit. Il ne contient que des actes postérieurs à 1230 : actes qui concernent non seulement les prieurés de l'abbaye mentionnés dans le second volume du Cartulaire, mais encore d'autres mentionnés dans le premier. Il a dû être inséré dans le volume lors de sa dernière reliure, pour compléter le Cartulaire tout entier.

Cette reliure, beaucoup plus récente que le manuscrit, est certainement antérieure au XVe siècle. Un procès-verbal du 20 janvier 1486 (v. s.) nous la décrit ainsi : « Item a esté extraict par moy, greffier dessus dit, d'un autre livre couvert de cuir blanc, relyé entre deux ayes, plusieurs articles, ledit livre commenczant : *Notitia de Lisoio, de Bello Pratello*, duquel livre, et du xxxviie feillet ont esté extraicts plusieurs articles et semblablement de plusieurs autres feuillets depuis le xxxvii⁰ jusqu'au iiii^xx feuillet d'iceluy livre (1) ».

Ce genre de reliure avec des planchettes de chêne recouvertes de cuir blanc, a été en usage, du moins à Angers, pendant plusieurs siècles ; on la trouve dans le premier numéro, le *Legendæ sanctorum*, qui vient de la même ville, et qui a été relié après sa pagination, qui date du XIII⁰ siècle. La Bibliothèque d'Angers renferme aussi en assez grand nombre des manuscrits des IX⁰, X⁰, XI⁰, XII⁰, XIII⁰ et XIV⁰ siècles, également reliés en chêne recouvert de cuir blanc. L'époque précise de la reliure est donc, de prime abord, difficile à assigner.

Le Cartulaire était paginé en chiffres arabes, dès le XVII⁰ siècle. Si l'on se fie à cette pagination, il contient 176 feuillets. Mais, dans ce nombre, on n'a pas compris un feuillet de garde, extrait d'un missel du XII⁰ siècle (2) et qui se trouve au commencement, non plus que deux autres feuillets non attachés au volume. L'un de ces feuillets a été inséré entre les feuillets 158 et 159. Il porte, dans la numérotation des pages, le chiffre 159, qui fait ainsi double emploi avec le suivant, et dans la numérotation des chartes, le chiffre 361. Il ne contient que des documents des XIII⁰ et XIV⁰ siècles. Sa place la plus naturelle serait après le feuillet 166, qui clôt réellement le manuscrit.

A la fin du volume se trouve un autre feuillet mobile, non paginé, et qui ne lui appartient ni comme parchemin ni comme écriture. Il est écrit sur deux colonnes, tandis que tout le Cartulaire l'est à longue ligne ; et la réglure en est très serrée. On serait d'abord tenté de croire qu'il a été tiré d'un autre Cartulaire de Saint-Serge. On y trouve, en effet, mentionnées plusieurs chartes de donation à cette abbaye. Mais ces chartes ne remplissent que le recto du feuillet et les dix premières lignes de la première colonne du verso. Le copiste s'est arrêté

(1) Archives de Maine-et-Loire, H 1082.

(2) Un second feuillet de ce même missel fait l'intérieur du premier plat de la reliure. L'intérieur du second plat est garni par un feuillet d'un livre liturgique : on y voit la légende de saint André, les antiennes notées en neumes et les oraisons de ce saint, de saint Damase, et des saintes Lucie et Agathe.

au milieu d'une phrase; son écriture est parfois peu régulière : l'ensemble du feuillet a moins l'aspect d'un livre mis au propre que celui d'un brouillon. L'absence de tout chiffre sur ce feuillet détaché laisse croire qu'il a été intercalé dans le volume depuis sa pagination.

On ne s'est pas contenté de chiffrer les feuillets du volume ; on en a aussi numéroté les chartes. Il en a été compté 376, qui occupent les 21 cahiers dont était primitivement composé le Cartulaire, et ses 166 premiers feuillets.

Ce travail, comme le précédent, est, au plus tard, du XVIIe siècle. A cette époque, les copies tirées du Cartulaire mentionnent les chartes et les feuillets avec la numérotation inscrite aux marges du manuscrit.

L'auteur de la numérotation a laissé en dehors de son travail tout un cahier, différent de réglure et de parchemin, et qui a été ajouté au volume lorsqu'on l'a relié. Ce cahier comprend les feuillets 168 à 176. Le f° 167 consiste en une bande étroite de parchemin de la largeur des autres feuillets, mais qui n'a que la surface nécessaire pour écrire sept lignes, il est aujourd'hui dérelié, ainsi que les feuillets 175 et 176.

La numérotation des chartes est des plus défectueuses. L'auteur a passé les numéros 95 et 326. A titre de compensation, peut-être, il a employé deux fois les numéros 139 et 205. Il a divisé les chartes de la façon la plus arbitraire. Les chartes 19, 29, 185, par exemple, sont la continuation évidente des chartes 18, 28 et 184. Une même charte lui fournit ailleurs les numéros 53, 54, 55 et 56.

Les feuillets 117 et 118 du Cartulaire nous permettent de prendre notre nomenclateur en flagrant délit de division et de multiplication (opération encore préférable, dans l'espèce, à une soustraction) de documents. Il a catalogué, sous les numéros 272, 273, 274 et 275, une pièce qui, de prime abord, semble bien ne faire qu'un seul tout. Pour sa condamnation, il se trouve que l'on a intercalé entre les feuillets 118 et 119 la charte originale. C'est un *cyrographe* de 1102, relatif à la donation de différents droits à Verron. La conservation de cette charte, la seule qui soit insérée dans le Cartulaire, prouve donc d'une manière tangible que la numérotation de ces documents n'a pas été faite avec un très grand soin.

On peut aussi se demander quelle règle l'auteur de cette numérotation à suivie quand il rencontre, intercalés au cours du manuscrit, des documents du XIII° ou du XIV° siècle. Il aurait pu ne pas les compter : mais, du moment qu'il se décidait à le faire, il aurait dû les compter tous. Or, s'il applique parfois des numéros à ces documents plus récents (cf. 203, 205, 211), il est bien des cas où il les traite comme négligeables (cf. f°ˢ 61, 93 v°, 101).

Enfin, même quand il se décide à numéroter ces documents postérieurs, il se contente de numéroter le premier sans se préoccuper de ceux qui peuvent le suivre, et qui sont de même écriture. Le numéro 205, f° 93, comprend un document de 1270, un autre de 1273, un autre de 1276, avant l'Ascension, un autre de 1276, à la Saint-Barnabé, et enfin un autre de 1270 : ce qui devrait faire matière à cinq numéros.

Si l'on tient rigoureusement compte de ces documents ainsi oubliés dans la numérotation, et de ceux qui occupent le dernier cahier du volume, il faudrait en ajouter environ cent aux 376 qui ont été chiffrés.

Pour simplifier notre travail, nous sommes forcé de nous servir de cette numérotation défectueuse. Elle a, du reste, été, pour ainsi dire, consacrée par le travail de M. C. Port, qui s'en sert pour l'indication des références dans son *Dictionnaire de Maine-et-Loire*. Mais l'un des premiers devoirs de ceux que tentera la publication du Cartulaire sera de la refaire sur des principes plus sérieux.

Objet du Manuscrit

Le contenu du volume est clairement indiqué par son titre. C'est une transcription des chartes de donations faites à l'abbaye de Saint-Serge d'Angers.

Ce volume n'étant que le second du Cartulaire, on ne doit pas s'attendre à y trouver les titres primordiaux de tous les prieurés de l'abbaye. Bien que, dans sa partie la plus récente, il donne incidemment quelques renseignements sur presque tous ces prieurés, dans sa partie ancienne, il ne renferme que les chartes relatives aux neuf suivants : Beaupréau, Chaumont, Grez, Juigné-la-Préc, Montrevault, Saint-Mélaine, Sceaux, Thorigné et Villeneuve, et une charte sur Verron.

Dans l'analyse que nous donnons de ces titres, nous croyons devoir les rattacher à ces différents fonds, plutôt que de suivre l'ordre défectueux qu'ils présentent dans le volume, par la faute du relieur, comme nous le disons plus haut.

Quelques-uns seulement de ces documents ont été publiés à différentes époques, soit d'après les originaux, soit d'après le Cartulaire lui-même. Beaucoup d'autres ont été copiés pour des recueils ; dans plusieurs, des crochets, tracés au crayon, indiquent des parties passées dans les transcriptions qui en ont été tirées.

Ces transcriptions n'ont pas eu un but exclusivement historique, comme celles que firent D. Housseau et autres, pour leurs grands travaux sur l'histoire d'Anjou et sur celle de France. Elles ont été parfois motivées par les intérêts particuliers de chacun des prieurés de l'abbaye.

Si les Archives de Maine-et-Loire ne renferment plus qu'un très petit nombre des originaux transcrits dans le Cartulaire, elles renferment, en revanche, plusieurs copies de ce manuscrit, surtout depuis le XVIIe siècle.

Parmi ces copies, nous en signalerons tout particulièrement une plus ancienne qui forme, à elle seule, un petit Cartulaire : le Cartulaire de Juigné, conservé aux Archives de Maine-et-Loire, H 1082. Il a été extrait de notre Cartulaire, en janvier 1486 (v. s), *du XXXVIIe feillet... et semblablement de plusieurs autres feillets depuis le XXXVIIe jusqu'au IIIIxx feillet d'iceluy livre... par Jehan Dupré greffier des privilaiges royaux de l'Université d'Angers à la requeste de maistre Martin Vaslin procureur dudit abbé* (de Saint-Serge).

Le Cartulaire de Saint-Serge a conservé des traces de ce travail. A la marge de trente-deux des chartes qui en ont été tirées se trouve, en chiffres romains, un numéro d'ordre qui correspond assez exactement aux numéros d'ordre des chartes du Cartulaire de Juigné.

La concordance suivante montrera que nous ne nous méprenons pas en donnant cette explication de la numérotation en chiffres romains inscrite en marge du manuscrit seulement dans le fonds de ce prieuré. Nous donnons d'abord le chiffre romain tel que nous le trouvons dans les deux Cartulaires, puis le chiffre arabe auquel ce chiffre correspond dans la numérotation générale introduite postérieurement.

v, 87; vi, 88; vii, 90; viii, 94; ix, 96; x, 97; xi, 151; [xii], 153; xiii, 155; xiv, 160; xv, 161; xvi, 162; xvii, 163; xviii, 164; xix, 165.

A partir de la charte 165, la concordance cesse d'exister entre les chiffres romains des deux Cartulaires. Le Cartulaire de Juigné, coupant cette charte en deux, en a fait les numéros xix et xx : ce qui établit une différence d'une unité dans la numérotation, et donne la concordance suivante, dans laquelle nous plaçons en premier lieu le numéro du Cartulaire de Saint-Serge, et en second, celui du Cartulaire de Juigné.

xx, xxi, 166; xxi, xxii, 167; xxii, xxiii, 168; xxiii, xxiv, 169; xxiv, xxv, 170: xxv, xxvi, 184; xxvi, xxvii, 185; xxvii, xxviii, 186; xxviii, xxix, 187; xxix, xxx, 188.

Le Cartulaire de Juigné ayant placé sous le n° iv la charte 195 qui porte le n° xxx dans celui de Saint-Serge, la concordance reparaît exactement entre les deux Cartulaires : et les chiffres romains correspondent à celui des chartes suivantes : xxxi, 196; xxxii, 198; xxxiii, 199; xxxiv, 200; xxxv, 201.

Le Cartulaire de Juigné comprend en outre trois chartes, les numéros i, ii, iii, qui se trouvent aussi dans celui de Saint-Serge, mais n'ont pas été marqués par ce chiffre de contrôle. Voici leur concordance : i, 298; ii, 300; iii, 299.

L'auteur du Cartulaire de Juigné a ajouté à son recueil la transcription de quatre autres chartes *d'après les originaux*.

On peut se demander si les originaux transcrits dans le Cartulaire de Saint-Serge existaient encore, et s'ils ne sont pas du nombre des nombreux documents perdus par l'abbaye lors des guerres de religion. En se contentant de copier le Cartulaire, Jacques Dupré simplifiait son travail, sans que cette absence de recours à l'original lui enlevât rien de son autorité.

Les cartulaires, en effet, faisaient foi autant que les chartes originales elles-mêmes. Un procès-verbal de 1670 nous atteste ainsi que les tribunaux leur reconnaissaient même valeur.

On y déclare « qu'il a esté d'une pratique generalle à tous les Chappitres et principallement dans les abbayes de l'ordre de Saint-Benoist, de rediger en livres de Cartulaires, ce que on nomme *déal enchaisné au chappitre* à Rennes en Bretagne, touttes les donations pour obvier à la perte des titres originaux qui se divertissent ou corrompent par la longueur du temps ; que ce qui a esté une prudence dans les autres abbayes a esté une nécessité en celle de Saint Serge qui estant de 1200 ans, de fondation de Clovis, premier roy chrestien, située à la porte de la ville d'Angers, hors les murs d'icelle, a servi de poste aux ennemis dans les ligues, mesme, des huguenots, et a esté plusieurs fois bruslée et saccagée par les incursions, ce qui a causé la perte de parties des tittres originaux de lad. abbaye ; que ce Cartulaire est receu tous les jours par les premiers juges présidiaux d'Angers, qui en ordonnent compulsoire sans contestation des parties ; que ledit Cartulaire a esté confirmé par arrest de la Cour du Parlement de Paris et autres » (1).

Le Cartulaire a perdu, depuis la suppression de l'abbaye de Saint-Serge, l'intérêt en vue duquel il avait été rédigé. Mais, à notre époque si avide de connaître dans le détail ce qu'était la vie de nos pères, il a retrouvé un autre intérêt plus vif et plus général que celui qu'il avait pour les religieux d'une abbaye.

Ces sortes de documents, dans leur simplicité non fardée, nous montrent, avec toute la réalité et la vie d'un instantané, la société de l'époque. L'histoire locale y trouve le détail des faits qui se sont passés à l'ombre de tel ou tel clocher. Ils sont, pour les généalogistes, des *registres de l'état-civil* qui leur permettent d'ajouter un anneau de plus à une chaîne de filiation, ou d'unir entre elles deux parties de cette chaîne qu'ils ne savaient comment rattacher. La philologie y surprend les formes de noms à leur époque de transition entre la forme ancienne qui va disparaître et la forme nouvelle qui finira

(1) Archives de Maine-et-Loire : *Déclaration de D. G. Louvel*, H 1811.

par la remplacer. La jurisprudence peut dégager de la répétition de certains faits, la loi d'après laquelle ils se produisent. Dans les causes où, comme Jean Lapin, elle « allègue la coutume et l'usage », elle peut établir que cette coutume remonte à la plus haute antiquité. De nos jours, où les ravages du phylloxéra ont conduit devant les tribunaux les propriétaires et les colons de nos vignes, il est telle ou telle charte de notre Cartulaire qui donnerait sur les vignes à complant *(ad complantum)*, une lumière qui ne serait peut-être pas inutile pour régler la question.

Nous n'avons pas l'intention de tirer du Cartulaire de Saint-Serge tout ce qu'on en peut tirer sur tous ces points et sur d'autres encore. Mais puisque l'analyse de ses 376 chartes va nous faire vivre un instant dans le XIe et dans le XIIe siècles, pour n'y être pas trop dépaysés, et mieux comprendre tout ce que nous y verrons, initions-nous préalablement aux mœurs et aux usages que nous aurons à y constater le plus souvent.

II

MŒURS & USAGES

DE 1060 A 1160 ENVIRON

Les Donateurs

Un Cartulaire étant, en premier lieu, un catalogue, un inventaire de donations, les premiers personnages qui y attirent l'attention sont les donateurs.

Les biens donnés à l'abbaye le sont souvent par des bienfaiteurs qui lui restent étrangers, mais aussi, dans une proportion très notable, par des personnages qui s'y font moines. De là ces expressions que l'on rencontre fréquemment : *Pro monachatu suo* (25, 29, 92); *quando factus est monachus* (5, 11, 75, 81, 187, 195, 331); *habitum suscipiens monachilem* (6, 18); *ad conver-*

sionem veniens(13) ; *quando venit ad monachatum* (30) ; *quando monastico ordini apud S. Sergium se mancipavit* (15), et autres équivalentes.

C'est l'apport des moines à la masse commune. Ils considèrent leur entrée à l'abbaye comme une charge pour elle, et lui donnent ce bien à titre de secours, *ad succurrendum* (36). Ils espèrent, en retour, les avantages temporels et spirituels que la collectivité qu'est le monastère, procure à tous ses membres. S'assurant ainsi le pain des vieux jours, ils seront, de leur vivant, nourris, logés, vêtus, protégés par l'abbaye, qui les fera bénéficier de toute sa puissance morale, et les fera jouir d'un repos que, à ces époques troublées, on ne trouvait nulle part dans l'isolement.

Quelques donateurs, n'envisageant que le côté humain de cette puissante institution, considèrent l'abbaye comme une maison de retraite, et lui donnent leur bien pour en recevoir à vie ce qui leur est nécessaire. Gautier le Médecin donne ainsi une terre aux moines, « à condition que, tant qu'il vivra, les moines lui donneront la nourriture et le vêtement » (106). En retour de la donation de Segebrand Rasle, « les moines lui procureront, tant qu'il vivra, une nourriture et des vêtements convenables : il aura donc autant de pain et de vin qu'un moine, et une pleine écuelle de n'importe quel mets : *et plenam scutellam qualiscumque pulmenti* ; ce sera son ordinaire, il aura autre chose, selon les temps, et, quand il approchera de sa fin, on lui fera prendre l'habit religieux » (318).

Outre ces avantages temporels, appréciables à toutes les époques, d'autres en trouvent de plus précieux aux yeux de leur foi ardente. Ils participeront dès cette vie et après la mort à ce qu'ils appellent le *beneficium abbatiæ* ou « le bienfait de l'abbaye », c'est-à-dire les grâces spirituelles, les mérites des moines, appliqués, grâce au dogme de la communion des saints, plus spécialement à ceux que l'abbaye compte parmi ses membres et ses bienfaiteurs. Ce bienfait est le plus grand que l'abbaye puisse leur accorder. En retour d'une donation, Geofroy *Guiul* avait reçu un setier de froment qui valait ce jour huit sous. Ce don en retour ne lui suffit pas. « Il en demande et obtient un autre qui est plus grand, c'est-à-dire le bienfait de ce lieu » : *preterea eo petente quod maius est istius loci scilicet beneficium sibi concessit* (87).

Ces amis du jour sont parfois des ennemis de la veille. Geofroy Engres avait plusieurs fois cherché chicane aux moines (23, 29) ; la dernière, au sujet d'une terre donnée à viage seulement à son père, Renaud. Mais revenu à un meilleur conseil, il reconnaît son tort. Il fait lui-même une donation à Saint-Serge, et, quelque temps après, apporte à l'abbaye sa propre personne avec une nouvelle donation, *pro monachatu suo* (29). Hamelin de Cholet ne s'était pas non plus montré des plus conciliants pour les moines. Dans sa convoitise pour une terre donnée au prieuré de Beaupréau, il leur avait arraché, *per multa fallacie sue argumenta*, des concessions qui ne leur souriaient guère. Les portes de l'abbaye durent s'étonner, un peu plus tard, de s'ouvrir pour recevoir Hamelin de Cholet (75).

Parmi ces moines donateurs figurent des seigneurs, des chevaliers. La religion a dompté leur fougue naturelle ; ils préfèrent la paix du cloître au tumulte des combats. Dans leur nombre, contentons-nous de citer deux chevaliers de Beaupréau, Lysias et Geofroy Bute (1, 5, 30), devenu plus tard prieur de Chaumont, Hugue de Mathefelon (58), et Vivien, fils d'Hugue de Montjean (15, 16). Adieu son cheval et son palefroi ! Désormais, ils lui seront inutiles. L'abbé de Saint-Serge, Pierre, donne le premier à Aimery le Roux, et le second à Joscelin, seigneur de Beaupréau, pour le récompenser de consentir à la la concession des biens du nouveau moine au monastère.

Quelques-uns de ces moines pratiquent jusqu'à la dernière rigueur les conseils évangéliques. Ils ne se sont pas contentés d'abandonner leurs biens : ils ont abandonné les êtres qui leur sont les plus chers.

Les uns, comme Terri Canut (13), ont quitté leurs enfants assez grands pour se passer de leur secours. D'autres vont jusqu'à laisser leur femme, de son propre consentement, pour embrasser la vie religieuse.

Girard de Molières éprouve un vif désir de cette vie ; Denys, prieur de Juigné, lui en donne l'habit, acheté aux frais de sa maison. L'abbé Guillaume vient à Juigné, et là, le nouveau moine, avec le consentement de sa femme Denyse, de son fils

Barthélemy, surnommé Gastepais, de ses frères Girard, Bourdin et Payen, de son neveu Aimery, donne à Saint-Serge la terre de Vendreau, pour son entrée en religion, *pro monachatu suo* (92).

Guillaume *Froissegaut* laisse également sa femme et ses fils. Il donne à l'abbaye qui le reçoit, la dîme de trois borderies, à Chaudron, et la dîme d'un arpent de terre, dans le fief de Geofroy Bodmere (324).

Ainsi agit Geofroy *Sale*: il laisse sa femme et son fils, et donne la moitié du fief de Monceaux. Ceux qu'il laisse, loin de lui en témoigner rigueur, ne se contentent pas d'approuver cette diminution de leur patrimoine. Eux-mêmes, avec son neveu, vont le conduire à Saint-Serge et renouvellent là leur consentement à cette donation (219).

C'est ainsi que cette époque comprend et pratique le conseil évangélique qui promet « de grands avantages dans ce monde et la vie éternelle dans l'autre à ceux qui abandonnent leur maison, leurs parents, leurs frères, leur épouse, leurs enfants à cause du royaume de Dieu ».

Il y aurait de la mauvaise foi à assimiler ces séparations volontaires de corps au divorce, souvent prime au désordre, toujours ruine de l'institution de la famille. Un conjoint ne pouvait entrer en religion que sur le consentement formel de son conjoint, qui, soit qu'il restât dans le monde, soit qu'il entrât lui-même en religion, ne pouvait se remarier du vivant du premier. La séparation n'avait pas lieu pour des motifs au moins équivoques : à aucune époque, les enfants n'avaient ni à en souffrir, ni à en rougir.

Quand on ne peut entrer immédiatement au monastère, on entrevoit le temps où l'on pourra réaliser un désir que l'on a eu à un moment ou à l'autre de son existence.

On mettra à sa donation, à sa concession, une condition, une réserve. Si, plus tard, le donateur se décide à se faire moine, l'abbaye l'acceptera gratuitement, en vertu de cette dotation anticipée.

En 1102, il est convenu que si Bevin de Verron demande à être moine, il sera reçu très volontiers, grâce à sa donation, ou que, s'il ne se fait pas moine, il aura mille messes (272).

Hamelin de Cholet, dans un arrangement avec les moines, fait aussi des réserves où perce, pour la vie religieuse, un désir qu'il réalisa quelque temps après (75).

Enfin arrive le moment où il ne reste plus possible de différer plus longtemps l'exécution de ses intentions. « Quand le diable devient vieux, il se fait ermite » : le proverbe n'est pas de nos jours. Dès le XIe siècle, il avait son application. Ce fut le cas de bien des seigneurs du Moyen-Age, dont la vie ne s'était pas toute passée au service de la justice. Ce serait injurier gratuitement la mémoire de ceux dont nous allons citer les noms, que d'avancer qu'ils ont imité ces seigneurs dans leurs fautes. Dans l'impossibilité de rechercher ce que fut leur passé, on peut croire que, en se faisant moines à l'heure de la mort, ils ne cherchaient que de plus grandes consolations pour leur foi.

Mourir avec l'habit religieux était alors un bonheur ardemment désiré. En 1070, « Wascelin Grallon, affaibli par une grave infirmité, demande l'habit de moine aux moines de Beaupréau » (77). Le chevalier Hubert Borrel, de Montrevault, adresse la même demande, par l'intermédiaire de son fils, à l'abbé Achard (315). Mathieu de Beaupréau fait venir vers lui le prieur de Saint-Mélaine, pour recevoir l'habit de ses mains (224). Hugue de Mathefelon, voyant sa fin prochaine, demande humblement et reçoit dévotement l'habit de moine, à l'abbaye même de Saint-Serge (54).

Le prieur de chaque prieuré avait, dans cette circonstance du moins, le droit de donner cet habit, de faire un moine : *monachizare, Ernaldus monachus qui cum monachizavit* (236).

En dehors des cas pressants, le prieur ne pouvait donner l'habit qu'avec la permission de l'abbé. Quand Girard de Mollères se fit moine, il supplia d'abord humblement le prieur de Juigné de le recevoir. Le prieur, se rendant à ses prières, transmit sa demande à l'abbaye. L'abbé et le couvent lui permirent de donner l'habit au postulant. Puis l'abbé, quelques jours après, vint à Juigné et, avec la permission de l'évêque, bénit le nouveau religieux (92).

Ce désir de mourir avec l'habit de moine n'était pas spécial aux laïcs : des prêtres eux-mêmes le manifestent. « Quand David, prêtre des moines, approcha de sa fin, il demanda aux moines à devenir moine » (8).

Ce que les donateurs considèrent comme un grand avantage pour eux, ils le jugent de la même manière pour ceux auxquels ils s'intéressent. Goscelin de Doussé et son épouse Lucie avaient élevé jusqu'à l'âge de dix ans, pour l'amour de Dieu, un enfant qu'ils avaient tenu sur les fonts du Baptême. Ils ne crurent mieux faire pour lui que de le placer au couvent; et pour procurer à cet enfant, étranger à leur famille, ce qu'ils croient un sort heureux et honorable, ils font une donation assez importante à laquelle leur fils, loin de se croire lésé dans ses droits ou ses espérances, consent volontiers (293).

Quand on n'a, pendant la vie, ni pu, ni voulu se renfermer à l'abbaye, on aime à y reposer après la mort. On veut, sinon échapper pour toujours à l'oubli qui, finalement, enveloppe l'immense majorité des hommes (ce serait folie de l'espérer), du moins se rappeler au souvenir et aux prières des vivants, tant que l'âme peut encore en avoir besoin. Pour fixer ce souvenir et profiter de ses avantages posthumes, on veut être inhumé dans le cimetière ou même dans l'église de l'abbaye.

Comment les moines, dans leurs prières, oublieraient-ils ceux qui reposent près d'eux et dont ils voient tous les jours le tombeau. La liturgie ne leur met-elle pas sur les lèvres des prières spéciales pour ceux qui, à quelque époque que ce soit, ont été inhumés dans leur cimetière ?

En prévision de ce besoin de prières, on se les assure avec autant de soin qu'on en met de nos jours à se construire des tombeaux fastueux. On ne songe pas encore, du moins le plus souvent, à accaparer six pieds de terrain qui finissent toujours par manquer à celui qui espérait les détenir pour l'éternité. On n'a pas de répugnance à penser que sa poussière sera mêlée, dans le même cimetière, avec celle des autres. Le sentiment chrétien qui domine, fait songer plus aux besoins de l'âme qu'aux honneurs à rendre au corps. Quand un autre viendra vous remplacer dans votre tombe, les moines en cesseront-ils moins de prier pour vous ?

C'est donc pour participer, oubliés ou non des hommes,

aux prières et aux bonnes œuvres de l'abbaye, que l'on aime à y attendre la résurrection.

Il ne serait pas possible de citer tous les personnages inhumés à Saint-Serge. Parmi ceux dont parle notre Cartulaire, nous nous contenterons de nommer les suivants : Hugue de Clayc (216), Hubert d'Iré (127, 202, 207), le fils d'Hamelin de Sceaux (172), Hubert, fils de Tescelin de Montrevault (317), Hugue de Mathefelon (51), Raoul, vicomte de Montrevault (340), et parmi les personnages plus illustres, Hubert de Vendôme, évêque d'Angers, et Emma, vicomtesse du Mans.

L'inhumation se faisait par les soins des moines, qui portaient le corps ou allaient au-devant de lui [1]. Dans la donation de Bevin, il est arrêté que, en quelque endroit qu'il meure, d'où son corps puisse être transporté avec les honneurs à Saint-Serge, les moines iront au-devant de lui. Ils chanteront leur office et conduiront son corps à leur église pour y être inhumé (272). Hubert de Varennes demande que les moines ensevelissent son père et son frère. Pour lui, s'il meurt à Château-Gontier, ils le transporteront à Saint-Serge, s'ils ont été convenablement avertis de sa mort (124). Lors de la mort de Gautier Haslet, inhumé in *Galilea monasterii*, son neveu et ses frères n'ayant pas osé [2] venir jusqu'à Angers, l'abbé Achard et les moines allèrent au-devant d'eux jusqu'à la forêt de la Verrière et s'engagèrent à célébrer mille messes pour l'âme du défunt (296). Les chartes 81 et 121 exposent aussi les dispositions des donateurs relativement à leur inhumation.

On inhumait à Saint-Serge aussi les femmes. Rahier de la Place fait une donation pour l'âme de son épouse le jour même de son inhumation à l'abbaye : *ipso die tumulationis eius apud Sanctum Sergium*.

La plus célèbre inhumation de femme dont fasse mention notre Cartulaire est celle d'Emma, vicomtesse du Mans, en

(1) *Quem tumulandum mox detulerunt monachi ad monasterium Sancti Sergii* (172, cf. 66).

(2) Ils semblent avoir été alors en guerre avec d'autres seigneurs du pays. Leur rencontre avec l'abbé ayant eu lieu dans la forêt, la donation se fait avec une branche de chêne : *cuiusdam quercus ramo abbatem revestierunt* (296).

1058. La noble dame avait voulu reposer au cimetière de Saint-Serge par affection non seulement pour son père et sa mère, mais encore pour son oncle, le seigneur Hubert, évêque d'Angers, de douce mémoire, dont le corps y avait été solennellement déposé en 1047.

Dans tous les cas, dont nous venons de parler, la donation avait des charges. De la part de ceux qui entraient à l'abbaye, elle avait le caractère de pension ; de la part des autres, le caractère de fondation ou d'acquisition de tombeau. Aucune autre institution n'offrait alors, par sa solidité et son honorabilité, autant de garantie que les abbayes pour assurer des services qui n'ont jamais été, et qui ne sont pas encore, rendus gratuitement.

Les Donations : Consentement des parents

La donation, pour être valide, doit être d'abord consentie par tous les membres de la famille. Un père ne peut aliéner aucune partie du bien familial, sans l'agrément de sa femme et de ses enfants. C'est là une règle dont la violation entache de nullité toute transaction.

Jean de Jalesnes voulait donner aux moines un emplacement pour y faire un moulin. « Mais les moines savent que sa donation n'aurait aucune valeur, si elle n'était consentie par ses enfants et par sa femme : *sed monachi scientes nichil ad utilitatem valere nisi id ipsum filii et uxor concederent.* Ils vont trouver l'auteur de la proposition, et le prient de la faire consentir aux intéressés qui se rendent à ses désirs (61).

Une autre fois, nous voyons aussi un père de famille, en l'absence de sa femme et de ses enfants, s'engager à leur faire ratifier la donation qu'il fait à l'abbaye : *hanc eandem concessionem uxorem suam et filios iterum facere promisit* (150).

La femme de Durand de Facé n'ayant pu assister à une donation qu'il fait à l'abbaye, il promet qu'il ira au Chapitre de Saint-Serge avec elle, et qu'il confirmera cette donation, dès qu'elle sera relevée de la maladie dont elle souffre. En attendant, il jure qu'elle y consent dès ce moment (1).

La fille de Renaud approuve dans les mêmes circonstances une concession faite par son beau-père Garnier, de Juigné, et sa mère Mainelde. Elle était absente au moment de la concession. Pour la solidité de l'acte, *ob auctoritatem et fidei firmitatem*, il est convenu qu'on le lui fera consentir. Le jour de l'inhumation de Mainelde, sa mère, à Saint-Serge, Garnier se souvenant de sa promesse et de son épouse, amène la fille de Renaud et de Mainelde à Saint-Serge, et là, devant tout le couvent, elle approuve cette concession (136).

Guillaume Pierre de Seurdres avait renouvelé dans l'église de sa paroisse, en présence des habitants, une donation faite précédemment à l'abbé Geofroy. Sa femme était trop malade pour y être transportée. La première cérémonie faite, Guillaume conduit les moines à sa demeure, vers son épouse, Thiphaine, qui donne volontiers son consentement à ce qui vient d'être fait (175).

Aussi, le texte des chartes mentionne-t-il le consentement de tous les membres de la famille. Une donation de Mabille, épouse d'Hugue Goul, seigneur de la Motte-de-Pendu, est aussi approuvée par son époux et par ses deux filles qui étaient déjà nées : *concedentibus etiam duabus filiabus que iam nate erant* (160). Une autre faite par Renaud d'Ecorces et son frère Payen Morel, relate expressément que Renaud n'a pas encore d'enfant et que Payen n'est pas marié, *et hoc sciendum quod Rainaldus nullos adhuc habuerat natos, nec Morellus uxorem* (88). En disant que Renaud n'avait pas encore eu d'enfants jusqu'à cette époque, le scribe laisse supposer qu'il en a eu depuis, mais que s'ils n'ont pas donné leur consentement à cet acte, c'est pour la raison par laquelle l'agneau prouvait au loup que, l'an passé, il n'avait pas pu le maudire.

La charte 375, relative à une rente, fait remarquer que la fille du vendeur, mariée à un Tebert, n'a encore ni fils,

(1) *Promisit etiam se iturum ad capitulum nostrum cum uxore sua Adelada, ibique rem confirmaturum mox ut eadem mulier convalesceret de infirmitate qua interim laborabat. Iuravit quoque hanc eandem uxorem suam iam huic rei annuisse* (140).

ni fille ; une autre (195), que Geofroy Payen n'était pas encore marié (1).

Parfois, scrupule de formalité ou excès de précaution, on va, à ce sujet, si loin, que l'on engage le consentement de l'héritier à venir. Tescelin, de Beaupréau, regrettait de n'avoir aucune alliance avec les moines. Relevé de maladie, il veut leur donner un bien. D'accord avec sa femme, il leur donne un bien qu'il lui avait assigné en dot ; et, tous les deux, après avoir reçu le bienfait de l'abbaye et XXIII sous, XX pour Tescelin, III pour sa femme, s'engagent à faire consentir cette donation par leur héritier, s'ils viennent à en avoir (4).

Pour que l'enfant pût approuver une transaction, il n'était pas nécessaire qu'il eût atteint même l'âge de raison ; il suffisait qu'il pût parler. Un personnage nommé Salomon cherchait chicane aux moines, au sujet de la terre de Champdemanche, en Juigné, donnée à l'abbaye pour le neveu de sa femme. Ni paroles, ni avertissements ne pouvaient le fléchir. « Les moines, considérant qu'il est plus salutaire de posséder une terre en paix plutôt qu'en discorde avec qui que ce soit, lui donnèrent dix livres, et, à son épouse, une once d'or. » Ils les acceptèrent volontiers et firent approuver la transaction par leurs fils, nommés Turpin, Albéric et Gui, et tous les autres qui pouvaient déjà parler (2).

La terre en litige avait été donnée par le chevalier Geofroy, pour son fils Eude, lors de son entrée au monastère, avec la concession de ses fils, Renaud et Pierre, encore catéchumène : *Rainaldo et Petro adhuc catecumeno auctorisantibus* (299).

Ce consentement des intéressés était tellement nécessaire que son défaut leur permettait de reprendre plus tard le bien concédé. Renaud de Cholet avait donné une dîme aux moines.

---

(1) *Et hoc sciendum est quod ipse Gaufridus Paganus nondum tunc uxorem habuerat* (195).

(2) *Considerantes monachi salubrius sibi esse cum pace quam cum discordia ullius terram possidere, optulerunt eidem Salomoni et dederunt decem libras denariorum, et uxori ejus unam unciam auri. Qui libenter hec accipientes fecerunt auctorizare filiis suis Frotmundo... et aliis quicumque iam poterant loqui* (298).

Mais après sa mort, sa femme 'a reprit parce qu'elle n'avait pas consenti à la donation : *post mortem vero illius uxor eius abstulit illam decimam ideo quod non concesserat* (43).

De là, ces énumérations des membres de la famille si précieuses pour les généalogistes. En règle générale, on peut dire que la charte donne l'état exact de la famille, au moment de sa rédaction. De l'omission du nom de tel ou tel enfant, on peut croire ou qu'il n'était pas encore né alors, ou qu'il était déjà mort. C'est même là une note chronologique utile à relever, pour préciser la date de certaines chartes. La règle, comme toute autre, souffre des exceptions ; l'omission de certains noms peut tenir à la négligence ou à d'autres causes. Mais il est bien des cas où la mention des membres d'une famille peut être, sous différents rapports, de la plus grande utilité.

Le conjoint, les héritiers directs, ne sont pas les seuls membres de la famille à consentir à la transaction. La mention du consentement des collatéraux est aussi inscrite dans la charte, la plupart du temps. Gui, fils de Tescelin, ayant renoncé à des réclamations qu'il élevait contre les moines, fait consentir à son renoncement, sa sœur, puis plus tard, son frère Eude, qui pour récompense reçoit des souliers, *sutulares* (139 bis).

La donation de sept deniers de rente que Geofroy Raoul fait à titre de secours, *ad succurrendum*, en entrant au monastère, est consentie par son frère, par sa sœur et par le mari de cette dernière (136) ; celle de Maurice Garrel de Mozé, par son beau-frère, sa sœur et leurs enfants (223).

On comprend l'utilité du consentement des collatéraux quand, en l'absence des héritiers directs, ils sont appelés à recueillir la succession des donateurs. Dans les chartes où ne figure aucun enfant de ces derniers, la mention de leurs frères ou de leurs neveux est toute naturelle (147, 183). La profession religieuse entraînant autrefois mort civile, le consentement des collatéraux a également sa raison d'être, quand un fils unique entre en religion (333). Il est plus difficile à expliquer quand le donateur a des enfants qui restent dans le monde. Appelés à continuer la famille, il semblerait qu'ils auraient pu disposer de ses biens avec plus de liberté, et sans le consentement de ceux que les circonstances éloignaient de plus en plus de leur succession.

Cependant, même en présence des héritiers directs, le consentement des collatéraux n'est pas rare. La donation de Geofroy *Sale* est consentie non seulement par sa femme et son fils Guillaume, mais encore par son neveu Mathieu *Sale*. Tous les trois, à deux fois différentes, renouvellent cette approbation (210). La donation de Renaud de Facé est consentie par sa femme, son fils et son frère (121). Quand Girard de Mollères se fait moine et donne, à cette occasion, une terre à l'abbaye, l'acte mentionne le consentement de sa femme Denyse, de son fils Barthélémy, de ses frères Payen et Girard et de son neveu Aimery (92). De même, pour la donation de Maurice *Coerius*. Elle est consentie non seulement par son épouse, par son fils Nicolas et par son gendre, mais encore par son neveu Hubert Sauvage et son épouse Adélaïde (366). Bien plus, après la mort de Maurice, de tous ces personnages, il n'y en a qu'un à revenir sur son consentement et à chercher chicane aux moines pour cette donation; et ce chicaneur est ce même neveu. Pour avoir la paix, les moines lui donnent quinze sous, et dix deniers à ses deux enfants (368).

Ce consentement des collatéraux était-il absolument nécessaire ? N'était-il qu'un excès de précaution ? S'agissait-il de biens restés indivis ? Autant de questions que le Cartulaire ne nous donne pas le moyen de résoudre. Quoi qu'il en soit, il est certain que les moines durent faire, pour des héritiers collatéraux des donateurs, ce qu'ils firent pour Hubert Sauvage. Ils donnèrent à Salomon, fils d'Otred, et à sa femme, tante du moine Eude, dix livres et une once d'or, pour garder en paix le bien donné par le père d'Eude, quand son fils entra parmi eux (298).

Ceux que ces questions intéressent pourraient rechercher si les usages suivis sur cette matière ne dépendaient pas de la qualité des biens. Sans entrer dans cet examen, qui nous entraînerait trop loin, nous nous contenterons d'indiquer la nature des droits qui en assuraient la transmission.

Il y avait d'abord le droit d'héritage, de succession : *iure hereditario* 10, 18, 19, 20, 87, 138, 362 ; *heredis iure, originario iure* 118.

La fille hérite de ses parents (24, 173), au même titre que ses frères; après son mariage, elle a besoin du consentement de son mari pour disposer des biens de la succession. Nous verrons plus loin les maris trop portés à faire valoir les droits qu'ils tiennent de ce mariage, et essayer d'enlever des biens donnés par les parents de leur femme, avec toutes les formalités requises, et quelquefois même depuis longtemps (80, 168, 297).

Le Cartulaire nous cite même un cas où, contrairement à l'esprit de la loi salique, une sorte de droit d'aînesse s'exerce en faveur de la fille au détriment de son frère cadet.

Guy de Saint-Quentin, à son retour de Jérusalem, voulut se faire moine. N'ayant pas d'argent à donner présentement, il voulut donner dix setrées de terre qu'il avait à Villeneuve. Mais « tout ce qu'il avait était sous la garde et la puissance d'Hervé du Palais qui, ayant épousé sa sœur aînée, avait sa terre et faisait le service de son fief : *quicquid Wido habebat erat sub custodia et potestate Hervei de Palatio qui sororem eius primogenitam habebat terramque et totum feeum serviebat* (360). Guy est obligé de demander à son beau-frère une autorisation pour donner une partie de son bien à l'abbaye où il veut entrer.

S'agit-il ici de mineurs, comme dans la charte 39, où nous voyons deux neveux et leur mère, même remariée, sous la dépendance de leur oncle : *Rainaldi de Choleto, in cuius manu et consilio uxor et filii fratris remanserant ?* La charte ne dit rien qui le fasse supposer ; au contraire, en relatant que Guy revient de Jérusalem, elle laisse entendre qu'il n'était plus un enfant. Aurait-il engagé sa terre pour les frais de son voyage en Terre Sainte? Le Cartulaire parle souvent de terres engagées pour des causes diverses. Si le fief en question avait été lui-même engagé, il semble que la charte le mentionnerait, et n'essayerait pas, pour ainsi dire, de justifier sa possession par Hervé du Palais, en disant qu'Hervé avait épousé la sœur aînée de Guy.

La femme recevait aussi des biens en mariage *in matrimonium* (224), *in maritagio* (52) ou *mariagio* (136), *dotalicio iure* (197), *in dotalicium* (200). La charte 168 parle de droits que Garnier Bodin et son épouse avaient donnés en mariage à leur fille Agnès : *quod ei pater suus et mater in maritagio dederant*, et d'autres, que l'époux d'Agnès, Hugue Goul, avait reçus avec elle (168). Le fief de Guy de Gratte-Cuisse passe ainsi, par le mariage de sa sœur Pétronille, dans la possession de Fouques Burrel (93), et la terre seigneuriale d'Hugue Mansel, aux différents maris d'Agnès à qui elle avait été donnée en dot (57).

Ces biens, elle les recevait non seulement de ses parents : *a patrio iure in matrimonium* (224), mais encore de son mari, qui, par suite de cette donation, devait lui demander la permission d'en disposer désormais : *impetrare a coniuge sua ut concedat illam (terram) pro eo quod ille dotaverat eam de eadem terra* (315, cf. 4, 62, 375).

Avec le patrimoine, la dot et le douaire, le Cartulaire mentionne aussi des biens achetés : *ex emptione sua* (335), et d'autres possédés « non pas par droit d'héritage, mais par le service » : *donum quam per servicium suum non ex hereditario iure adquisierat* (150) ; *terram quam ille non hereditario iure habebat sed Rainaldus Burgevinus eam dederat illi pro servicio quo ei servierat* (172).

Ces indications sont trop incomplètes pour être claires. En les rapprochant de celles que fournissent d'autres cartulaires, on réussira plus facilement à faire la lumière sur ces différents points.

Les Donations : Consentement des Seigneurs

Avec le consentement de tous les membres de la famille, il fallait aussi celui du seigneur. Aussi, tous les seigneurs dont, à quelque degré de fief que ce soit, relève le bien donné : terre, dîme, rente, droit quelconque, comparaissent-ils dans l'acte de donation.

C'est d'abord, en haut de l'échelle, le seigneur principal : *capitalis dominus* (6, 7, 17, 22, 39, 106), *principalis dominus* (75). Puis, ceux qui tiennent la terre sous lui. La donation d'une terre est consentie par Papin, seigneur de cette terre, et Géroire, qui en était le seigneur principal ; *hanc donationem concessit Papinus dominus eiusdem terre... et Gerorius de Bello Pratello qui erat capitalis dominus* (6, cf. 24, 29). D'autres terres sont ainsi concédées par les seigneurs *de cuius feudo erat* (41, 78,

107), *in cuius fiscu erat* (42), *de cuius fevo erat* (29, 90), *ad quem honor pertinebat* (112). Quand les différentes parties d'une terre appartiennent à différents fiefs, chaque seigneur intervient pour la concession de la partie qui relève de lui. C'est ainsi qu'Aimery le Roux, Geofroy de Cholet et Renaud consentent à la donation d'une borderie à Andrezé : *concedentibus hoc Aymerico Rufo, Gaufrido de Choleto et Rainaldo de quorum feco erat eadem terra* (15, cf. 81, 179).

Le consentement des seigneurs, rétribué parfois largement, était au moins une précaution en faveur de la solidité de l'acte. Le seigneur, par ce consentement, prenait l'acte sous sa protection, pour ainsi dire, personnelle : garantie différente du recours que les parties lésées par sa violation pouvaient toujours avoir devant les tribunaux, même ceux de sa Cour.

En acceptant quinze sous pour autoriser une donation, Roger de Blaison le fait « à cette condition qu'il sera, en tout, aide et défenseur des moines contre tous les chicaneurs qui élèveront à tort des réclamations au sujet de ce que lui et son fils ont autorisé » (37). Tesceline, épouse d'Hubert de Vendôme, reçoit également quinze sous à une condition analogue : *tali convenientia ut ab omnibus calumniatoribus quietam et solidam facerent monachis* (40). Adeleine de Tran reçoit, pour la concession d'une dîme, trente sous en charité : *tali conditione ut perpetualiter solidam et quietam predictam decimam ab omnibus calumpniis sua defensione et iuvamine S. Sergio tueretur* (120). Enfin, pour nous borner, l'abbé Achard donne à Orri de Beaupréau, cinq sous en charité et le bienfait de l'abbaye, afin qu'il soit le protecteur fidèle d'une terre de son fief qui a été donnée aux moines (312, cf. 345).

Le plus souvent, il est vrai, cette condition n'est pas exprimée aussi explicitement ; mais on peut croire que le rédacteur de l'acte néglige de la mentionner parce qu'elle est une conséquence naturelle du consentement.

Si la terre est une terre seigneuriale, son aliénation entraîne une conséquence importante. Quand elle advient à une femme, la femme ne peut se marier sans le consentement du seigneur de qui elle la tient.

La terre seigneuriale d'Hugue *Mansel* avait été donnée en

dot avec Agnès par le fils d'Hugue à Lambert *Fossart*, chevalier. A la mort de Lambert, Agnès se remaria une première, puis une seconde fois ; mais, cette dernière, sans le conseil de Fouque de Mathefelon. Fouque en fut irrité, s'empara de cette terre, la garda dans sa puissance ; et cè ne fut qu'après une grande guerre qu'il consentit, à force d'argent, à en restituer la possession à Agnès et à son mari (57).

C'est le seul cas que renferme le Cartulaire de la nécessité du consentement du seigneur au mariage d'un vassal. Cette nécessité s'explique par la qualité de la terre qualifiée de *terra dominica*, terre seigneuriale. Fixée dans une famille, elle passe du père au fils sans que le seigneur ait rien à y prétendre ; mais quand un mariage la fait passer dans une autre famille, l'intérêt du fief demande que le seigneur intervienne dans le choix, non pas de l'époux, mais du nouveau vassal qui aura à remplir envers lui les devoirs féodaux.

Dons en retour : argent, objets divers, chevaux

Ces donations étaient, contre la nature de la donation, rarement gratuites. Il y retournait le plus souvent quelque chose pour le donateur, et, dans les concessions qui les accompagnent, pour ses parents, pour les seigneurs de fief à tous les degrés.

Les mots employés pour désigner ce retour étaient « donner, recevoir en charité » *dedit in caritate, habuit in caritate* (185, 187). Il ne faudrait pas prendre ce mot de charité dans son sens actuel d'aumône. En se servant d'une expression adoucie pour dissimuler ce qu'il y avait parfois de très onéreux dans ces transactions, on n'avait pas l'intention de froisser ni d'humilier la famille des donateurs. Ce mot de charité, *caritas*, avait le sens de bonté, de bienveillance, de largesse. Mais le mot latin a aussi formé le mot *cherté*. Ces donations, censées gratuites, coûtaient parfois, avec tous les accessoires, très cher à ceux qu'on en gratifiait.

Dès la première charte de notre Cartulaire, nous nous trouvons en présence de ce système de donation. Lysias, chevalier de Beaupréau, donne aux moines établis dans cette ville une terre dont la contenance n'est pas désignée : *quandam terram donavit.* Mais si le document ne nous indique pas ce que les moines reçoivent, il nous énumère, en revanche, tout ce qu'ils donnent. Continuons-en la lecture.

« Pour cette terre, Lysias reçut en charité LXV sols et II setiers de froment. Il la *donna* donc en aumône pour le salut de son âme et de celle de ses parents, avec le consentement de sa mère et de son épouse, qui eut à cette occasion XII deniers, de sa fille, qui eut V deniers, et de ses frères, à l'aîné desquels, nommé Geofroy, ont été donnés III sols. »

L'absence de désignation de la terre ne permet pas de dire si elle était importante : mais l'on peut voir que les moines, quelle qu'elle fût, ne l'eurent pas pour rien.

En récompense d'une dîme qu'il donne à l'abbaye, sur un bien qu'elle possédait, Fromont reçoit non seulement la participation aux prières des moines, pour lui, son père, sa mère et ses sœurs, mais encore VI livres : *accepit a nobis sex libras denariorum* (198). Aurait-il reçu davantage pour une vente ? Ce n'était pas l'avis du rédacteur de la charte suivante, qui voit dans cette transaction aussi bien une vente qu'un don : *huic donationi seu renditioni* (199).

On peut se demander si les rédacteurs des actes ne se payaient pas de mots en donnant le nom d'*aumône* à certaines transactions. Maurice *Coerius* donne aux moines *en aumône* (le mot y est en toutes lettres), deux sous et six deniers de rente qu'ils lui devaient à Chaumont. En retour de son aumône, il reçoit trente-et-un sous : *dedit... in elemosinam II sol. et VI den. census... per manum Roberti monachi qui dedit illi et uxori sue Richie in caritate xxx et I sol. concedentibus filiabus suis* (367).

C'est cette même somme de trente-et-un sous, ou pour citer exactement la charte, trente sous et douze deniers, que les moines donnèrent *en charité* à Renaud d'Ecorces, qui leur avait donné une rente de deux sous deux deniers : *ut vero donum istud firmius solidaretur dedit Gaufridus monachus præscripto Rainaldo qui maior natu erat xxx sol. in caritatem et Morello fratri eius XII den. in caritatem* (188).

A ce taux, dans les deux cas, les moines versaient un capital de cent sous pour avoir une rente d'environ huit sous. Combien se payait donc alors une rente semblable, quand ceux qui touchaient le capital ne faisaient pas d'aumône ? Aujourd'hui une opération de ce genre ne s'appellerait plus donation.

Le retour, comme dans ce dernier cas, se payait souvent en argent. L'importance de la somme dépendait de l'importance des personnages. Le tarif était plus fort pour le mari que pour la femme; pour celle-ci, que pour les enfants. Pour ces derniers, il variait même d'après leur âge. Quand ils étaient petits, on ne leur donnait que quelques petites pièces, quelques deniers. La femme de Guillaume *Gaif* reçoit pour son consentement à une donation de son mari, cinq sous, et son fils, tout petit enfant, deux deniers : *et filius eius Gaufridus qui inde habuit II denarios* (327). Renaud de Château-Gontier ayant renouvelé son consentement à des donations antérieures, n'en demande rien à l'abbé Daibert ; mais, comme il fait consentir son fils, en bas âge, à cette même donation, l'abbé fait donner à l'enfant douze pièces de monnaie, comme pour faire allusion à son enfance : *Domnus abbas fecit dari Adelardo puero XII nummos velut alludens puerili eius animo* (199).

Avec l'argent, les moines avaient des objets de valeur qui tentaient parfois davantage les goûts artistiques de certains seigneurs de l'époque. Hugue Goul reçoit ainsi une coupe qu'il apprécie vingt sous : *ob perhennem memoriam scipho corneo quarteriato colorato quem ipse Hugo viginti sol. et amplius adpreciavit* (150).

D'autres fois, les donateurs préféraient des objets plutôt utiles qu'artistiques. Les moines donnent ainsi : à l'un, deux setiers de seigle et un de froment, valant dix sous (197) ; à un autre, un setier de seigle, qu'il emporte sur un âne (158). Un meunier de Varenne reçoit, en retour de donation d'une dîme, un pain de froment, ainsi que sa femme et ses deux fils (212). Preuve que les pots de vin ne datent pas de notre époque, c'est que nous voyons Cécile, femme de Richer, recevoir, pour autoriser une vente faite par son mari, un setier de vin excellent, *unum sextarium vini optimi* (455).

Mais, s'il faut manger et boire, il faut encore dormir. Pour augmenter le charme de cette dernière opération, l'abbé Daibert donne à Renaud Burgevin, un intérieur de lit, *unam culcitam et unum pulvinar, unum linteolum et unum villosum* (359).

Avec la nourriture, le vêtement. Pour consentir à une donation faite par son père, Guillaume Rapin reçoit une tunique (18) et Nicolas, fils de Maurice *Coerius*, un bliaut, *unum blialdum* (366).

Nous ne saurions dire si les moines habillaient les donateurs depuis la tête ; ils les habillaient du moins jusqu'aux pieds, inclusivement. La femme d'Oger de Brétignolles n'était certainement pas une va-nu-pieds. La noble dame portait des souliers et devait avoir les moyens de les payer. N'empêche qu'elle s'en faisait payer par d'autres ; et « honny soit qui mal y pense », c'est chez les moines qu'elle trouvait chaussure à son pied. Pour son consentement à une donation de son mari, le moine Geofroy Bute lui donne une paire de souliers (374, cf. 139 bis).

Un cadeau souvent usité dans ces circonstances était celui d'un cheval, surtout dans les transactions où paraissent des seigneurs. Le noble animal était surtout l'animal de la noblesse. Dans sa passion pour les chevaux, n'ayant guère de loisirs pour en élever, elle était heureuse d'en trouver de superbes dans les écuries de l'abbaye. L'abbé connaît le faible des seigneurs ; pour un cheval, il obtiendra d'eux tout ce qu'il demande. Le Cartulaire de Saint-Serge va nous faire assister à un défilé de chevaux.

Voici d'abord celui que l'abbé Daibert donne à Jean, fils de Thierry de Beaupréau : il est accompagné d'une jument qu'il donne en même temps à son frère (68). Les deux bêtes durent faire envie au seigneur de l'endroit. Les moines donnent au seigneur Orri de Beaupréau, deux chevaux de grand prix, *duos pretii pluris equos* ; et le seigneur Orri, qui voulait profiter de la mort de l'abbé pour s'emparer des biens du monastère, ajoute encore à ces biens (69). Mais Orri avait un fils nommé Amelin. Un palefroi pour Amelin ! il mérite d'être récompensé pour son consentement à une donation de son père.

De Beaupréau à Montrevault, il n'y a pas assez loin pour que les beaux chevaux des moines n'y aient pas fait admirer leur performance. Hubert Burrel de Montrevault fait une donation aux moines, il en retire, outre soixante sous, un cheval de grand prix : *unum equum magni precii* (316). A Montrevault, comme à Beaupréau, il ne sera pas dit que le seigneur soit plus mal monté que ses vassaux : Fouque Normand de Montrevault reçoit des moines un cheval excellent, *unum equum optimum* (336).

Ce n'est pas seulement au sud de la Loire que les moines placent les produits de leurs écuries. Hamon d'Ecorces reçoit, pour un don fait au prieuré de Juigné, un cheval valant sept livres ou davantage, *caballum unum* VII *libras aut plus valentem ;* et Hélie, seigneur du fief où se trouvait la terre donnée, reçoit pour sa concession vingt sous, un casque et un cheval de quatre livres, *unum equum valentem* IIII *libras :* ainsi, deux chevaux encore emballés pour une seule donation. A Sceaux, voisin de Juigné, Rahier de la Place obtient lui aussi un cheval pour consentir à la donation faite par Richard de Loires, qui, de son côté, reçoit en charité un cheval valant cinquante sous, *unum equum valentem* L *sol.* (1) (179).

Nous avons vu l'abbé de Saint-Serge donner un palefroi au fils d'Orri de Beaupréau : c'est aussi un palefroi que le fils de Garnier Bodin reçut de l'abbé Bernard, l'année de sa chevalerie : *abbas donavit ei unum palefredum valentem* VII *libras* (159). Le palefroi est le coursier non seulement de la jeunesse, mais aussi des dames. Mabile, veuve d'Hugue Goul, seigneur de la Motte-de-Pendu, devait recevoir de l'abbé Pierre un palefroi pour une concession ; l'acte porte d'abord qu'elle en reçut un, *accepit,* valant quarante sous; puis que la noble dame s'indigne contre l'abbé Hervé qui ne lui en a pas donné. Etait-ce un second qu'elle espérait du successeur de l'abbé Pierre ? Nous avons assez vu caracoler les coursiers sortis des écuries de Saint-Serge. Nous ne nous attarderons pas à voir combien de temps il en sortira encore.

Que ces bêtes aient été superbes, le doute n'est pas possible. Il n'y avait alors ni fiacres, ni omnibus. Les moines ne

(1) Même localité, Guillaume fils de *Hartolot* de Champigné, reçoit en charité XL sous à la place du palefroi qu'il avait demandé (122).

pouvaient pas espérer pour des rosses un placement rémunérateur. Du reste, les grands seigneurs, soit ceux qui le sont, soit ceux qui le font, se sont toujours connus en bêtes : ce ne sont pas eux qui se laisseraient embâter de chevaux avariés. Aussi les expressions que nous avons relevées témoignent presque toutes en faveur de la beauté de la bête : c'est un cheval de grand prix, *magni pretii... pluris pretii*, un cheval excellent, *equum optimum*. L'écart entre les prix peut tenir à diverses circonstances. L'évaluation de ces différentes valeurs tient à des sujets si complexes que nous renonçons à la faire.

De ces faits, on peut du moins conclure que les moines qui ont tant fait pour l'agriculture, n'ont pas moins fait pour l'élevage des animaux qui y touche de si près. Le Cartulaire de Saint-Serge fournirait un chapitre à un ouvrage sur les haras dans les abbayes. D'autres Cartulaires permettraient de continuer l'ouvrage. Les chartes d'une de nos abbayes nantaises, l'abbaye de Buzay, montreraient que l'élevage des chevaux était la préoccupation de bien des monastères. Ils ont fait autant que possible pour *l'amélioration de la race chevaline*. Ils ignoraient le mot, mais pratiquaient la chose ; dans bien des cas, les anciens ne nous ont laissé que le mot à trouver pour des établissements, pour des institutions, pour des entreprises qui fonctionnaient déjà chez eux de longue date, mais que l'on n'avait pas encore songé à baptiser.

La plupart de ces chevaux étaient élevés par les moines dans leurs prairies. Ils en avaient dans les îles de la Maine et sur les bords du Loir. Un personnage de Verron leur donne, en 1102, dans les prairies de *Curva*, sur le bord de cette dernière rivière, autant de terre qu'il leur en faut pour leurs chevaux « *de pratis de eadem Curva, dedit quod satis esset... ad equos eorum* » (272).

Mais, parfois, ces chevaux étaient amenés à l'abbaye par les seigneurs qui y entraient. La bête n'entrait pas toujours au monastère avec son maître, ou n'y restait que peu de temps à l'écurie. Quand Vivien de Montjean se fit religieux, Aimery le Roux « toucha » son cheval, et Joscelin, seigneur de Beaupréau, son palefroi, pour avoir consenti à des donations que ce seigneur faisait à l'abbaye.

Le cheval d'Eude, fils d'Hugue de Claye, n'eut pas plus le temps de goûter l'herbe du pré des moines. Une même charte nous fait connaître son placement et celui du palefroi du moine Geofroy. Le palefroi d'Eude ne sortit pas de famille, ou du moins de la famille de ses maîtres : il passa à Hugue, son neveu, en retour du consentement donné à sa donation.

En caracolant sur la belle bête qui lui venait plus tôt qu'il ne pouvait l'espérer, ce ne fut pas Hugue qui dut regretter l'entrée de son oncle au couvent.

Mais les écuries de l'abbaye n'avaient pas que des chevaux pour hôtes : on y trouvait aussi des ânes ; où n'en trouve-t-on pas ? L'animal patient, réhabilité par Buffon, (si le génie, d'après le même auteur, n'est qu'une longue patience, d'où vient donc la triste réputation qu'on lui a fait au point de vue intellectuel?) l'âne (il devait en être fier) paraît, lui aussi, au même titre que le cheval, dans ces donations. Et ce n'est pas pour des prés de vilains qu'il quitte les « prés de moines » où il paissait plus copieusement et plus à l'aise qu'en passant : c'est pour entrer au service d'un grand seigneur comme celui de Montrevault, qui reçoit en charité un âne valant III sols et demi : *in caritate uno asino valente III sol. et dimidio* (329). Moins brillant, sinon plus heureux, fut le sort d'un autre âne qui fut donné au cordonnier Hervé. Pourquoi, aussi, ne valait-il que douze deniers (355) ?

Enfin, il est un autre animal dont nous laisserons le soin de citer le nom vulgaire à un poète autorisé.

« J'appelai le cochon par son nom : pourquoi pas ? »

dit V. Hugo. Cet animal donc ou (pour parler comme un des personnages de Rabagas dans ce qu'un autre appelle, à ce sujet, le langage de Bossuet), le pourceau, est donné, lui aussi, en cadeau, aux amateurs de lard: *pro hac concessione dedit ei Dionisius prior v sol. et porcum valentem II sol.* (190).

Ajoutons que les animaux de l'abbaye paraissent, dans ses contrats, non seulement à titre de cadeau, mais encore à titre d'échange, de vente. C'est ainsi que Bernard Bevin donne en 1102, pour une vache, la dîme d'une terre : *donavit pro una vacca totam decimam proprie terre sue* (272).

L'humanité se répète. A l'origine des sociétés, les animaux

n'ont-ils pas été, en chair et en os, la première monnaie, avant de voir les plus anciennes monnaies porter, en souvenir de cet état de choses, leur effigie remplacée depuis (ô vanité des choses humaines !) par celle des rois ? et les mots de *pecunia*, de *pécule*, ne conservent ils pas le souvenir des temps où le troupeau, *pecus,* était la principale monnaie ?

Après ce que nous venons de dire du placement de ces différents êtres, n'y aurait-il pas une certaine inconvenance à parler d'un autre placement plus délicat, plus difficile, et qui n'est pas sans créer parfois, aux pères de famille, de graves préoccupations. Dans le rapprochement peut-être irrévérencieux entre ces deux placements, auquel notre sujet nous fait songer, c'est peut-être, en effet, ce dernier que la politesse française eût dû nous faire placer avant l'autre.

Notre Cartulaire nous montre un père de famille priant l'abbé de Saint-Serge de s'interposer pour faire entrer sa fille au monastère de Ny-Oiseau (64). Les moines ne plaçaient pas au couvent toutes les filles. Celles qui voulaient se marier pouvaient aussi compter sur la charité de leur concours. Nous en voyons une le leur demander et le leur faire engager par écrit. En consentant à une donation, Josbergue, fille de Bernegaud, met « pour condition que l'abbé et les moines la marieront légitimement à leurs frais » : *tali tenore ut abbas et monachi de suo proprio censu maritarent* (210) ; et l'abbé dut se résigner à empiéter sur les fonctions de saint Nicolas.

Ces bons moines, dira-t-on, se mêlaient vraiment de bien des choses. Mais les gens du temps ne les y forçaient-ils pas un peu ? Notre aspirante au mariage aurait été vivement contrariée s'ils n'avaient pas voulu accepter sa condition, et plus vivement encore s'ils ne s'étaient pas mis en peine de tenir leur engagement. Le meilleur juge de la grandeur d'un service est, avant tout, celui qui le reçoit. Avant de critiquer les usages d'une époque, il faut d'abord examiner s'ils n'ont rien de coupable en eux-mêmes. Le reste paraîtra bizarre ou naturel, suivant l'esprit des temps ou la tournure des esprits. Dans cette diversité d'appréciations, il restera souvent difficile de dire celui qui a vraiment le mieux jugé.

Ces frais de concession faits, en argent ou en nature, à des titres divers, étaient parfois assez considérables. Si quelques-uns ne dépassent pas quelques deniers, d'autres atteignent plusieurs livres. Pour leurs frais de premier établissement à Beaupréau, en 1062, les moines donnèrent à Géroire, quinze livres ; à sa femme, deux onces d'or ; à son frère, trois livres ; à Aimery de Montjean, cent sous ; au chanoine Herbert, cent sous. En retour d'une donation, Hugue de Mathefelon reçoit des moines, en charité, cinq cents sous, et son épouse, cinquante (57).

Quel rapport avait avec l'importance du don la somme donnée en retour ? La proportion est généralement impossible à établir. On n'en connaît, le plus souvent, qu'un des termes : ce que les moines donnent en charité ; quant au bien qu'on leur donne, ou qu'ils achètent, il est trop vaguement désigné. Il est facile d'entrevoir que la donation de Géroire de Beaupréau fut très importante, et que si les moines donnèrent beaucoup, ils reçurent beaucoup. Mais, dans bien des cas, le rédacteur de la charte ne songe pas à énumérer les biens donnés, même sous une rubrique aussi vague qu'il le fait pour la fondation du prieuré de Beaupréau.

Voici cependant un acte qui renferme, à ce sujet, en lui-même, les deux éléments de comparaison.

L'abbé Daibert avait acheté, d'Hardouin et de Tescelin, pour dix sous, une borderie sise à Villeneuve. Tescelin, seigneur d'Hardouin, reçut pour son autorisation deux sous, et Roger de Montrevault, seigneur des deux, douze deniers (315).

Ainsi, pour une borderie vendue dix sous, il fallut payer pour la concession trois sous, c'est-à-dire près du tiers. Encore, dans la circonstance, n'y eut-il aucun parent pour le consentement desquels il eût fallu débourser quelque chose en plus.

On comprend que ces frais de concession, parfois si considérables, devaient rendre certaines transactions très onéreuses. Aussi parfois l'acte désigne-t-il à la charge de quel contractant ils seront supportés. Dans un échange de terre entre les moines de Saint-Serge et les chanoines de Saint-Maurice, ces derniers stipulent très précisément que ce ne sera pas à eux à demander leur consentement à cet échange aux seigneurs de qui relèvent les terres en question, et qu'ils ne débourseront rien de ce chef, mais qu'ils laissent aux moines la charge d'obtenir ce consentement (115).

La réserve valait la peine d'être faite. Pour obtenir le consentement de tous les intéressés, les moines durent donner à Renaud d'Iré, L sous; à Drogon de Thorigné et à son épouse, xx. sous ; à Geofroy *Grosse*, x sous; à Durand de Facé, v sous ; à Fromond *Turtus*, IIII sous ; à Poncelin, II sous ; à Eudo de Mont-Riou, v sous ; enfin à Mainier, v sous (116).

Quand il s'agit d'obtenir, pour une transaction, le consentement d'autant de personnages, on comprend qu'une des parties se décharge du soin de faire des démarches qui n'allaient pas gratuitement.

Parfois, le seigneur principal se charge d'obtenir toutes les concessions nécessaires. Le seigneur de Beaupréau, Géroire, autorise ainsi une transaction et la fait autoriser par les autres : *Domnus Gerorius de Bello Pratello senior horum omnium auctorizavit hanc convenientiam et aliis auctorizare fecit* (81). C'est là une gracieuseté dont les moines se montrent reconnaissants.

En dehors de ces frais de concession, il y avait encore les droits de vente. Les chartes 332 et 355 distinguent expressément ces droits et ces frais. Voici la première dans son entier :

« Bernard Nid-d'Oie, *Nidus anseris,* a vendu la moitié d'un arpent de terre à Guérin, moine de Saint-Serge, pour cinq sous ; et Pierre Galichier a eu de là cinq deniers de vente et sept deniers de concession, et Hugue Buissel autant ».

La seconde est plus longue. Elle énumère un certain nombre d'actes de vente avec le montant de la vente, les droits perçus de ce chef, ainsi que la somme donnée pour l'autorisation. A cause de son importance pour les transactions de cette époque, nous en donnons plus loin, par exception, tout le texte latin (1). On remarque dans plusieurs de ces actes la même proportion que dans la charte 332 entre le prix et les droits de vente, c'est-à-dire un denier du sou. Ainsi, pour une vente de quatorze sous, quatorze deniers de droit; pour une de seize

(1) Voir plus loin : Titres du prieuré de Montrevault, ch. 355.

sous, seize deniers ; pour une de douze sous, douze deniers. La règle n'est cependant pas générale. Sur deux ventes de vingt-huit sous, le droit n'a été que d'un demi-denier. Le plus souvent, quand on énumère les droits de vente et ceux de concessions, ces derniers sont notablement supérieurs aux premiers (355).

Le petit tableau suivant mettra d'ailleurs sous les yeux d'une manière plus sensible la comparaison :

Prix de vente	Droits	Autorisation
xii s	xii d	
xxviii s	xiiii d	v s
xxviii s	xiiii d	x d
xiiii s	xiiii d	1 setier de vin.
xvi s	xvi d	
v s	v obol.	xii d

Formalités de la donation ; embrassement des parties.

Pour attirer plus vivement l'attention et fixer le souvenir, la donation se faisait d'une manière sensible. On connaissait la valeur du geste, et on l'employait largement.

La donation revêtait d'abord une forme concrète qui frappait les yeux des populations simples de l'époque. Elle était représentée par un objet que fournissait un assistant ou qui tombait sous la main. Notre Cartulaire nous donne des exemples d'investiture faite avec une serpe, *cum sarpa* (93), avec un couteau, *cum cultello* (210, 217, 366, 374), avec un livre *cum libro* (293, 363), *cum libro capituli* (363), *cum libro manuali* (111), avec deux deniers déposés sur l'autel (165), ou bien encore, *per malleolum capituli* (54), *cum capello episcopi* (367). Pour plus de précision on indique parfois le personnage qui fournit l'objet. « Témoin : Jean Berger, dont le couteau a été posé sur l'autel avec le don » (366).

S'inspirant des circonstances, la donation revêt dans les campagnes un caractère champêtre ou forestier. La donation des prés de Constance se fait dans la forêt de la Verrière; on détache un rameau d'un chêne de la forêt, et c'est avec ce rameau qu'on investit l'abbé Achard (296, cf. 360).

L'objet qui figurait la donation était communément déposé dans la main de celui à qui on la faisait, puis, quand on était dans une chapelle ou une église, porté de là sur l'autel (37, 64, 68, 96, 97, 110, 111, 124, 127, 138, 154, 210, 271, 312).

Une investiture plus touchante, c'est celle qui se faisait par embrassement.

Roger de Moulins avait prié l'abbé de Saint-Serge de vouloir bien faire entrer sa fille parmi les religieuses de Ny-Oiseau. En vertu d'une convention prise avec l'abbesse de ce monastère, l'abbaye de Saint-Serge avait le droit de lui présenter un sujet. La jeune fille fut acceptée comme religieuse ; et, en reconnaissance, son père et son frère donnèrent à l'abbaye de Saint-Serge la dîme d'une terre appelée *Ialennolia*. Pour la concéder, vinrent au Chapitre de Saint-Serge Roger, sa femme Goda, Payen *Bucet*, frère de la religieuse, et Grosain *Artifex*, beau-frère de Payen. Ils investirent l'abbé de la dite dîme, et embrassèrent tous les moines qui se trouvaient là. Puis Payen porta sur l'autel et le don et la concession (63).

Le beau-fils ou fillâtre, *filiaster*, de Bérenger *Borlerius*, avait reçu XII deniers pour un arpent de terre vendu aux moines. En signe d'autorisation, il embrassa les moines Fromond et Gautier qui l'avaient acheté, en présence de son oncle (205).

Nous verrons plus loin Hugue le jeune, fils d'Hugue de Claye, embrasser à tour et à rang tous les moines qui se trouvaient au Chapitre de Saint-Serge (219). La salle du Chapitre devait être coutumière de pareilles accolades. Au temps de l'abbé Guillaume et de l'évêque d'Angers Geofroy, Guichard Charpi y embrassa l'abbé et tous les moines, et la cérémonie faite, se retira en paix : *et osculato abbate et monachis in pace discessit* (363).

Cet usage n'était pas spécial à l'Anjou. Nous le voyons pratiquer au XIe siècle à Machecou, au pays de Retz. L'acte qui nous l'apprend relate même un détail que notre Cartulaire laisse dans l'ombre : c'est que, lorsque parmi ceux qui donnent ou concèdent un bien se trouvait une femme, le moine s'abstenait de l'embrasser. Il en donnait la commission à un autre et s'acquittait de sa corvée par délégation. Dans la donation dont nous parlons, le père et son fils embrassent le moine Gautier : « Quant à son épouse, comme il est contre l'usage qu'une femme embrasse un moine, ce fut Lambert, préfet de Saint-Aubin qui, sur l'ordre du moine Gautier, l'embrassa [1] ». L'usage et les convenances se trouvaient conciliés pour le mieux par cet ingénieux moyen.

Chicanes : l'année de la chevalerie ; mort des donateurs ; les gendres.

La donation ainsi faite et concédée avec toutes les formalités requises, même les plus minutieuses, était loin d'être, suivant l'expression des chartes, *firma et solida*, ferme et solide ; il lui fallait le temps de se tasser, ce qui n'était pas toujours l'œuvre d'une génération.

Parmi les nombreux personnages qui comparaissent dans l'acte, il y avait souvent un chicaneur, ou le père ou l'oncle d'un chicaneur. C'en était assez pour que, à l'horizon de toute donation, on pût entrevoir, comme un gros point noir, la menace d'un procès.

La raison ? Le plus souvent il n'y en avait point : un prétexte futile suffisait pour remettre sur le tapis des transactions qui semblaient avoir établi pour toujours les droits des nouveaux acquéreurs. Un membre de la famille des donateurs ou des concessurs se souvenait que tel bien, que tel droit avait autrefois appartenu à sa famille ; et, sans se laisser arrêter par la pensée qu'on ne reste pas le maître de ce qu'on donne, se lançait dans la reconstitution d'un patrimoine aliéné, à titre gratuit ou onéreux, par ceux qui en avaient le plein droit.

Parfois c'était le donateur lui-même qui revenait sur sa donation. Geofroy Haslet avait fait un don aux moines. Plus

---

(1) « *Qui utrique scilicet pater et filius pro hujus doni confirmatione Walterium monachum in fidei nomine osculati sunt ; uxor autem illius, eo quod a femina monachum osculari inusitatum habemus, Lambertum quemdam, præfectum S. Albini, jubente Walterio monacho eadem femina deosculata* ». D. Mor. Preuv. I. 430.

tard, il leur cherche chicane à ce sujet. Il reconnaît son tort, mais l'abbé Hervé n'en est pas moins forcé de lui promettre deux cents messes pour l'âme de sa fille qui vient de mourir (292).

Hubert de Durtal avait abandonné aux moines un droit sur un de leurs biens de Chaloché, une première fois devant l'abbé Bernard, une seconde, devant l'abbé Gautier et plusieurs témoins. En retour, les moines lui avaient donné trente sous. Quelque temps plus tard, oublieux de son bienfait, il se met à réclamer ce droit à des moines qui ignoraient ce qui s'était passé. Ceux-ci le payèrent d'abord, mais l'un d'eux, le moine Goslen, trouva la charte de donation. Il la porta à Hubert et on la lut devant lui, en présence d'autres témoins. A cette lecture, Hubert reconnut qu'il avait, en effet, donné ce droit aux moines et qu'il le réclamait injustement. Il renouvela sa donation en présence du moine Goslen, qui avait trouvé la charte, et du prêtre Guérin, qui l'avait lue (60).

Mais, le plus souvent, ce sont les enfants, parents ou héritiers quelconques de ceux qui donnent ou même concèdent simplement un bien, qui essaient de reprendre cette donation ou cette concession. Les moines, pour le bien de la paix, entrent en transaction : l'affaire déjà traitée et réglée d'après les lois du temps est reprise et terminée à l'avantage du chicaneur.

Quand Hugue, fils d'Hugue de Claye, fut fait chevalier, il s'efforça d'enlever aux moines un bien donné par le frère de son père avec toutes les concessions requises, à commencer par la sienne. Ces frais de concessions, vu la nombreuse famille du moine donateur, Eude, fils d'Hugue de Claye, avaient été considérables. Il avait été donné, à ce titre, vingt-deux livres et demie, trois mesures de seigle, deux palefrois, quarante sous, d'une part, et trente d'une autre. Hugue lui-même avait reçu, pour son consentement, le palefroi de son oncle, qui entrait en religion. Son entreprise était injuste. Il n'y réussit pas, mais l'abbé dut lui accorder en charité quarante sous et la participation aux prières de l'abbaye. Puis le chicaneur embrassa tous les moines au rang (217-219), et abandonna ses réclamations.

Il est peu probable que ce fût le désir d'embrasser les moines qui l'inspira dans cette affaire. L'année de la chevalerie entraînait bien des dépenses ; Hugue trouva le moyen d'y pourvoir. Il pensa qu'on pouvait se résigner à embrasser les moines au tour et à rang, à la pensée qu'on allait les « taper » de quarante sous.

Ces réclamations et ces chicanes survenaient, assez souvent, dans des circonstances que rien ne permettait de prévoir ; mais il en était d'autres où l'on pouvait avoir des craintes de les voir naître.

L'année de la chevalerie d'un seigneur était une de ces circonstances. Nous venons de voir comment Hugue de Claye traita les moines quand il fut fait chevalier : *cum factus esset miles*. Ce fut aussi sa chevalerie qu'attendit Taillefer pour troubler les moines dans la possession d'un arpent de vigne qu'ils avaient acheté quarante sous, acquisition à laquelle il avait lui-même donné son consentement (222).

L'année de sa chevalerie, un autre seigneur momentanément besoigneux, Mathieu de Cholet, employa un procédé plus honnête. Se ressouvenant utilement que ses parents lui avaient acquis des droits à la reconnaissance des moines, il va trouver le prieur de Beaupréau et lui demande un secours, *adjutorium*. Le prieur se montre bon prince et donne au noble mendiant, qui les accepte sans rougir, dix sous pour acheter un bouclier [1].

Ajoutons cependant que tous les seigneurs ne signalaient pas l'année de leur chevalerie par des faits semblables. Tout autre fut la conduite d'Hélie, fils de Garnier Bodin. Quand il fut fait chevalier, il se rendit à l'abbaye de Saint-Serge, et là, au Chapitre, il confirma à l'abbé Bernard la possession de tout ce que les moines avaient dans son fief et de tout ce qu'ils pourraient acquérir par donation ou par achat. L'abbé fut sans doute touché de la spontanéité et de la générosité de sa démarche. Il donna à Hélie un palefroi d'une valeur de sept livres (159).

[1] *Illud quoque sciendum quod Matheus filius eiusdem Rainaldi de Choleto, quando fuit miles venit ad Robertum monachum et quæsivit ei adiutorium, et ille Robertus monachus dedit ei x sol. ad unum scutum emere* (39).

Ainsi, en donnant une partie de leur bien aux moines, les donateurs ne perdaient pas tout. Après le premier gain touché par ceux-là même qui faisaient la donation ou qui y consentaient, il y avait du regain pour plus tard, soit pour eux, soit pour leurs héritiers. La famille tenait quelque temps les moines en coupe. De nos jours, le pré une fois vendu, le vendeur ou ses héritiers n'en tireraient plus un brin de foin.

La mort des bienfaiteurs de l'abbaye lui apportait une seconde occasion de débourser. Leurs héritiers profitaient de la circonstance pour renouveler, moyennant finances, leur consentement à la donation. A la mort de Joscelin de Doussé, Hulgot, son fils, du consentement de sa mère, Lucie, concéda et confirma aux moines la possession de tout ce qu'ils tenaient dans son fief et dans celui de son oncle Geofroy Haslet. Il reçut en retour, avec le bienfait de l'abbaye, quarante sous en charité (302).

Cet arrangement s'était fait à l'amiable. C'était une exception. Fouque de Mathefelon, à la mort d'Hugue, son père, troubla les moines dans la possession de tout ce qu'ils avaient acheté ou reçu de son vivant dans son fief. Les moines, après avoir consulté l'abbé, ne trouvent rien de mieux à faire que de montrer une grande humilité et d'implorer la miséricorde [1] de l'envahisseur de leurs biens. Enfin ils réussissent à le fléchir ; Fouque promet de ne plus leur chercher chicane, s'ils veulent lui concéder le bienfait de l'abbaye où son père a été inhumé et quarante sous. La condition parut dure aux moines, mais ils durent s'y soumettre. Hugue se rend à Saint-Serge, reçoit le bienfait de l'abbaye, et s'engage à la laisser désormais jouir en paix des biens contestés (51).

C'était payer deux fois la jouissance de biens concédés en vertu des contrats les plus réguliers.

Il ne semble pas, cependant, que ce renouvellement de concessions antérieures, lors des mutations de seigneurs, ait été une règle générale, et qu'il faille le comparer au renouvellement des aveux. Du moins, si cet usage a existé dès lors, il a

---

[1] *Unde monachi consilium sui abbatis requirentes, nihil aliud invenerunt nisi humilitatem habendam et eius misericordiam exorandam.*

dû avoir des exceptions nombreuses. L'entreprise est toujours racontée comme une exaction des seigneurs. L'abbaye, pour laquelle elle est toujours onéreuse, ne la subit que par violence ou par crainte. Propriétaire légitime et légale de la poule, elle aime encore mieux, pour la conserver, donner un œuf à ceux qui la convoitent, bien qu'elle ne le leur doive pas.

Les années de chevalerie et les changements de seigneurs n'étaient pas les seules calamités qu'eût à craindre l'abbaye. Elle avait aussi à redouter les gendres.

Etait-ce, autrefois, un malheur d'avoir un gendre ? Par affection filiale pour nos grands-pères et les parents de nos grand'mères, nous aimons à ne pas le croire ; et pourtant le sujet nous amène à parler d'un Maugendre, *Malus gener*, qui, si un surnom peut dire la vérité, ne dut pas être pour ses beaux-parents un modèle d'affection.

Mais, sans pénétrer dans l'intimité de la famille, nous pouvons assurer que le gendre a été souvent une cause de désagrément pour l'abbaye. Dans ses sentiments pour la dot et celle qui l'apporte, son affection pour la première l'emporte parfois, en intensité et en durée, sur l'affection pour la seconde.

Un gendre *modern style*, même dans les moments où sa qualité lui pèse le plus, se contente, pour s'en consoler, de supputer ses espérances au moment où il perdra l'occasion d'en souffrir. Un gendre moyenâgeux, du moins une variété de l'espèce, ne se bornait pas à escompter l'avenir ; il jetait aussi un regard sur le passé ; il considérait non seulement ce qu'il avait eu, mais ce qu'il aurait pu avoir. Si, dans les temps préhistoriques, bien avant son mariage, il découvrait des donations ou des transactions qui avaient diminué le patrimoine de la famille, il ne s'arrêtait pas à la pensée que la transaction avait été légitime, que les parents de sa femme avaient été, en leur temps, les maîtres de leurs biens et libres d'en disposer suivant les lois de l'époque. Il examinait si ceux qui possédaient actuellement ce bien, étaient capables de le retenir ; et quand il constatait qu'il avait passé dans la propriété d'une abbaye, il le trouvait en bonnes mains pour le réclamer.

Tel fut le cas du gendre d'Herbert de Beaupréau, surnommé *Malus gener* ou Maugendre. Herbert, en se faisant moine, ainsi que son fils, avait donné, pour les deux, une partie de terre et de prés. « Mais, dit la charte, Herbert avait une fille qui, dans la suite, se maria et réclama aux moines ce qu'ils avaient reçu pour son frère et pour son père. Pourtant, après quelques paroles injurieuses, la femme et son mari, nommé *Effridus*, vinrent au Chapitre de Saint-Serge ». Leur voyage ne fut pas inutile, et avec la participation aux prières des moines, ils obtinrent, en retour de leur concession, la somme de cent sous (80).

Le gendre de Sigebrand Rasle ne fut pas meilleur pour l'abbaye de Saint-Serge. Peu de temps après son mariage, il réclama tout ce que celui qui n'était pas encore son beau-père, avait précédemment donné aux religieux (318).

Le gendre de Vivien de Chartres réclame, à son tour, des prés à la donation desquels son beau-père n'avait pas consenti pour rien. Il reconnaît son tort, vient au Chapitre de Saint-Serge avec sa femme Denyse, concède de nouveau ce qui avait déjà été concédé par Vivien. Mais il ne le fait pas gratis : lui et sa femme reçoivent cinquante sous (297).

Ainsi les moines, dans les contrats de vente ou de donation, avaient beau mettre « il est à remarquer que telle ou telle personne n'est pas encore mariée », afin de couper court aux réclamations des gendres futurs, cette formalité, par la rapacité des gendres, n'était parfois qu'une inutile précaution.

Ces chicanes, dont l'abbaye avait à souffrir, survenaient non seulement à la suite de dons, mais encore à la suite de ventes qui auraient dû, ce semble, lui créer des droits moins contestables.

Le moine Geofroy avait acheté un arpent de vigne quarante sous. La vente avait été consentie par l'épouse, les fils, la fille et le petit-fils du vendeur. Et pourtant ce petit-fils, devenu chevalier, réclama cette vigne et l'arracha même en partie. Cité devant la cour de l'archidiacre, il dut reconnaître ses torts (222, cf. 372).

Il n'est pas jusqu'aux terres données par l'abbaye en viager seulement, qui ne deviennent pour elle une source de procès. Guérin de Brain avait acheté un coin de terre pour les moines et les avait priés de le concéder à son neveu Odon, seulement pendant sa vie. A sa mort, Odon le restitue aux moines, avec le consentement de ses sœurs. Mais l'une d'elles s'étant mariée, son mari réclama cette terre. Pour posséder en paix un bien qu'elle avait déjà payé, l'abbaye dut donner aux collatéraux de celui à qui elle l'avait accordée en viager, une somme de dix-huit sous : seize au mari, deux à la femme et six deniers à chacun des enfants (221).

La terre de Haute-Perche, donnée aussi en viager à Ansquetil, serviteur des moines, *in vita sua tantum habendam*, devint plus tard pour les moines la source de pareils ennuis (225).

Les arrangements; Cours ecclésiastiques; Cours séculières.

Quand souffle l'esprit de chicane, les adversaires des moines n'ont pas toujours la patience de s'en remettre à la décision des tribunaux. Sans aucun respect pour la condition de celui qui possède, ils se précipitent sur son bien, l'envahissent comme Fouque de Mathefelon (51), et Maurice Cocrius (370), brisent les charrues des moines, comme Board de Villeneuve (350), ou même, moyen radical, arrachent la vigne du terrain contesté, comme Taillefer, devenu chevalier (222). Heureux encore les moines, quand ils ne sont que volés, sans être battus par dessus le marché, comme il advint au prieur de Juigné, battu et blessé par Fulcran, seigneur du Buron, et son fils, pour avoir voulu défendre le bien de son abbaye (167).

En présence de ces chicanes, les moines tentent d'abord des arrangements à l'amiable, « considérant qu'il vaut mieux posséder un bien en paix plutôt qu'en guerre avec qui que ce soit » (298), et, pour le bien de la paix, par esprit de concorde, *in concordiam* (368), préfèrent céder de leur droit et payer encore un consentement déjà accordé et payé plusieurs fois (160).

Cet arrangement à l'amiable est recherché, avant tout, par les abbayes, dans leurs difficultés mutuelles, quand les intérêts que chacune doit chercher à sauvegarder, les mettent aux prises les unes avec les autres.

Dans un accord intervenu entre les moines de Saint-Aubin et ceux de Saint-Serge, les abbés déclarent que si une nouvelle controverse surgit à ce sujet, ils la trancheront fraternellement et charitablement entre eux, s'ils le peuvent ; autrement, ils recourront à l'évêque d'Angers et s'en tiendront à son jugement (103).

Lorsque le chicaneur est trop puissant, la prudence conseille aux moines de se faire humbles. C'est la ressource qui leur reste dans l'envahissement de leurs biens par Fouque de Mathefelon. « Par le conseil de l'abbé, ils ne trouvent rien autre chose à faire qu'à se montrer humbles et à implorer la miséricorde » de leur terrible adversaire. Fouque se laisse enfin fléchir par leurs supplications, après toutefois leur avoir encore extorqué le bienfait de l'abbaye et quarante sous (51).

Quelquefois, cependant, l'adversaire des moines reconnaît de lui-même son tort, et, cédant à la voix de sa conscience, le répare généreusement. Guillaume de Vernée leur rend ce qu'il leur avait enlevé, et, en réparation de son forfait, se rend à Thorigné, se présente, déchaussé, avec une verge, devant l'autel, et satisfait à l'abbé Gautier *pro forfacto discalciatus venit cum virga ante altare et satisfecit Domino Walterio* (144).

C'était l'époque où la Religion, par le simple ascendant de son autorité morale, forçait l'injustice, appuyée sur la brutalité et la barbarie, à prendre le chemin de Canossa.

Mais, le plus souvent, quand aucun arrangement n'est possible avec des adversaires de mauvaise foi qui remettent sans cesse sur le tapis des choses maintes et maintes fois réglées, les moines les assignent devant les cours chargées de faire connaître et respecter les droits.

Il y avait d'abord la Cour ecclésiastique. Notre Cartulaire en distingue deux : celle de l'évêque, celle de l'archidiacre. La première, qu'il ne faut pas confondre avec la Cour séculière de l'évêque, seigneur justicier seulement de son fief, s'étendait à tout le diocèse ; la seconde ne dépassait pas les limites de l'archidiaconé.

La Cour ecclésiastique s'imposait naturellement dans les cas qui attirent l'excommunication. Quand Fulcran du Bugnon et son fils frappent un moine, celui-ci en appelle à l'évêque et à l'archidiacre qui l'excommunient (167). En dehors de ce cas exceptionnel, les moines citent volontiers leur adversaire devant l'évêque qui est, pour ainsi dire, leur protecteur-né. Renaud de Champdemanche, ayant chassé les vassaux des moines de leur terre de Champlande, ces derniers appellent Renaud devant l'évêque Geofroy (193). Dans la chicane que leur suscite Hulgot de Doussé, les moines lui proposent de porter la cause devant la Cour de l'évêque (290). Dans un autre cas, nous voyons aussi les parties recourir au jugement de l'évêque ; mais le fait semble se passer dans son fief épiscopal ; par suite, il est plus naturel de penser que c'est à sa Cour séculière que l'on a recours (298).

Parmi les cas portés devant la Cour de l'archidiacre, citons celui de l'arracheur de vignes, le chevalier Taillefer (222).

La Cour ecclésiastique semble avoir eu un caractère plus bénin que la Cour séculière, et avoir un peu été un tribunal de conciliation. Quand ce premier recours était insuffisant, il fallait recourir à l'autre Cour qui avait plus de puissance pour faire respecter ses sentences. Ce dernier moyen, les moines ne l'employaient que s'ils en étaient forcés.

Gui du Châtelet avait fait une donation que son fils, Liziard, avait d'abord enlevée sans raison, puis restituée aux moines avec le consentement de ses propres enfants. L'un d'eux, Pierre, l'année de sa chevalerie, réclama cette terre donnée par son aïeul, et prétendit n'avoir pas consenti à sa donation. Les moines en appelèrent à l'évêque. Assigné à comparaître devant la Cour ecclésiastique, Pierre s'y présente, entend la sentence qui le condamne, refuse de s'y soumettre et s'en va. « Les moines voyant qu'ils ne peuvent rien obtenir par la justice ecclésiastique, recourent, parce qu'ils y sont forcés, à la Cour séculière ». Ils demandent au sénéchal d'entendre leur cause, et de leur faire accorder ce qu'ils n'ont pu obtenir par l'évêque. Le sénéchal fixe un terme pour les parties. Au jour dit, elles se présentent. Après avoir entendu les raisons des deux parties, les amis de Pierre, qui étaient venus avec lui, lui conseillèrent de s'entendre avec les moines. Il le fait et porte de sa main, sur l'autel de Saint-Martin-de-Sceaux, l'acte de sa concession (182).

Parmi ces Cours séculières, nous trouvons mentionnées les Cours seigneuriales de Beaupréau (19, 29, 82, 312), de Mathefelon (53), de Montrevault (350), de Montjean (75), de Laigné (151), de Briollay (173), de Saint-Rémy-en-Mauges (320).

La Cour était parfois tenue et présidée par le seigneur lui-même, et la sentence rédigée par des hommes de loi.

Dans une difficulté survenue avec les hommes de Fouque de Mathefelon, les moines recourent à la Cour de Fouque lui-même. « Là, les deux parties ayant exposé leur cause, le seigneur Fouque reconnaît que les moines ont raison. Comme leurs adversaires ne voulaient pas s'en remettre à sa volonté, ils le forcèrent à daigner leur faire à ce sujet un jugement ». Il se rend à leur demande, et fait faire le jugement par les hommes de loi : *iuris eruditis iudicium facere fecit* (53).

Mais les seigneurs avaient aussi leurs sénéchaux. Bien que la plupart des cas portés devant la Cour de Beaupréau semblent avoir été tranchés plutôt par le seigneur lui-même que par son sénéchal que nous ne voyons nulle part dans l'exercice de ses fonctions, nous connaissons par ailleurs l'existence de ce sénéchal. Dès la première charte, nous trouvons dans un titre de Beaupréau un *Rainaldus siniscallus*. On pourrait peut-être nous objecter que cette expression de *siniscallus* désigne plutôt un surnom qu'une fonction : mais la charte 20 ne laisse aucun doute sur l'existence du sénéchal de Beaupréau. Parmi les témoins de cette charte figure *Ragotus qui tunc erat sinichallus Belli Pratelli*.

Nous voyons, dans la charte 182, un sénéchal fonctionner à Château-Neuf. En 1058, deux témoins de la donation de Raoul, vicomte du Mans, prennent la qualité de sénéchal : *Girardus siniscallis, Rainardus sinicallis* (314). Il semble que cette expression indique ici, non un surnom, mais une dignité.

La sentence de la Cour séculière se ressent parfois de la barbarie superstitieuse de l'époque. Elle ordonne ainsi l'épreuve judiciaire et le duel. Les parties, quelles qu'elles fussent, étaient forcées de se conformer à une sentence dont l'état d'esprit du temps ne permettait pas de voir l'absurdité.

La coutume de l'épreuve judiciaire, en usage dans différents cas chez les Gaulois, avait jeté dans le pays des racines trop puissantes pour disparaître facilement. On appelle cette épreuve « le jugement » *judicium* ; on y voit le jugement de Dieu. Elle varie suivant les pays et les circonstances. Après de nombreuses querelles, Martin de Juigné est condamné à subir l'épreuve par la main. Au jour fixé par le jugement, il refuse de le subir. Parmi les témoins de sa défection se trouve son adversaire, Raoul Singet, qui était prêt à faire sceller sa main : *qui paratus erat sigillare manum* (156).

Si l'épreuve judiciaire a fini par disparaître de nos mœurs, il n'en est pas encore ainsi d'une autre coutume aussi absurde et aussi barbare. Le duel, à peine excusable au moyen âge, est encore pratiqué, et, ce qui n'est pas à l'honneur de notre civilisation, en honneur auprès de certaines gens qui se piquent d'être exempts de tout préjugé.

Au moyen âge, le duel était bien dans son milieu. Dans une difficulté survenue entre Hamelin de Beaupréau et Renaud de Saint-Rémy, les parties se réunissent à Beaupréau, devant la Cour du seigneur Josselin. Après avoir entendu les raisons des adversaires, la Cour décide qu'ils recourront au duel. Au jour fixé, Hamelin se présente, mais Renaud reste chez lui : la cause fut tranchée en faveur d'Hamelin (19).

Ces procédés barbares, cette justice à pile ou face, avaient du moins, par suite de la superstition de ce temps, parfois un bon résultat. Dans la persuasion que Dieu se servait de ce moyen pour établir la justice, les chicaneurs dont la conscience n'était pas en paix, refusaient d'y recourir. Ils suivaient ou poursuivaient leurs adversaires jusqu'à la Cour du juge, mais non jusqu'au champ de l'épreuve. La crainte les empêchait de s'exposer à ce qu'ils croyaient le jugement de Dieu ; et par leur absence significative au jour où il devait avoir lieu, ils avouaient eux-mêmes qu'ils n'étaient pas convaincus de l'excellence de leurs droits.

Aussi, de toutes les sentences qui ordonnent un duel ou une épreuve, notre Cartulaire n'en rapporte-t-il aucune qui ait été réellement exécutée. Le champion du droit est toujours là, suivant le mot de la charte : *præsto* (19, 171, 220). Mais, pour se battre, il faut être au moins deux ; et le combat ne commence pas, faute d'un combattant. La raison ? C'est celle qui inspira

Thebaud de Fontenelle. Un terme lui avait été fixé ainsi qu'aux moines : *monachi præsto fuerunt* (1) : *sed Thebaldus cum sciret se injustam causam habere minime venit* (171).

C'est ainsi que la crainte de l'épreuve ramène à des sentiments salutaires ceux qui ne se sentent pas assez forts de leur droit pour l'affronter. Les chartes 189, 191, 220 et 350, où il est question de duel ou d'épreuve judiciaire, trompent comme certains programmes. Elles nous font assister, non pas à ce genre de scène, mais à un arrangement entre les parties.

Les biens donnés : leurs charges et redevances.

Ces biens peuvent se diviser en terres et en droits.

Les terres servaient à fonder un établissement nouveau ou à augmenter ceux qui existaient déjà. Dans le désir d'avoir près de soi des moines, cette élite de l'époque, dont les services et les bienfaits étaient autant appréciés des seigneurs que de leurs sujets, on offrait à l'abbaye tout ce qui était nécessaire pour qu'elle eût comme une succursale dans la localité. L'abbaye, qui souvent comptait ses sujets par centaines, envoyait trois ou quatre moines au milieu de la population qui mettait un si grand empressement à les posséder. Le prieuré se fondait le plus souvent par la munificence du seigneur, puis s'augmentait ensuite par la générosité de tous les habitants de la paroisse, nobles et roturiers.

Il est à remarquer, en effet, que les seigneurs ne sont pas seuls à donner des biens aux monastères et aux prieurés, ni, par conséquent, à posséder. Ils font la fondation principale : puis, à cette fondation, viennent presque aussitôt s'ajouter des dons particuliers. La condition des donateurs n'est pas toujours indiquée dans l'acte de donation. Mais en voyant l'attention avec laquelle le rédacteur de l'acte mentionne leur titre de seigneur de tel endroit, ou de chevalier, *miles*, on peut conclure

---

(1) Les moines, dans notre Cartulaire, ne figurent à ces scènes que comme assistants : ils laissent le rôle d'acteur à leur champion, qui est ordinairement un de leurs familiers.

que les donateurs non qualifiés appartenaient aux autres classes de la société.

La mention du consentement des seigneurs à une transaction est, par elle-même, une preuve que la terre n'appartenait pas à ces seigneurs. D'ailleurs, parmi ceux qui donnent un bien aux moines, nous en voyons un qualifié de *rusticus* (135) ; et la charte 73 nous montre que l'on tient compte des réclamations élevées par le fils d'un *colibert* sur une terre qui avait appartenu à ses parents.

Mais ces terres données, souvent incultes, ne suffisaient pas aux charges occasionnées par leur défrichement, la construction et l'entretien des bâtiments, non plus qu'aux frais multiples de nourriture, d'aumônes, de culte, de procès et autres que nécessitent des établissements de ce genre : à la donation des terres on ajoutait celle de droits.

Ces droits, du reste, étaient souvent ceux dont était chargée la terre donnée ou vendue. Leur donation, complétant la première, constituait pour cette terre un dégrèvement, un affranchissement.

Ils étaient d'origine diverse. Les uns avaient été établis par un des propriétaires de la terre qui, en cédant son bien, l'avait hypothéqué d'une rente en nature ou en argent.

A l'origine, ils avaient moins le caractère d'impôt perçu par l'Etat, représenté alors par le seigneur du fief, que celui de redevance due à un titre privé. Quand un seigneur aliénait une terre, il la démembrait seulement de son domaine et non pas de sa seigneurie ; à moins d'une clause très expresse, par laquelle il faisait passer cette seigneurie à d'autres. En cédant son droit de propriété, il ne demandait pas toujours qu'on lui payât la terre comptant. Pour des raisons diverses, dans lesquelles les deux parties trouvaient leur avantage, il se contentait d'une rente, en nature ou en argent, dont la valeur était fixée à l'amiable, et qui restait hypothéquée sur le bien cédé.

C'est ainsi que Robert de Lessigné eut la propriété de l'île de Constance. Vivien de Chartres, qui en était le propriétaire et qui en resta le seigneur, la lui accorda à condition qu'il la mît toute en prairies et qu'il lui en payât douze deniers de rente : *ad xii den. census* (303). Robert la laissa à Gautier *Haslet*, qui la donna aux moines, mais la terre resta grevée de la rente, qui fut désormais à la charge de ces derniers (296).

D'autres droits tenaient au système féodal. Ils étaient perçus non pas pour celui qui, même à l'origine, avait été le propriétaire du bien, mais pour celui qui, à travers toutes les mutations de propriétés, en demeurait toujours le seigneur.

Il n'est pas rare de voir des terres accordées aux moines par les seigneurs, avec leur seigneurie et tous les droits qui en découlent. Dans la donation de la moitié de la court de Saint-Rémy-en-Mauges, en 1058, notre Cartulaire nous donne un exemple de cette cession de seigneurie. Raoul, vicomte du Mans, donne, ou plutôt restitue aux moines ce bien « de telle façon que les chevaliers qui y auront des fiefs les tiendront des abbés de Saint-Serge et leur en devront le service » : *ita ut milites qui inde casati erant a S. Sergio et abbatibus ipsius monasterii beneficialiter tenerent et deservirent* (314).

Cette cession de seigneurie se faisait souvent en faveur des abbayes, à l'époque où nous transporte notre Cartulaire.

Par un démembrement de leur fief [1], les seigneurs accordaient à l'abbaye telle ou telle terre, telle qu'ils la possédaient, ou du moins avec tous les droits féodaux qu'elle comportait (319), à la seule charge sous-entendue de la tenir d'eux. Ce fut là l'origine de tous les fiefs monastiques qui remontent au XIe ou au XIIe siècles, et pour lesquels, plus tard, on rendit aux abbés des aveux qui font connaître leurs droits dans des détails minutieux, omis dans les actes de donation.

D'autres fois, les seigneurs n'accordent, sur telle ou telle terre, que certains droits qu'ils précisent. Ils la donnent non pas quitte de toute coutume, *quieta ab omni consuetudine* (144) *ab omni exactione libera* (5, cf. 25, 362), mais libre de telle coutume. Ainsi nous voyons une terre donnée quitte de toute coutume, excepté la taille du seigneur, *quieta ab omni consue-*

---

[1] Le Cartulaire mentionne un autre démembrement de fief fait en faveur du chevalier Geofroy de Baracé par Fouque de Mathefelon, en retour du service militaire de ce chevalier. *Concedente Fulcone de Mathefelun domino ipsius terre qui et ipsam iam dudum pro servicio suo liberrimam dederat* (362).

tudine, excepto talleia domini sui (232), *preter talleiam dominorum* (240, cf. 262), *preter talleiam capitalis domini* (265) ; une autre, quitte de tout service et de toute taille, *quietum ab omni servicio et talleia* (83) ; *preter* xiii *denar. de servicio et preter talleiam capitalium dominorum* (157), ou bien de tout cens et de toute taille, *quietum ab omni consuetudine preter* xii *d. de censu... et preter talleiam domini de Matefelun* (366).

Nicolas Pierre de Seurdres cède aux moines, pour quinze livres, une dîme, autant qu'elle lui appartient, mais en se réservant : v *sol. de servicio et* ii *sol. et* vi *d. de talleia quociens legitimam talleiam faciet dominus capitalis* (175).

Un autre personnage cède également une dîme : *retentis tantum* iii *nummis pro censu et* ii *pro talleia* (325) ; ou une quitte de toute coutume, excepté le service : *exceptis* xii *d. de servitio* (6).

D'autres donations ne portent que sur la remise de telle ou telle redevance particulière. Geofroy, fils de Grosse, concède aux moines certaine coutume appelée repas, *pastus*, c'est-à-dire xv deniers qu'ils lui devaient chaque année, sur une terre sise à Sceaux (135). La concession ne fut pas gratuite. Le moine Yves de Grez donna cinq sous pour achat de ce droit à trois personnages, parmi lesquels figure le dit Geofroy (204).

Ces droits, du reste, étaient dans le commerce et faisaient l'objet non seulement de donation de la part des seigneurs, mais encore de vente de la part des particuliers. Ainsi, pour sept sous, le moine Alain acheta huit deniers de taille à Garnier Buissel, du consentement de son frère Burcard (327) (1).

Ce dégrèvement des terres était pour elles une première amélioration. Les droits dont elles étaient parfois chargées empêchaient qu'on les cultivât. Vital du Puy, en se faisant moine, avait donné à Saint-Serge « une terre qu'il tenait de Renaud d'Ecorces, à la charge de quatre sous de service par an. Mais, ensuite, elle demeura longtemps inculte, à cause d'Hélie

---

(1) On peut rapprocher de cette vente la donation d'une autre taille de quatre sous pour laquelle le donateur Garnier Bodin reçut sept livres (168). La vente coûtait moins cher aux moines que pareil don.

de Morannes, son seigneur principal, qui en demandait le service et les tailles. » Enfin, ledit Hélie concéda cette terre « quitte de toute coutume et de tout service » et reçut de l'abbé Pierre cent sous (195).

Ce n'est pas le lieu de faire un traité de tous les droits perçus alors sur les biens ou sur les personnes. Nous nous contenterons d'indiquer ceux que nous trouvons mentionnés dans notre Cartulaire, avec renvoi à ses chartes, pour ceux qui voudraient les étudier de plus près. Tous ces mots ont été connus de du Cange, à l'exception de *Fensus*, dont le contexte ne permet pas de découvrir le sens exact.

BIDANNUM, 74, BIEM, 480 : Corvée.

BRENAGIUM, 347 : Redevance de son pour les chiens.

CANDELA, 50 : Offrande de cierges.

CENAGIUM, 103 : Redevance sur la pêche avec certains filets.

CENSUS, 12, 13, 17, 36, 75, 112, 174, 331, 360 : Cens, redevance sur une terre.

DECIMA, 3, 14, 65, 96, 368... : Dîme, *D. tam annone quam vini*, 165; *D. de castaneis*, 354; *D. de dominica carruca*, 5; *D. de furno et de piscatura*, 271 ; *D. piscature*, 250 ; *D. census, fodrii et vinagii*, 271 ; *D. vinearum*, 366; *D. de molendinis*, 2, 168, 271, 363.

FENSUS : *Cum censu et fenso*, 62.

MINAGIUM, 67 : Droit sur le mesurage des blés.

OBLATIONES ALTARIS, 351, 358, OFFERENDA, 350 : Offrandes faites à l'autel ou dans la main du prêtre, les jours de fêtes, 350.

PANES, 50 : Pains offerts à l'autel.

PASNAGIUM, 298, 364 ; PASNATICUM PORCORUM, 66, 336 : Panage, droit de paisson pour les porcs. Il s'exerce dans les chaumes, au mois d'août, après la moisson, et dans les bois, après le mois d'août, 66.

PASTUS, 135, 140, 204 : Droit de repas, fixé à xv deniers.

PEDAGIUM, 65, 67, 347 : Droit de péage.

PRESBITERATUS ECCLESIE, 41, 65, 221, 351, 358 : Droit de nommer le curé de la paroisse. Les seigneurs laïcs qui s'en étaient emparés le restituèrent à l'Eglise, en grande partie, au XIe siècle.

PRIMICIÆ, 65, 168, 268 : Droit de prémisses; *P. agnorum, porcellorum et aliorum pecudum*, 165; *D. vitulorum canabi et lini*, 336, 337.

QUINDENA, 2, 16 : Cinquième partie ou quintaine (?)

SACRILEGIUM, 65, 67 : Amende due à l'évêque par les sacrilèges.

SEPULTURA, 3, 45, 65, 298, 336, 351, 358 : Droits d'honoraires pour les sépultures.

SERVICIUM, 11, 49, 81, 105, 111, 158, 177, 309, 311, 333, 360; SERVICIUM MILITARE, 73, 112 : Service dû sur les terres ou sur les fiefs.

SINODUS, 364 : Droit dû à l'évêque par les prêtres convoqués au Synode.

SUMMERIUM IN EXERCITU, 144 : Bête de somme pour l'armée.

TALLEIA, 44, 48, 53, 54, 55, 60, 106, 117, 144, 174, 175, 192, 286, 290, 312, 327, 328, 362, 363 : Taille.

TERRAGIUM, 49, 179, 181, 202, 227, 229, 249, 267, 271 : Droit de terrage.

VENDAE, 65, 67, 70, 71, 347, 355 : Droits de vente.

VICARIA, 65, 67, 74, 85, 180, 298, 300, 317, 319, 357 : Viguerie; redevance due au viguier dans l'étendue de sa juridiction; *Vicariata*, 165.

VINAGIUM, 134, 151, 251, 317; LAGENA VINAGII, 236, 257, 366; LAGENA VINI, 248, 249 : Droit de vinage, redevance d'une certaine mesure de vin sur les vignes.

Il est sans doute inutile de faire remarquer que tous ces droits ne pesaient pas et ne pouvaient pas peser sur le même bien. Il est également difficile de dire en quelle proportion ils pesaient sur les terres ou sur les gens. Dans ces redevances diverses, il faudrait d'abord établir distinctement la part des propriétaires et la part du fisc : ce que le tenancier donne pour sa ferme, ce qu'il donne pour l'impôt. Les éléments renfermés dans notre Cartulaire ne nous permettent pas d'entreprendre cette répartition.

Pour apprécier justement quelques-unes de ces charges, il est bon de se reporter au temps de leur établissement. Que le propriétaire d'un four ou d'un moulin réclame telle ou telle rétribution, de chacun de ceux qui voudront s'en servir, il est dans son droit incontestable. La construction, l'entretien d'un bien qu'il tient à la disposition des autres, lui impose à lui-même des frais qu'il n'est pas tenu de faire pour leurs beaux yeux. Dans le temps où ces entreprises demandaient des capitaux qu'on ne trouvait pas dans toutes les bourses, c'était obliger ceux qui n'avaient pas ces capitaux que de leur fournir les moyens de faire moudre leur grain et cuire leur pain. Si le propriétaire retirait de ces avances plus que l'intérêt de son argent, il ne faisait que ce que particuliers et Sociétés font chaque jour sans qu'on songe à le leur reprocher.

Dans la suite des temps, il est vrai, ce qui à l'origine semble n'avoir été qu'une faculté offerte à des gens qu'elle obligeait, est devenu une obligation au profit du seigneur. Mais, par suite du morcellement du territoire introduit par la féodalité dans notre pays, le seigneur représentait l'Etat : et l'Etat, de nos jours, ne s'attribue-t-il pas bien des monopoles ? Ne confisque-t-il pas chaque jour, de plus en plus, la liberté d'exercer telle ou telle industrie, telle ou telle fonction ? Ne nous impose-t-il pas l'obligation de nous servir de ses produits presque toujours inférieurs à ceux que nous procurerait la concurrence d'industries s'exerçant librement ?

On peut regretter que nos pères n'aient pas été toujours libres de donner à celui-ci plutôt qu'à celui-là l'argent qu'il leur fallait débourser pour faire moudre leur blé, cuire leur pain, passer un pont, etc. Mais, si nous examinons les détails des choses, nous voyons qu'une liberté analogue n'a pas été conquise sur bien des points, et déjà perdue sur bien d'autres. Ceux qui, par les monopoles d'Etat, tendent au socialisme d'Etat et tuent la liberté féconde de la concurrence, ne font que reproduire un des errements qu'ils reprochent à la féodalité.

A la décharge de l'ancien système des redevances, on peut faire remarquer qu'elles étaient parfois payées en nature plutôt qu'en argent. Le producteur tient moins à une partie de sa récolte qu'à l'argent qu'il en a une fois tiré. A cette époque surtout, où le placement des produits lui causait plus de peines et plus de frais, l'acquit en argent de ses fermes et de ses impôts lui aurait été particulièrement onéreux. Quand un pêcheur donnait pour droit de pêche le dixième des poissons qu'il prenait, la rétribution lui paraissait légère ; il ne déboursait rien et ne donnait qu'une chose qu'il aurait été embarrassé de placer avant sa corruption ; tout l'avantage était pour lui, et l'embarras pour le propriétaire et le seigneur qui se trouvaient parfois accablés de biens dont ils ne savaient que faire, et dont le placement restait à leurs charges et périls.

La quotité de la redevance variait d'après une échelle mobile qui, suivant l'importance de la production, égalisait les chances d'équité entre celui qui la payait et celui qui la recevait. Plusieurs de ces productions sont sujettes à la dîme qui, malgré son nom, n'est pas toujours la dixième partie de la récolte, et qui aussi, malgré l'opinion reçue, n'était pas perçue exclusivement par le clergé. Quand la récolte était abondante, le producteur donnait beaucoup ; quand elle manquait, il donnait moins : où il n'y avait rien, le roi perdait ses droits. De nos jours, années bonnes ou mauvaises, un impôt fixe, plutôt élevé, a remplacé ce qu'il y avait de mobile dans la dîme : même quand les biens ne produisent rien, il faut trouver de quoi le payer.

La dîme n'était pas seule à maintenir la proportion entre le revenu et la redevance dont il était grevé. Cet équilibre annuel qu'elle établissait de sa nature, était parfois l'objet de conventions particulières. Telle terre était chargée d'une rente de XII deniers les années qu'elle était cultivée : les autres, on n'en payait qu'autant de deniers qu'on en cultivait de setrées (66); telle autre devait donner une somme de vin dans les bonnes années, et un coteret seulement, dans les mauvaises [1].

Nous n'examinons pas si la méthode actuelle de percevoir les fermes et les impôts n'est pas, sur beaucoup de points, préférable à l'ancienne. Nous nous contentons d'attirer l'attention sur cette dernière : laissant chacun libre de juger si, en elle-même, elle n'était pas plus avantageuse pour celui

[1] Ajoutons, dans cet ordre de choses, que les temps anciens connaissaient aussi les dégrèvements d'impôts. Au XV* et au XVI* siècles, les registres de la chancellerie de Bretagne mentionnent assez fréquemment des dégrèvements de ce genre, dans les sinistres qu'éprouve telle ou telle localité.

qui paie que pour celui qui perçoit, pour le fermier que pour le propriétaire, pour le particulier que pour l'Etat.

Ceux qui croient que l'Etat doit être pour les contribuables que nous sommes, et non les contribuables pour l'Etat, que, malheureusement, ils ne sont pas, trouveront peut-être que l'Etat, en centralisant toutes les anciennes redevances seigneuriales et en monnayant à son profit d'anciennes coutumes dont quelques-unes ne valaient pas un liard, a usé de sa force en tranchant la question à son avantage.

Les nouvelles mariées ne sont plus obligées de chanter une chanson nouvelle devant le seigneur ou son représentant au jour de leur mariage ; les nouveaux mariés ne sont plus obligés de courir la quintaine au jour où tous les mariés du fief donnaient gratis, et tour à tour, à leurs compatriotes, cet amusant spectacle [1]. L'Etat a des façons moins plaisantes de faire chanter et de faire courir les gens. Tout n'était pas si mauvais pour les particuliers, au temps où l'on payait une partie de ses impôts avec la vieille chanson.

En compensation des droits des seigneurs et des propriétaires, les tenanciers en avaient eux-mêmes qui n'étaient pas à dédaigner. Un vilain, *villanus*, établi dans telle terre, a le droit de prendre dans une forêt tout le bois sec qu'il lui faut pour se chauffer, et tout le bois vert nécessaire pour la construction et la réparation de sa maison (107). D'autres terres ont le droit de *panage* : ceux qui les possèdent peuvent mettre leurs porcs dans les chaumes, au mois d'août après la moisson, et après le mois d'août dans les bois (66). Les droits de communs étaient une richesse considérable pour les habitants d'un village ou d'un bourg. Dans notre pays Nantais, ils ont souvent eu pour origine la concession ou la tolérance des seigneurs sur leurs terrains, à des époques où ils ne trouvaient pas à les alléager. Une redevance légère était seule à rappeler

---

(1) Encore, parfois, à ce droit des seigneurs sur les nouveaux mariés correspondait un droit de ces derniers sur leurs seigneurs. Ainsi les religieuses du monastère des Couëts, près Nantes, devaient aux mariés, le jour qu'ils s'acquittaient de leur devoir de quintaine dans la prairie de Bois-Chabot, « ung jallais de vin et quelque portion de pain ».

leur titre primordial de propriété ou de seigneurie [1] ; mais ce titre, de fait, se trouvait périmé dans sa partie utile par le long usage que les vassaux avaient fait de ces terrains demeurés vagues : il n'en restait plus au seigneur que la nue propriété, parfois avec les charges qu'impose la conservation d'un bien dont d'autres ont le droit de jouir.

Il est bon de rappeler ces différents détails à ceux qui, sans parti-pris, veulent se faire une idée exacte des charges qui pesaient sur nos ancêtres. Dans l'appréciation de ces charges, on n'a parfois tenu compte ni des temps ni des pays. On a accumulé sur une même tête toutes les redevances, tous les impôts qui ont été ou pu être payés, dans toutes les provinces de la France et dans tous les siècles qui précédèrent la Révolution, sans tenir compte des modifications apportées dans ces impôts et leur perception. On a eu ainsi un imposé idéal à qui la vie aurait dû être insupportable, comme au bûcheron de la Fontaine :

Le créancier et la corvée
Lui font d'un malheureux la peinture achevée.

Si l'on étudiait l'imposé de chaque siècle, on constaterait que celui du siècle de Louis XIV ne ressemble pas en tout à celui des temps féodaux. Surtout dans ces derniers temps, à l'époque où nous plonge notre Cartulaire, on remarquerait que l'imposé d'un fief ne ressemble pas à l'imposé d'un autre ; et que, dans les grands fiefs qu'étaient les provinces, il y avait de nombreuses petites enclaves, dont les imposés n'étaient, par rapport à d'autres, pas plus grevés que ne le sont actuellement, en comparaison de ceux de France, les imposés de la république d'Andorre ou du royaume de Monaco.

---

[1] En retour de la jouissance du marais voisin du lac de Grand-Lieu, les habitants de Saint-Luming-de-Coustais, au pays de Retz, devaient à leur seigneur *le mistère du Cheval mallet*, farce réjouissante qui se jouait le jour de la Pentecôte devant l'église « autour d'un may, par huit ou neuf personnages ; scavoir : celui qui le joue, doux tambours, doux espées, un baston ferré des doux bouts, une corne à corner et doux sonneurs d'un haultboys et d'une chalemie ». Les imposés de l'endroit devaient voir venir sans appréhension le jour où ils avaient à s'acquitter de ce singulier devoir.

Les terres : leur amélioration ; les cultures : la vigne, vigne à complant.

Les terres données ainsi aux moines étaient les premières à gagner à cette donation. Si quelques-unes étaient déjà cultivées, la plupart étaient incultes, désertes (54, 58), couvertes de landes (225, 235). Le premier travail des nouveaux possesseurs était d'y mettre la charrue. La supériorité de leurs procédés d'agriculture était reconnue ; leur travail servait de point de comparaison. Dans le partage, par moitié, d'une terre, il est convenu que les moines cultiveront leur moitié avec leur propre charrue et que l'autre tenancier fera cultiver la sienne aussi bien et aussi honnêtement que les moines cultivent la leur [1].

Pour donner plus de soin à leurs terres, les moines aimaient surtout qu'elles fussent voisines de leur établissement. Quand elles étaient trop loin, elles étaient trop exposées au pillage (115) ; la culture en devenait plus pénible, et, la paresse aidant, la terre avait trop de risques de n'être point travaillée. Ce fut le sort d'une terre donnée aux moines à Montrevault. Par *incurie ou par paresse* (le rédacteur de la charte ne ménage pas ses expressions envers ses frères), les moines l'avaient laissée inculte. La voyant dans cet état, des voisins l'envahirent à plusieurs fois, mais les réclamations de l'abbé Hervé la firent enfin restituer à l'abbaye (341).

Le même motif les détermina à échanger une vigne située trop loin de leur prieuré de Juigné. « Nous avions, dit une charte, dans le territoire de Château-Gontier, certaines vignes qui, à cause de ce grand éloignement, ne nous étaient pas beaucoup utiles ; et un chevalier, Yves de Gratte-Cuisse, avait une partie de terrain nommée *Vendreium*, voisine du prieuré de Juigné. » L'échange étant à la convenance des deux parties, les

---

[1] *Tali convententia ut monachi excolerent dimidietatem de tota illa terra cum sua propria quadruca, ipse vero fuerest suis hominibus illam excolere tam bene et tam honeste uti monachi suam excolerent* (308).

moines laissèrent leurs vignes de Château-Gontier pour une terre qu'ils cultiveraient à moins de frais (201, cf. 48).

Grâce à ces travaux, les terres changeaient rapidement d'aspect. Mais ces biens, transformés par leur travail, ne tardaient pas, parfois, à exciter des convoitises. Quand ils ne rapportaient rien, on en faisait peu de cas ; les sentiments changeaient quand on les voyait couverts de riches moissons. C'était le moment où les moines avaient le plus de raison de craindre pour leurs propriétés.

C'est cette amélioration de terre qu'attendit Salomon, fils d'Otred, pour disputer aux moines la possession d'une terre donnée à l'abbaye, lors de l'entrée en religion du moine Eude : *quam terram cum colere cepissent calumniatus est eis Salomon filius Otredi* (298). Les moines, dans cette circonstance, purent conserver cette terre moyennant une somme qu'ils donnèrent au chicaneur pour avoir la paix. Mais, une autre fois, ils durent quitter la terre qu'ils avaient cultivée.

Un seigneur du nom de Bevin leur avait donné, à Verron, une terre qui, à son insu, appartenait à l'un de ses chevaliers. Tant que la terre resta inculte, le chevalier ne songea pas qu'il en était propriétaire. Mais quand il la vit fructifier par le travail des moines, ce titre lui revint à l'esprit. Il fit valoir son droit, et on en reconnut la justice. Mais ce ne fut pas sans tristesse que les moines quittèrent une terre fécondée par leur travail, et qu'ils reprochèrent à Bevin de leur en avoir ainsi fait perdre le fruit [1].

Ce sentiment de tristesse, quand on se voit dépouiller par des étrangers du fruit d'un pénible labeur, est trop naturel pour qu'on puisse en faire un reproche aux moines. C'est le sentiment qui attristait l'âme de Virgile :

Barbarus has segetes...

Mais il est dans la destinée des moines, comme dans celle

---

[1] *Postquam vero monachi terram supradictam antea incultam suo labore arabilem fecerunt, quidam miles Bevini reclamavit... quare monachi tristes effecti sunt et sui laboris Bevinum frustratorem clamaverunt* (270).

des abeilles, de travailler pour être pillés. Leur maison d'Albe les a souvent perdus.

L'énumération des différents droits mentionnés dans les transactions permet assez exactement de connaître les genres de culture auxquels ces terres étaient employées. On y récoltait du froment (170), du seigle (217), de l'orge (291), des légumes divers (213), du lin et du chanvre (170, 212, 213, 336). On y voyait des vignes, des châtaigniers (351), des noyers (365).

Parmi ces genres de culture, on ne sera pas surpris de trouver, en premier lieu, celle de la vigne. Nous sommes en Anjou, et ce n'est pas que de nos jours que le vin d'Anjou a commencé à pétiller dans les coupes et à faire pétiller l'esprit dans les têtes. Les anciens *Andegavi* étaient, sans doute, du nombre des Gaulois auxquels l'amour de la vigne, au témoignage de Tite-Live, inspira les premières de nos expéditions en Italie. Leurs successeurs commencèrent de bonne heure à boire autre chose que l'eau de notre belle Loire, — histoire peut-être de n'en pas trop soustraire au service de sa navigation — et à lui préférer le jus qui sort des flancs ensoleillés de ses pittoresques coteaux. Aussi, dès le XI° siècle, on voit déjà partout des vignes dans le pays d'Anjou. Que notre Cartulaire nous promène au nord ou au sud de la Loire, en Anjou, et même sur une partie du Maine, à Château-Gontier (201), à Verron (272), à Chaumont (62, 372), à Vernoil-le-Fourier (366), à Sceaux (261), à Grez-Neuville (236 et 281), à Juigné (165), à Chalonnes (313), à Saint-Mélaine (222), à Montrevault (322, 323), à Beaupréau (5, 6, 27, 30, 43, 47), à Saint-Rémy-en-Mauges (356), il n'est pour ainsi dire pas une des paroisses qu'il mentionne où la vigne ne soit en honneur.

Que devenaient les vins produits par toutes ces vignes ? La difficulté des transports d'alors ne permet pas de croire qu'ils fussent l'objet d'une exportation importante. Ils devaient, en grande partie, être débités dans le pays.

N'y avait-il que les seigneurs à en boire ? Ils n'étaient pas seuls à posséder même les vignes franches : quant aux vignes à complant, le colon avait, dans leur récolte, une part dont il disposait. Il ne faut pas croire que les droits de propriété étaient de violation courante, ni juger d'une époque par des faits qui font exception. Ni les propriétaires, ni les colons des vignes ne jeûnaient de leur vin : si d'ordinaire, pour une raison ou pour une autre, ils n'avaient tiré aucun profit de leur propriété ou de leur travail, ils n'auraient pas longtemps cultivé la vigne pour le bonheur des autres.

Pour parler, en passant, de notre pays Nantais, où nous trouvons la vigne cultivée dès le VIe siècle, quand on relève, dans les anciens aveux, le grand nombre des vignes qui le couvraient, et qu'on en compare la contenance avec la densité de la population, on est parfois tenté de croire que nos pères étaient de fameux buveurs. Aujourd'hui, grâce aux facilités de transports, les étrangers nous aident à boire nos vins et l'on ne peut plus dire :

> Ils n'en ont point en Angleterre.

Mais il fut un temps où les habitants du pays étaient seuls à vider leurs celliers remplis, chaque année, par des vignes que le phylloxéra ne condamnait pas à se mettre en grève.

A ceux qui, de parti-pris, représentent toujours les temps anciens sous des couleurs sombres et tristes, nous nous contenterons d'indiquer du doigt ces nombreuses vignes qui mûrissaient pour les habitants du pays. Les temps anciens, comme ces vignes, ont eu leur rayon de soleil. Autrefois, non moins que maintenant, ce rayon déposait son or et son feu dans les grappes, puis dans le vin qui en sort. Ce vin qui, lorsqu'il n'est pas frelaté (comme Pline reprochait de l'être aux vins de Narbonne), « réjouit le cœur de l'homme », a réjoui le cœur de bien des vignerons ; et ceux-ci n'étaient pas sans en faire part à leurs voisins. Si La Fontaine, dans une de ses fables, nous parle d'un seigneur qui « boit leur vin », il nous montre aussi dans une autre :

> Tout le peuple en liesse
> Noyant son souci dans les pots.

Depuis des siècles, nos vignes ont fourni au peuple ce moyen, plus ou moins honorable, de noyer ses soucis ; et ceux qu'un sentiment de leur dignité ne retient pas, on ont largement usé. Egalité peu recommandable et dont on n'a guère raison de tirer vanité, nos ancêtres avaient leurs *buveries* qui, l'élégance du mot en moins, valaient les *symposies* grecques. Les traditions et les anciens écrits nous rapportent comment nos ancêtres excellaient à utiliser leurs nombreuses vignes. Ils n'en laissaient pas les fruits sécher sur place, mais en faisaient passer le jus par un gosier qu'ils trouvaient plutôt court dans cette occurrence : ils prenaient plus de plaisir à s'abreuver eux-mêmes qu'à abreuver leurs sillons.

En Anjou, comme dans notre pays nantais, les vignes à complant paraissent dès le XIe siècle.

Boichard, seigneur de Grez, avait donné cinq quartiers de terre à un certain Guérin qui la cède *ad complantum* à un Rivallon. La vigne est ensuite partagée par moitié entre Rivallon et Guérin, qui, à sa mort, donne sa moitié à Saint-Serge, avec la concession du seigneur de Grez (261).

La charte 330 nous fait connaître l'usage qui régit la cession des vignes chargées d'une redevance. « Un homme tenait un demi-arpent de vigne d'Albert et de Renaud de Saint-Remy, et leur en rendait le cens et le vinage. Il omit de le faire et, pour cette cause, la terre retourna en la propriété de ses dits seigneurs, qui la vendirent aux moines de Saint-Serge. Mais longtemps après, Joslen Britel, fils de celui qui avait perdu cette vigne, la réclama aux moines. Les moines recourent à leurs garants. Ceux-ci ne pouvant acquitter la vigne, concèdent aux moines le cens et le vinage : ce qui leur appartenait. Dans la suite, le même Joslen ayant reçu des moines l'aire d'un moulin, leur donna et leur concéda la vigne libre et quitte ; et les moines eurent ainsi la vigne, de Joslen, et le cens et le vinage, des seigneurs Albert et Renaud. »

Cet acte fournirait matière à de nombreuses observations. Nous nous contentons de le signaler à l'attention de ceux qui recherchent dans les documents anciens la trace de certains usages et de certains droits locaux.

Avec les vignes à complant, notre Cartulaire mentionne un genre de bail dont nous avons déjà dit un mot et qui n'est pas sans rapport avec le premier : celui de terres données non pas à jamais, mais pour toute la vie du preneur. L'abbé Daibert donne à Renaud Qui-Pait-sa-Famille une terre en lande, sise à Beaupréau, à posséder seulement pendant sa vie. A sa mort, elle reviendra aux moines, en l'état de culture où elle se trouvera, sans aucune réclamation de ses héritiers (28). A Saint-Mélaine, Guérin de Brain achète une terre au compte des moines. Puis il leur demande de vouloir bien la bailler à vie à Eude, son neveu (221). Anquetil, serviteur des moines, en avait aussi obtenu une terre à cultiver pendant sa vie, mais il la leur rend en entrant lui-même à l'abbaye (225).

Ce genre de bail présentait le danger qui a créé l'hérédité des fiefs. Les héritiers ne se résignent qu'avec peine à restituer un bien, terre ou fonction, qu'ils voient depuis quelque temps fixé dans leur famille, et qu'ils se sentent aussi aptes à conserver que celui dont les qualités personnelles l'avaient obtenu. A la mort des preneurs, il y a toujours du tirage pour la restitution des biens : on est plus sensible à la gêne qu'on en éprouvera qu'au sentiment de la justice. Dans les trois cas que nous citons, ce ne fut pas sans peine et sans frais que les moines rentrèrent dans la possession de terres qui devaient leur revenir « sans aucune réclamation des héritiers » (28).

Quel que soin, cependant, que l'on prit de défricher ces terres incultes et de leur faire produire de quoi se nourrir et se vêtir, on veillait aussi à ne pas trop déboiser le pays. Dans un esprit de prévoyance dont, à des époques plus récentes, on a trop négligé de s'inspirer, on se rappelait que les forêts doivent être considérées comme une richesse patrimoniale qu'une génération a le devoir de conserver à d'autres générations. Sans connaître aussi bien que certains pays l'ont appris depuis, à leurs dépens, l'utilité des forêts, on tenait, pour ainsi dire d'instinct, à les conserver. Les forêts, d'ailleurs, réservaient aux seigneurs les plaisirs de la chasse : leurs vassaux y avaient acquis, par leur concession et par leur tolérance, des droits de glandée, de bois vif et de mort bois et autres. Appuyés entre les plaisirs et les droits des uns et des autres, les arbres des forêts tenaient bon.

Les droits d'usage dans une forêt, mentionnés dans un grand

nombre de chartes de ce temps, supposent implicitement la conservation de la forêt à perpétuité. Notre Cartulaire nous offre une charte qui impose explicitement cette conservation à ceux à qui l'on donne une partie d'une forêt.

Quand les deux seigneurs de Montrevault donnèrent aux moines une partie de forêt dans le pays des Mauges, ils la leur donnent, moyennant une rente, comme ils la possèdent, « excepté les conditions suivantes : c'est que la forêt concédée aux moines ne sera jamais arrachée ni détruite et qu'on n'en fera pas une terre labourable, mais que, en tout ce qui leur sera nécessaire, les moines s'en serviront comme de la leur » (335).

Mesures et prix des terres et de différents objets

On ne doit pas s'attendre à trouver sur ce sujet, dans notre Cartulaire, rien qui ait la précision du système métrique. Les différentes mesures variaient autrefois avec les seigneuries importantes. Quand on cédait une terre, on la cédait telle que le preneur la connaissait, sans s'embarrasser de l'arpenter avec exactitude : on se contentait tout au plus, en cas de division d'une tenue, d'en planter les bornes devant témoins. Si telle ou telle charte mentionne quelque mesure de surfaces, ce n'est que par exception.

Ces mesures sont de deux sortes : celles qu'on emploie pour désigner les tenues plus importantes, celles qui servent à mesurer les champs.

Parmi les premières, le Cartulaire distingue la *masure*, la *borderie* et le *bordage*. Ces différents mots désignent une ferme plus ou moins étendue, c'est-à-dire l'habitation avec la terre à cultiver qui en dépend. La masure, expression usitée aussi dans le pays Nantais, est la même chose que le *mas* dans d'autres pays. Un chevalier donne la terre de Champdemanche qui contient deux masures : *terra... habens duas mansuras* (299). Un autre, de Montrevault, donne une masure de terre, *unam mansuram terre*, et une borderie de terre, *quamdam borderiam terre que dicitur borderia Dademeri* (315, 316, cf. 15, 65). La borderie est-elle la même chose que le *bordage, unum bordagium terræ* (239, 240) ? Ces noms n'expriment-ils pas une différence de condition dans les terres ? Les seuls titres du Cartulaire ne permettent pas de répondre à cette question.

Les mots de masure, de borderie ou de bordage, comme du reste, celui de ferme, sont trop vagues pour qu'on puisse préciser la contenance de ces tenues. Il est plus facile d'arpenter les terres mesurées précisément avec l'arpent : *arpentum prati* (235), *arpentum terræ* (252) et peut-être aussi celles qui sont désignées sous le nom de quartier : *quarterium terræ* (228) *prati* (231), *vinee* (235, 236).

Avec l'arpent et le quartier, nous avons la *minée* et la *setrée* dont les noms sont tirés de la mesure de grain nécessaire pour les ensemencer : la minée est la terre ensemencée avec une mine de blé, *tres minatas terræ* (17, 231, 258) ; la setrée, la terre ensemencée avec un setier : *unam sextariam terræ* (226, 229), *duas sextariatas terræ* (232, 254, 360). De ces mesures, nous devrions rapprocher la boisselée : le Cartulaire mentionne la chose, mais sans lui donner ce nom : il se contente de parler de terres pour l'ensemencement desquelles il faut un demi-boisseau, deux boisseaux : *terra ad duorum modiorum seminaturam* (32) ; *ad unius modii seminaturam* (33) ; *ad dimidium modium seminature* (68).

Un titre mentionne aussi la *planche, planchia* (83), et un autre la toise, employée pour mesurer une maison : *domum IIII teisarum in longum et in latum* (112).

De ces mesures de surfaces, rapprochons les mesures des grains et celles des liquides. Parmi les premières figurent le boisseau, *buissellum frumenti* (243) III *modios sigulæ* (217), *modium frumenti* ; la mine, trois mines entre froment et seigle : *tres minas inter frumentum et siliginem* (279) ; le setier, I *sextarium annone*(322); parmi les secondes, la bouteille, *lagena, lagenas vini* (248, 256), *lagenas rinagii* (236) ; la juste, *justa vini* (94, 96, 97); la jalée, *duas jaleas vini* (230) ; le coteret, *unum costeretum vini meri reddendum in tempore vindemiarum* (123), *unum costeretum vini* (282) ; la somme : I *summum vini si copia fuerit in ipso anno, sin autem I costereth vini* (322, cf. 321). Le setier sert également pour les liquides et pour les grains : *unum sextarium vini optimi* (355).

Les monnaies n'offrent rien à dire de particulier. Elles sont: l'obole (91, 355, 360) ; le denier, le sou ou le sou-denier XL *sol. denariorum* (302, 309) ; la livre ou livre-denier (65, 351) ; l'once d'or, *duas unctias auri* (65).

Pour se faire une juste idée des conditions de la vie aux différents âges, il est toujours intéressant de rechercher la valeur des choses suivant les temps et suivant les pays. Mais les prix d'un même objet peuvent varier dans le cours d'un siècle. A ces époques surtout où la difficulté des transports jetait, sur certaines choses, une dépréciation dans les pays où elles abondaient, sans trouver de débouché suffisant, il serait téméraire d'appliquer au sud de la Loire, même sans sortir de l'Anjou, des prix que nous trouvons portés pour des choses analogues au nord de ce fleuve.

Sous le bénéfice de ces observations, nous nous contenterons d'indiquer, sans chercher à expliquer les variations qui existent entre eux, les prix que notre Cartulaire assigne aux terres et aux différents objets dont il nous parle incidemment.

Vers 1060, l'abbé Daibert achète pour dix sous, à Villeneuve, une borderie située sur un cours d'eau : il donne pour la concession à un seigneur deux sous, à un autre, douze deniers (345). A Thorigné, un arpent de terre est vendu douze deniers (205). A Montrevault, un arpent de terre est échangé pour une terre de onze quartiers. Une chicane étant survenue au sujet de cette vente, l'abbé Bernard, pour la délivrance de cet arpent, donne cinq sous (320). C'est cette même somme de cinq sous que Bernard Nid-d'Oie paie la moitié d'un arpent de terre, sans compter les droits de vente et de concession (332). A Chaumont, six arpents et trois quartiers de terre sont achetés cinquante sous (376).

Les terrains plantés en vignes ont une valeur plus considérable. Le moine Geofroy achète à Montrevault un arpent de vigne quarante sous (222). A Chaumont, Eude de Rougé vend la sienne dix sous de plus : aussi le rédacteur de l'acte a-t-il bien soin de faire remarquer que la vigne n'a point été donnée, mais bien vendue (372). La plus chère estimation de vigne que nous rencontrons dans le Cartulaire est celle d'une vigne de Sceaux : l'arpent en est estimé vingt livres, *unum arpentum vinee viginti libras denariorum estimatum* (115). C'était évidemment un des meilleurs crus ou clos du pays.

A Beaupréau, on pouvait avoir une vigne dans des prix plus doux. Les moines en achetèrent une pour quatre sous dans le clos Rambaud, *in clauso Rambaudi*. L'acte n'en donne pas la contenance ; mais comme dans le pays il y avait encore d'autres clos de vigne, et que le même acte parle d'un *quadrant* de vigne, *quadrantem vinee*, dans le clos de la Croix, *in clauso Crucis*, on peut croire que l'abondance des vignes en diminue la valeur (46).

Nous avons parlé précédemment du prix de certains animaux, chevaux, ânes, porcs et différents objets. Nous ne répéterons pas ce que nous en avons dit. Quant au prix du froment, un acte nous parle d'un jour où l'on pouvait l'avoir pour huit sous le setier, *unum frumenti sexterium illo die octo solidis comparabile* (87). Ces expressions font penser que ce prix était très variable. Et, en effet, dans la même localité, et probablement avec la même mesure, une autre fois, pour dix sous et dix deniers, on a non seulement un setier de froment mais deux setiers de seigle en plus : *duos sextarios sigule et unum frumenti valentes decem solidos et septem et tres denarios* (197).

Observations philologiques. — Les noms propres : noms d'origine germaine, etc., surnoms, sobriquets. Etablissement des noms de familles.

Notre Cartulaire, comme tout recueil de documents des XIe et XIIe siècles, présente, au point de vue philologique, un souverain intérêt. C'est la grande époque de transition pour les mots, ainsi que pour beaucoup d'autres choses. Jusqu'au XIIe siècle, ils conservent encore, dans notre pays, sinon leur forme primitive intégrale, du moins les éléments essentiels qui la constituaient. Au XIIIe siècle, du moins pour les noms propres, ces éléments disparaissent. La forme se modernise. La philologie qui n'a, pour étudier un nom ancien, que cette forme modernisée, ne sait comment la rattacher à celle dont elle est dérivée, sans qu'on ait pu saisir les circonstances de cette dérivation. A moins d'assister à toutes les transformations que subit une chenille, il est difficile de croire qu'il en sort un papillon.

Or, c'est surtout au XIe et au XIIe siècles que les noms des lieux et des personnes, empruntés à tous les idiomes parlés jusque-là dans notre pays, finissent de subir le travail d'où ils sortiront français. En recueillir les formes, en fixer la graphie avec précision est donc une œuvre de la plus grande importance. Les conjectures les plus ingénieuses croulent par la base, quand elles portent sur des formes de mots qui n'ont jamais existé que dans une reconstitution hasardée par la fantaisie d'un étymologiste : elles peuvent atteindre à la certitude de la science, quand elles portent sur une seule forme recueillie au moment où elle conservait encore un seul des éléments essentiels qui la constituaient originairement.

Nous n'avons pas l'intention de faire un dictionnaire de tous les noms propres du Cartulaire. Nous n'entreprenons ce travail que pour les noms de lieux ; et moins au point de vue philologique, que pour le plus grand éclaircissement des documents où ils se rencontrent.

Il nous a semblé, cependant, qu'il ne serait pas sans intérêt de présenter quelques observations générales sur les noms propres de personnes. C'est de cette époque que date l'établissement de nos noms de famille. Nous avons jusqu'ici étudié dans le Cartulaire des usages disparus pour toujours, nous allons étudier l'origine d'un autre usage qui a bien des chances de ne disparaître jamais.

Les noms portés aux XIe et XIIe siècles sont, en grande majorité, d'origine germaine. On peut se demander comment il se fait que les peuples gaulois ont abandonné les noms tirés de leurs idiomes par leurs ancêtres, pour prendre les noms de leurs envahisseurs. La chose est cependant incontestable.

Nous, lâches et traîtres,
Nous avons délaissé les noms de nos ancêtres.

Les langues celtiques ont laissé, en France, des traces nombreuses dans les noms de localités, mais très peu dans les noms de familles. Les générations gallo-romaines ont porté surtout des noms latins ; les générations mérovingiennes et carolingiennes ont porté surtout des noms francs. Au XIIe siècle, les noms d'origine germaine sont universellement répandus en France : ils y ont pénétré, au nord de la Loire, avec les Francs et plus tard avec les Normands ; au sud du fleuve, avec les Wisigots, depuis la Provence jusqu'au Poitou. Si l'on devait vraiment attribuer une origine germaine à toutes les familles qui, au Moyen Age, portaient des noms tirés des langues d'Outre-Rhin, il faudrait nous ranger, contre l'opinion universellement reçue, parmi les peuples germains et non parmi les latins.

Etrange destinée que celle de ces noms ! Portés depuis des siècles dans les pays qui s'étendent des bords du Rhin à la Baltique, ils commencent, avec Tacite, à faire leur apparition dans l'histoire. Plus tard, on les trouve, en proportion toujours croissante dans Ammien Marcellin, dans Jornandès, dans tous les auteurs qui racontent les invasions barbares et les derniers instants de la puissance romaine. Ce sont les noms de l'avenir. Quand l'inondation barbare aura déposé son limon fertile sur tous les pays sur lesquels elle aura débordé, partout où elle aura séjourné, on trouvera des noms germains. Ils deviendront nombreux en Italie, en France, en Espagne, ces trois pays latins. Pour eux non plus, pas de Pyrénées; et *Rodrigue*, qui personnifie l'Espagne dans sa lutte contre les Maures, laissera à de nombreux *Rodrigues*, après l'avoir honoré, un nom formé de deux racines germaines.

Bien plus, les Normands, avec leurs invasions, les Anglais, avec leurs conquêtes, continuent l'exportation des noms germains, en Europe et hors du vieux monde. De nos jours, ce n'est pas seulement en Europe, c'est encore en Amérique, c'est par tout le monde que règnent ces noms sortis du petit pays appelé par Jornandès *ragina gentium*, la matrice des nations ! et le grand continent dont les flancs sont battus par les deux grands océans du monde, flotte lui-même sous un nom germain, que l'usurpateur de la gloire de Colomb a écrit, pour les siècles, sur son drapeau [1].

Pour ne pas sortir de l'Anjou où nous retient le Cartulaire de Saint-Serge, voici une partie des noms d'origine germaine que nous y trouvons portés par les descendants des antiques *Andegavi*. Nous ne citons que les noms dont l'origine germaine est incontestable, laissant, à dessein, quelques noms douteux sur lesquels il serait trop long de discuter.

Nous donnons, avec la forme du nom germain telle que nous la trouvons latinisée dans le Cartulaire, les formes vulgaires qui se rencontrent de nos jours le plus fréquemment, sans nous arrêter à toutes les variétés de graphie que présente chacun de ces noms [2].

ADELARDUS, Allard ; ADELELMUS, Alléaume ; ADERBURGIS ; AIMERICUS et HAIMERICUS, Aimery, Emery ; ALBERICUS et AUBERICUS, Alberic, Aubry, Obry ; ALBERTUS, Albert, Aubert ; ALDUINUS et AUDUINUS, Audouin ; ALOERIUS, Auger, Augier ; AMALGUINUS, Mauguin ; AMAURICUS, Amaury, Maury ; ANDEFREDUS, Anfray ; ANSGERIUS et ANGERIUS, Anger ; ANSGOTUS, Angot ; ANSALDUS et ANSAUT, Anceau ; ARCHEMBALDUS, Archembaud ; ARNULFUS et HERNULFUS, Ernul, Arnou, Ernou, Esnou, Enou ; AUDEFREDUS, Audefray, Audefroy, Auffray, Auffroy, Offroy ; AUDULFUS, Audoux, Auzoux, Odoul ; AYNRICUS, Henri, Heinrich.

BALDEWINUS et BALDUINUS, Baudouin ; BERARDUS, Berard, Brard ; BERENGERIUS, Beranger, Branger, Baranger ; BERNO, Bernon ;

---

(1) *Americo* vient de deux racines germaines *Haimo ricus*, qui ont formé *Aymericus* et donné en français *Emery*.

(2) Nous ne donnons ici que les noms d'origine germaine que nous trouvons dans le Cartulaire. Il s'en faut de beaucoup qu'ils s'y rencontrent tous. Nous en avons fait, sous forme de dictionnaire, un relevé bien plus considérable dans un grand nombre d'auteurs et dans un plus grand nombre de chartes, depuis Tacite jusqu'à la fin du XII° siècle, avec toutes les variétés de graphie que ces noms présentent, les règles qu'ils ont suivies dans leurs modifications, les formes modernes et les diminutifs qui en sont dérivés. Partisan du *nonum premantur in annum* d'Horace, nous ne croyons pas encore ce travail au point de maturité qui le rende digne du public ; mais nous y trouvons de quoi justifier toutes les assertions que nous avançons ici.

BERNARDUS, Bernard, Besnard, Bénard ; BERNERIUS, Bernier, Besnier, Bénier, BERTRANDUS, Bertrand ; BRUNO, Brunon, Bruneau.

DAIBERTUS et DETBERTUS, Dabert.

EBERARDUS et EVRARDUS, Ebrard, Hébrard, Eberhard, Evrard, Ouvrard ; EDUARDUS, Edouard, Edward ; ENGELBALDUS, Engebaud ; Angebaud, Anjubaud, Angibaud ; ENGELBERTUS et INGELBERTUS, Engelbert, Englebert, Inglebert, Angilbert ; ERMENALDUS, Ermenaud, Hermenaud, Armenaud ; ERMENFREDUS, Ermenfroy ; ERMENGODUS, Ermengaud, Armengaud ; ERMENOARDIS, Armingard, Ermengarde, Herminjard ; ERMENSENDIS ; ERNOLDUS et ERNALDUS, Ernaud, Arnaud ; EUDO et ODO, Eudes, Odon, Eon.

FRODO ; FROTBALDUS et FROHALDUS, Frobaud : FROTMUNDUS et FROMUNDUS, Fromond ; FROGERIUS, Froger ; FROLLAND ; FULCHARDUS, Fouchard, Foucart ; FULCHERIUS, Foucher, Fouchier, Fouquer ; FULCHOINUS, Fouquin ; FULCO, Fouque ; FULCORANNUS, Foucrand ; FULCREDUS, Foucroy, Foucray.

GALTERIUS et WALTERIUS, Gautier, Wautier, Vautier, Walter ; GARINUS et WARINUS, Guérin, Gorin, Varin, Warin ; GARNERIUS et WARNERIUS, Garnier, Gasnier, Ganier, Warner, Werner, Varnier, Vasnier, Guernier, Ouarnier ; GERMUNDUS, Germond ; GIRALDUS et GIRAUDUS, Gerald, Giraud, Geraud ; GIRARDUS, Gérard, Girard ; GIRBALDUS, Gerbaud, Girbald ; GILEBERTUS, Gilebert, Gibert ; GISLEMERUS ; GODEFREDUS, GOSFRIDUS et GAUFRIDUS, Godefroy, Geofroy, Joufroy, Geofray, Joufray, Joffray ; GOSBERTUS et IOSBERTUS, Godebert, Gobert, Gobard, Goubert, Goubard, Jobert, Joubert, Jobard ; GOSLENUS et GAUSCELINUS, Goslin, Gosselin, Goulin, Josselin, Jousselin, Jouslin, Joulin ; GUIDO et WIDO, Guy, Guyon, Guillon, Guillon ; GUISCHARDUS et WISCARDUS, Guichard ; GUIDULFUS, WIDULFUS et GUIUL, Guillou ; GUMBERTUS, Gombert, Gombart ; GUMBALDUS, Gombaud.

ISEMBARDUS et ISEMBERTUS, Iseinbard, Isembert.

HAMO, Hamon, Haimon, Hémon ; HARDRADUS, Hardret ; HARDUINUS, Hardouin, Harduin, Ardouin ; HERBERTUS, Herbert, Hébert ; HILDEBERTUS, Hildebert, Hildovert ; HILGERIUS, Hildeger ; HUGBERTUS et HUBERTUS, Hubert ; HUBALDUS, Hubaud et Ubaud ; HUGO, Hugue, Hug, Huc, Huon ; HUNBALDUS.

LAMFRIDUS et LANFREDUS, Lanfray, Lanfroy ; LAMBERTUS, Lambert, Lembert, Lombard, Lampert, Lamprecht ; LEODEVINUS, Liovin ; LETARDUS, Lotard ; LETBERTUS, Lebert, Lebard, Lo Bert, Lo Bart ; LETULFUS, Letout, Litou.

Mainardus, Mainard, Menard, Mesnard ; Maheldis, Mahaut, Mahot, Mauld, Maut, Maheut ; Mainerius, Mainier, Menier, Mesnier ; Mainaldis, Moneut, Méneut.

Oggerius, Oger, Ogier ; Odilerius ; Orricus, Orry, Ory, Ourri, Odry ; Otbertus ; Otbrannus, Otbansus et Orranus, Autran, Audran, Auran, Oran.

Radulfus, Raoul, Raoult, Raoux, Roul, Rou, Rol ; Raimbaldus, Raimbaud, Rambaud ; Raimbertus, Raimbert, Rambert ; Rainaldus et Renaldus, Rainald, Rainal, Rainaldi, Renaud, Renald ; Rainerius, Renier ; Rannulfus, Renou ; Ratfridus et Rafridus ; Renardus, Renard ; Richardus, Richard ; Rivaldus, Rivaud, Rigaud ; Rotbertus et Robertus, Robert, Ropert, Robard, Ropart, Ruport, Ruprecht.

Seinfredus ; Sevaldus, Sebaud, Sibau, Sovaud, Sigwalt ; Sevinus, Seguin, Sevin ; Sicherius, Sicher, Secher, Sohier, Soyer, Séguier ; Storbranus, Cesbrand, Cesbron, Cébron ; Sigefridus et Segefridus, Siegfried, Sigfrit, Séfroi.

Tebaldus, Tedbaldus, Thebaud, Tepaud, Theau, Thiau, Thibaud, Thiébaud ; Tebertus, Tetbertus, Thiedbertus, Detbertus, Thebert, Thibert, Thibart, Thiard, Théard ; Theodericus, Terricus, Thierry, Therry, Diederich, Dietrich ; Teodevinus, Tattevin, Thevin.

Warnegarius, Warnerius, Garnerius ; Willelmus et Guillelmus, Guillaume, Vuillaume, Vuilliermé, Vuillermo, Vouillaume, Willaume, Wilhelm, Willems, William ; Winertus, Wibert, Wibart ; Wigonus ; Witburgis, Guibourg.

Ulorrius ; Unbertus, Humbert ; Unfredus, Onfray, Onfroy ; Wilorinus et Ulorinus.

Ces noms, comme on peut le voir à travers leur latinisation de surface, sont déjà francisés. Grâce à des règles certaines d'acclimatation, dont ils ont subi l'influence à des époques qui varient selon l'éloignement de leur pays d'origine, ils ont presque atteint, au XII° siècle, dans nos pays de l'ouest, la forme sous laquelle nous les portons aujourd'hui. Si, par exception, *Warnegarius* est plus près de sa forme primitive que de celle de *Garnier* à laquelle il a finalement abouti, *Mainerius* et *Mainardus* sont, en revanche, plus près de *Ménier* et de *Ménard* que de *Meginharius* et *Meginhardus*.

Quelques-uns de ces noms conservent encore une lettre

importante des racines qui les composent : *Robertus, Rafridus, Tebaldus, Tebertus* se rencontrent également sous les formes *Rotbertus, Ratfridus, Tetbaldus, Tetbertus*. Ils ne dépouilleront qu'au siècle suivant le reste de rudesse de leur origine, pour prendre définitivement une consonnance et un aspect français.

Avec ces noms, mais dans une proportion très restreinte, figurent des noms de saints de l'Ancien Testament ou du Nouveau : *Abraham, Adam, Albinus, Andreas, Bartholomeus, Benedictus, Briccius, Christianus, Clemens, Constancius, Constantinus, Daniel, David, Germanus, Gervasius, Gregorius, Helyas, Johannes, Jovinus, Laurentius, Martinus, Matheus, Mauricius, Michaël, Moyses, Nichol, Petrus, Philippus, Salomon, Silvester, Simeon, Stephanus, Thomas, Vivianus*, côté des hommes ; et *Agotha, Agnes, Briccia, Dionysia, Juliana, Lucia, Maria*, côté des dames.

Une de ces dernières porte même un nom que la génération de 1830, qui affubla ses filles de prénoms si bizarres, aurait sans doute trouvé très distingué, celui de : *Corintha* (368). Mais, au temps d'Horace, il n'était pas donné à tout le monde d'aller à Corinthe ; et au Moyen Age, il n'était pas donné à tout le monde de s'appeler de ce nom.

On y trouve quelques noms bretons, mais en petit nombre : *Herceus, Wihenocus, Glavien, Urcodius, Ruellonus* ou *Ricallonus Britellus, Brientius, Ivo, Judicalis, Alanus*.

On peut remarquer que Rivallon porte la preuve de son origine bretonne non seulement dans son nom, mais encore dans son surnom *Britellus*, diminutif de *Brito*.

Ces noms se trouvent parfois seuls ; le plus souvent, cependant, ils sont accompagnés de surnoms.

On sait que c'est au XI° siècle que l'usage des surnoms a commencé à se répandre dans des proportions jusqu'alors inconnues. Dans beaucoup de chartes originales de cette époque le surnom est au-dessus du nom, d'où l'expression de *surnom* qui a prévalu. Le Cartulaire n'a pas conservé sur ce sujet cette disposition en surcharge : les surnoms ont été fondus dans le texte, sur la même ligne que les noms ; on y rencontre bien quelques surcharges explicatives, mais elles ne sont que du

XIII⁰ siècle, comme l'annotation de *dominus de Pendu*, placée au-dessus du nom de Garnier Bodin (160, 168).

L'union entre le nom et le surnom se fait d'abord timidement par quelques mots explicatifs : *Urodius*, surnommé le Comte, *Urodius qui cognominatur Comes* (346); Robert, surnommé le Marquis, *Robertus cognomento Marquisus* (290) ; Renaud, surnommé le Genou, *Renaldus qui cognominatur Genu* (296); Girard, surnommé de Boel, *Girardus qui de Bodello cognominatur* (85) ; *Hildebertus qui Calopin nuncupatur* (309) ; *Stephanus cognomento filius Fredaldi* (293) ; *Normanno cognomento Frollando* (48).

Mais on ne tarde pas à supprimer la chaîne d'attache, et les deux mots qu'elle unissait se suivent immédiatement.

Ces surnoms, avec les noms d'origine germaine, ont formé la partie de beaucoup la plus considérable de nos noms de famille français. Ils sont tirés des sources les plus variées.

Parfois, ils sont empruntés aux noms de lieux, et, dans ce cas, sont précédés de la préposition *de*. Cette préposition désigne assez souvent une terre, une seigneurie, un fief, un titre de noblesse; mais parfois, aussi, elle ne désigne qu'un lieu d'origine. A la même époque, on voit un même nom de lieu employé pour désigner différents personnages qui n'ont entre eux aucun lien de parenté, mais qui habitent le même endroit.

Pas plus à cette époque qu'à aucune autre, la particule n'est par elle-même une marque de noblesse. Certaines expressions particulières telles que *miles* chevalier, *dominus* avec un nom de lieu, seigneur de... et la persistance d'un nom de terre dans une famille pendant plusieurs générations, sont des preuves autrement sérieuses de cette qualité. On peut se fier à ces indications pour reconnaître la noblesse des familles de Montjean, de Cholet, de Beaupréau, de Gratte-Cuisse, de Mathefelon, etc.

Les qualités physiques et morales ont largement contribué, chez tous les peuples, à la formation des noms de personnes. Elles ont été remises à contribution pour la formation des surnoms. On a nommé et surnommé des hommes d'après ces qualités bonnes ou mauvaises, de corps ou d'esprit. Notre Cartulaire nous fait, sous ce rapport, assister à un conseil de revision ou à une scène de mensuration.

Garnier le Grand, *Grandis* (3) ou *Magnus* (59), et Bernard le Long, *Longus* (4), étaient évidemment d'une autre taille que Lambert le Court, *Curtus* (160), et que Tébaud le Petit, *Parvus* (357). Il est même assez probable que Bernard le Long devait être plus effilé et plus sec que Geofroy, Renaud ou Normand le Gras, *Gaufridus Crassus* (24, 39), *Rainaldus Pinguis* (18), *Normannus Grassus* (237), et plus droit que Geofroy le Tort ou le Bossu, *Tortus* (264), *Gibosus* (325). Vous voyez d'ici le teint de Renaud Morel ou Moreau, *Morellus* (233) et la couleur des cheveux de Geofroy Chanut ou Canut, *Gaufridus Canutus* (18, 30), de Guérin le Roux, *Garinus Ruffus* (31, 169), de Girard le Noir (294), de Renaud le Brun, *Brunus* (308). Si vous ne distinguez pas très bien celle des cheveux de Geofroy le Tondu, *Gaufridus Tonsus* (341), de Tescelin le Chauve ou d'Hugue Chauveau, *Tescelinus Calvus* (35, 276), *Hugo Calvel* (286), ne vous en arrachez pas les yeux de désespoir : ce ne sont peut-être pas eux qui sont en faute. Geofroy le Borgne, *Bornus* (300, cf. 352), en voudrait bien deux aussi bons que les vôtres. Du moins a-t-il bon bec, et ne souffre-t-il pas, comme Gumbert le Bègue, *Gumbertus Balbus* (190), du défaut qui n'a pas empêché de devenir de grands hommes : Moyse, Aristote, Talleyrand.

Parmi les surnoms empruntés aux qualités morales, signalons ceux de Glorieux, *Gloriosus* (339), et de Candide, *Candidus* (313). Celui de *Modicus* (345), peut aussi bien indiquer une simplicité dans les goûts que la modicité dans la fortune. Tebaud le Modique avait peut-être des raisons d'envier le sort d'Ernou le Riche, *Ernulfus Dives* (360).

Les relations d'âge, les rapports de famille sont représentés par les noms de Jean le Jeune, *Jurenis* (369), Renaud le Vieux, *Vetulus* (322), Guérin Parent (137), Hervé Fillâtre, *Filiaster* (62) et son corrélatif *Patraster* (314), beau-père ; Renaud Filleul, *Filliolus* (367), Bastard, *Bastardus* (276), Hugues le Jeune, fils d'Hugues le Vieux, *Hugo Junior filius Hugonis Senioris* (315).

D'autres personnages emportent et conservent dans leur

nom le souvenir de leur pays : Gauthier l'Anglais, *Anglus* (64), *Anglicus* (181), Bernard le Bourguignon, *Burgundio* (150), Guil. le Danois, *Danus* (311), Normand, *Normannus* (312), Picard, *Pichardus* (139), l'Angevin, *Andegavinus* (337). Ces noms se donnent non seulement pour rappeler un pays d'origine, mais encore celui où l'on a voyagé. A son retour de Jérusalem, Renaud porta le nom de cette ville, *Rainaldus cognomento Jerusalem* (191); et Herbert, celui de Jerusalemitain, *Hierosolimitanus* (186).

Les animaux qui rendent tant de services aux hommes leur ont encore rendu celui de leur donner un nom et un surnom. Comme l'arche de Noé, notre Cartulaire nous en offre de nombreux types : Yve l'Ane, *Asinus* (352), Goupil, le Renard, *Vulpis* (109), le Loup, *Lupus* (264) et son Louveteau, *Lupellus* (265) ou *Lurl* (271 et 341), le Bouc, *Hyrcus* (87 cf. 349), Palefroy, *Palefredus* (80), Bœuf *Bovis* (53), Bouet ou Bovet (164 et 365), Chevreuil, *Capreolus* (337), *Porchet* (337), Ourseau, *Ursel* (341). *Ursellus* (315), Pinson ou *Pinchun* (134), l'Anguille *Anguilla* (136), le Chat *Cattus* (202).

Les sobriquets viennent jeter dans ces noms une note d'une gaieté tantôt innocente, tantôt maligne. Renaud Qui-Pait-sa-Famille, *Renaldus Pascens familiam* (28), porte un nom bien patriarcal; mais Robert Mange-Vilain, *Manducans villanum* (393), vilain lui-même, à ce qu'il semble, montrait peut-être à ses contemporains que les vilains ne ressemblent pas aux loups qui ne se mangent pas entre eux.

Parmi ces sobriquets, signalons au hasard ceux de Chauffe-Denier, *Forens Denarium* (71), de Vieux-Denier, *Vetulus Denarius* (322), Gautier aux Yeux, *Gualterius qui cognominatur cum Oculis* (140), Guil. Pousse-Miche, *Pulsans Micam* (284). Geofroy Boit-Vin, *Bibens vinum* (337) ou *Bevinus* (327, cf. Bevin, 271), Renaud Belle-Tête, *Bella Testa* (220), Grossin Main-de-Fer, *Manudeferro* (298), David *la Broche* (341), Thebaud Pape-Bœuf, *Papans Bovem* (118) et Gautier Pêche-Tout, *Piscans Totum* (184), la terreur des pêcheurs et des poissons.

Le nom de Renaud Bataille, *Bataila* (340) est à lui seul un cri de guerre. Ses contemporains eurent peut-être à souffrir de son humeur batailleuse. Il est à croire qu'ils auraient mieux aimé la lui voir diriger contre les animaux. C'est ce que faisait Renaud *Tuans Vaccam* (286), appelé dès lors, dans la langue vulgaire, *Tue-Vache* (286) ; c'est ce que faisait, avec plus de mérite encore, Geofroy Tue-Loup, *Tuans-Lupum* ou *Tuans-Lu* (362), qui, en abattant cet être malfaisant, laissait à Renaud Ecorche-Loup, *Excorians* ou *Scorians Lupum* (337, 345) le soin d'utiliser sa peau.

Les porteurs de ces divers sobriquets ne devaient pas toujours être très fiers de ces qualificatifs, dont les qualifiait l'observation indiscrète ou la malignité envieuse des voisins. Si Pas-Rusé, *Nequam Acutus*, qui paraît dans une charte du premier volume du Cartulaire de Saint-Serge, avait encore assez d'intelligence pour comprendre le sens de son nom, il n'avait pas lieu d'en être flatté. Si les surnoms de Maugendre ou mauvais gendre *Malus Gener* (80), Mauméchin ou mauvais garçon *Malus Meschinus* (7), mauvais chevalier *Malus Miles* (365), ont été mérités, ils n'ont rien d'honorable. Mais que dire d'autres surnoms qui, à eux seuls, constituent une insulte passible des tribunaux ?

Les noms ont aussi leur pudeur, mais il semble que les intéressés sont parfois seuls à ignorer ce sentiment. Autrement quand on est affligé de certains noms, pourquoi s'obstiner à attirer sur soi l'attention du public, quand il serait si facile, en ne faisant rien, de vivre heureux en vivant caché ?

Mais, sans doute, tel n'était pas l'avis d'Ebrard le Voleur ou le Larron, *Latro* (313). Encore y a-t-il de bons larrons et l'on peut, à la rigueur, admettre charitablement qu'Ebrard était du nombre. Mais quelle excuse honnête pourrions-nous bien trouver pour le surnom de Renaud le Malfaiteur *Rainaldus Malefactor* (39) ? Sa réputation n'eût rien perdu, s'il se fût abstenu de paraître dans les actes qui consignent son singulier surnom.

La plupart des surnoms dont nous venons de parler se rencontrent à l'origine de tous les peuples, même des peuples barbares. Ce sont ceux qui se présentent les premiers pour distinguer entre eux ceux que nous avons besoin de désigner.

Il est une autre classe de noms que l'on ne trouve que plus tard, quand les sociétés sont déjà parvenues à une certaine civilisation. Ce sont ceux qui désignent des qualités sociales, une fonction, un métier. Ils nous donnent un état assez exact d'une société au moment où ils passent de la fonction à l'individu, du nom commun au nom propre. Notre Cartulaire renferme tous les éléments nécessaires pour un dictionnaire des arts et métiers aux XIe et XIIe siècles.

Pour commencer par les hautes classes, — à tout seigneur tout honneur, — voici Robert surnommé le Marquis, *Robertus cognomento marquisius* (290) ou simplement *Robertus Marchis* (297), puis un Comte, *Urodius qui cognominatur Comes* (346), puis un Baron, *Stephanus Baronus* (332). Thierry le Manant, *Manens*, devait être un bien petit personnage auprès d'eux.

L'état ecclésiastique nous donne des évêques, *episcopus*, des abbés, *abbas* (62), des doyens, *decanus* (75); et les diverses administrations des clercs, *Gaufridus clericus* (333), des sénéchaux *Glarienus dapifer* (342), des prévôts, *prepositus* (159, 201), des viguiers, *vicarius* (168), des préfets, *Frogerius prefectus* (315), des sergents, *Walterius serviens* (147).

Dans les arts manuels, nous trouvons le Fèvre ou Forgeron *Faber*; le Monnayeur, *Monetarius* (50, 333); le Cordier, *Funerius* (340); le Potier, *Figulus* (180); puis les ouvriers de la bâtisse: le Périer, *Petrarius*, qui exploite les perrières ou carrières; le Maçon, qui les met en œuvre, *Cementarius* (52), *Cegmentarius* (308), *Scegmentarius* (51); le Charpentier, *Carpentarius* (163), qui complète l'œuvre du maçon.

Ce n'est pas tout d'être logé, il faut se nourrir et se vêtir. Au service de la bouche et de l'estomac, abondent les Queux ou Cuisiniers, *Coquus*, *Cocus* (7, 51, 71, 213, 359...) dont l'art aide à faire passer le pain fait par un boulanger, *Pistor* (120, 346), *Panetarius* (340), *Panificus* (338), avec du blé vendu par le Granier, *Granarius* (167), *Grener* (364), et moulu par le Meunier, *Molendinarius* (164, 344); le tout arrosé, grâce aux soins du Bouillier ou de l'Echanson, *Butillarius* (108), *Dapifer* et du Cellier, *Cellarius* (335). Pour réparer les maux de la table qui, selon le mot de Sénèque, tue plus d'hommes que la guerre, à moins que ce ne soit pour achever le malade, suivant la plaisanterie classique (qu'on ne se permet qu'en bonne santé), il était dès lors facile de trouver un Mire ou Médecin, *Hildegarius Medicus* (72), *Walterius cognomento Medicus* (106, cf. 51, 118, 160).

Mais l'homme ne naît ni chaussé, ni habillé. Pour le chausser, voici le Galochier, *Galicherius* (333), qui fabrique la chaussure gauloise par excellence, *Gallica* ; ou bien, si vous préférez des souliers, le Sueur ou Cordonnier, *Sutor* (344), ou le Savetier, *Coroisarius* (62, 340), qui travaillent sur le neuf ou sur le vieux, avec une matière préparée par le Corroyeur, *Coriarius* (32, 345), ou le Tanneur, *Tanator* (36). Mais on ne foule pas aux pieds la peau de toutes les bêtes. Quand elle est belle et chaude, on la réserve pour d'autres usages : c'est l'œuvre du Pelletier, *Pelletarius*. Il aide ainsi au Tailleur *Sartor* (2, 3, 51), et au Texier ou Tisserand, *Texerius*, *Textor* (239), à couvrir et à orner le corps humain.

Les travaux de la terre, si variés avec leurs branches de culture et d'élevage, occupent dans les jardins, les Jardiniers *Hortolanus* (197) ; dans les prairies, les Pradiers, *Pratarius* (136) ; dans les métairies et dans les moissons, les Metayers, *Medietarius* (373), et les Mestiviers, *Mestirerius* (157). Le Bouvier, *Borarius* (44), *Boverius* (4), *Boer* (190), le Chevrier, *Caprarius* (9), l'Anier, *Asinarius* (72), le Porcher, *Porcherius* (236), conduisent, à travers champs, leurs troupeaux de différents animaux. Quant aux animaux qui errent en liberté dans les campagnes, dans les étangs ou dans les rivières, qu'ils prennent garde, s'ils ne veulent pas devenir la proie du Veneur ou du Chasseur, *Venator* (39) ou du Pêcheur, *Piscator* (3, 227, 297), armé de terribles engins, *Saginator* (120, 359).

Parmi ces arts utiles, n'oublions pas l'art de la défense, qui nous donne, dans les causes privées, le Champion, *Campio* (34) et pour la défense des châteaux et des villes, l'Arbalestrier, *Arbalistarius* (331) ou le Balistier, *Balistarius* (335).

Dans la société d'alors, il y avait même place pour les arts d'agrément, et parfois un troubadour, comme Savari le Jongleur, *Joculator* (319), venait égayer le foyer des châtelains hospitaliers, avides d'entendre ses longs récits.

Nous pourrions relever encore d'autres noms tirés des arts, des métiers et des fonctions sociales, tels que ceux de Changeur, *Mutuator*, de Saunier, *Salinarius* (282), de Barbier, *Barberius* (41), etc. Nous en avons assez dit pour montrer que la société de cette époque était déjà parvenue à un état avancé de civilisation, et qu'elle possédait amplement tout ce qui était utile à son fonctionnement.

Pour en finir sur ce sujet, qui comporterait encore de longs développements, signalons simplement quelques surnoms, que l'on retrouve dès lors avec leur forme actuelle, tels que ceux de *Poidras* (126) ou *Poiadras* (202), *Daudet* (96), *Rapin, Gaisdon* (18), *Borrel* (316), *Chohan* ou *Chuan* (190).

Ces surnoms sont encore personnels. Pour les porter, à moins qu'ils ne soient ironiques, il faut les mériter par sa profession, par ses qualités ou ses défauts, par une action marquante de sa vie. Ils ne sont pas encore devenus des noms de familles. Ce n'est qu'au XIIIe siècle, que l'usage de porter le nom ou le surnom de son père s'établira d'une manière générale, et que l'on commencera à voir des enfants, héritant du nom du père sans hériter des qualités qui le lui ont attiré, mentir à leur nom.

Peut-être, cependant, dès le XIe siècle, notre Cartulaire nous présente-t-il un même nom porté dans la même famille et par la même génération. C'est ainsi que, dans la charte 20, nous relevons, l'un à la suite de l'autre, les noms de *Mauricius Crassus, Rainaldus Crassus* ; dans la 157e, ceux de *Guido Fauter, Goslenus Fauter* ; dans la 367e, ceux d'*Albinus Tartus, Rainerius Tartus*. Certains noms semblent même avoir été déjà fixés dans une même famille, du moins pendant deux générations successives. On trouve un *Mauricius Coherius* (367, 369), qui est dit fils de *Rainardus Coherius* (370). De même *Gaufridus Canutus* est fils de *Terricus Canutus* (13), et le même que *Gaufridus filius Theoderici Canuti* (1). Cependant dans sa génération, ce Geofroy Chanu est seul à porter le nom de son père ; son frère s'appelle Renaud Beguin : *Rainaldus Beguin, monachus, Gaufridus Canutus frater eius* (9).

Mais ce ne sont là que des exceptions rares, un commencement d'usage qui n'est pas encore passé à l'état de tendance. Au XII° siècle, les noms de famille n'existent pas encore. Si des noms de terres sont portés d'une manière persistante par les différentes générations de seigneurs, ce n'est pas comme nom de famille, c'est à titre d'indication de seigneurie. Les vassaux n'ont que leur nom tiré généralement de langues mortes. Quand on a besoin de distinguer entre eux deux personnages de même nom, on lui ajoute un surnom tiré, presque toujours, de la langue en usage ; quand il n'a pas de surnom, on indique le nom de son père, *Johannes filius Theoderici* (2), *Hubertus filius Germani*. Dans ces cas, le mot de *filius* est le plus souvent exprimé. Cependant il est parfois supprimé; et dès le XI° siècle, le rapport de parenté n'est plus désigné, comme en grec, que par la forme génitive du second nom : *Gaufridus Bernegaudi* (210, 212), *Normannus Engelberti* (18, 19), *Andreas Ernaldi* (25), *Gaufridus Girbaldi* (362) : usage qui, en se généralisant, n'a pas peu contribué à l'établissement des noms de famille, et qui a été repris dans les siècles suivants, quand la mode a été de traduire en latin des noms français qui n'en avaient pas été tirés.

Notons cependant, comme particularité, la transmission à sa forme nominative du nom d'un père à son fils. A la simple étude de son nom on se douterait que *Stephanus Frotbaudus* (75), porte le nom de son père. Cette conjecture tourne en certitude quand nous voyons ce personnage appelé *Stephanus filius Frotbaudi* (306, 309, 313).

L'étude plus complète du Cartulaire donnerait lieu à d'autres observations plus nombreuses. On y trouverait encore quelques indications sur la prescription trentenaire (202), sur la succession des bâtards (153), sur les revendications, par les seigneurs, des terres sans héritiers (191), sur la construction et les droits d'écluses et de moulins (2, 38, 61, 81, 83, 91, 103, 167, 276, 307, 311, 351, 355, 357, etc.)

Pour ne pas nous étendre plus longuement, nous nous contenterons, en terminant, de signaler quelques particularités qui intéressent plus spécialement l'histoire de l'Anjou.

Dans leur nombre, citons en premier lieu, l'expression

d'*Angevine*, employée pour désigner la fête de la Nativité de la Sainte Vierge. Cette expression n'a pas été employée exclusivement en Anjou. On la trouve fréquemment dans les aveux de terres situées dans le Comté nantais. Sa rencontre dans le Cartulaire prouve qu'elle était d'un usage courant en Anjou dès le XIe siècle. Marie de la Porte paie à l'abbaye quatre deniers de rente à l'Angevine : III *d. census ad Andecavinam reddendos* (260). Deux autres personnages doivent une autre rente au même terme : V *d. et obolum census in Andegavina reddendos* (287) ; VIII *d. census omni anno reddendos ad Andecavinam* (374).

Comme autres termes de rentes, citons encore la fête de saint Aubin, évêque d'Angers (66, 157, 296), celle de saint Serge (130), celui de la foire d'Angers, *ad feram Andecavinam* (180), *ad forum Andecavinum* (366), les grandes fêtes chrétiennes de Noël (5, 36, 133), les Rameaux (105, 106), Pâques (10), la Toussaint (360), la Saint-André à Montrevault (351), la Saint-Laurent à Sceaux, la Saint-Martin à Beaupréau (83), la Saint Etienne (12) et la Saint-Jean (5)..

Il faudrait ne pas connaître les ardeurs du caractère angevin, pétillant et généreux comme le vin qui sort des côteaux du pays, pour croire que l'Anjou n'a pas pris une part active aux Croisades. Angers, dans la personne du comte Fouque, devait donner un roi à Jérusalem. Parmi les seigneurs qui durent prendre part à la première croisade, notre Cartulaire mentionne Geofroy de la Roche (17), les deux frères de Vital de Marcilli (22), Hugue ou Tébaud de Mathefelon (57), Almery, beau-frère d'Hugue de Baracé (56), et Gui, fils de Geofroy de Saint-Quentin (360).

Deux autres personnages, Renaud de Jérusalem (191, 192, 198), et Herbert le Jerusalemitain conservèrent aussi dans leur nom, comme nous le disons plus haut, le souvenir d'un voyage fait en Palestine, soit comme croisés, soit comme pèlerins.

Nous terminons ici ces préliminaires. La lecture des documents qui suivent, apprendra suffisamment, à ceux qui désirent les connaître, beaucoup d'autres détails qu'il serait facile, mais trop long, de relever.

III

ANALYSE DES CHARTES

Nous avons dit plus haut que le second volume du Cartulaire de Saint-Serge ne contient, dans sa partie primitive,[1] que les titres d'une partie des prieurés de l'abbaye, et nous en avons déjà donné la liste p. 17.

On a pu constater que ces prieurés sont tous situés en Anjou, mais, comme quelques-uns se trouvent sur les confins du pays, on trouve incidemment, dans les actes qui les concernent, quelques renseignements sur certaines localités des départements voisins. Le Cartulaire renferme même, parmi les titres du prieuré de Grez, deux pièces qui y ont été intercalées sans qu'on puisse s'en expliquer la raison. Une de ces pièces, très importante, regarde la concession de Verron.

Pour la plus grande facilité des recherches, nous avons dressé un *dictionnaire* de tous les noms de lieux du Cartulaire, avec renvois aux chartes qui les mentionnent.

Dans l'ordre que nous suivons pour l'analyse des chartes, nous n'avons pas cru devoir nous astreindre à suivre la numérotation introduite dans le Cartulaire à la suite du désordre de la reliure. Il nous semble plus logique de rassembler dans un même dossier tout ce qui concerne le même établissement. Nous placerons donc dans le même article tout ce qui concerne respectivement les prieurés suivants : I. Beaupréau ; II. Chaumont ; III. Grez ; IV. Juigné-la-Prée; V. Le Petit-Montrevault ; VI. Saint-Mélaine ; VII. Sceaux ; VIII. Thorigné ; IX. Villeneuve.

Nous nous sommes efforcé, dans notre analyse, de résumer le plus substantiellement possible les faits et les divers détails

[1] Nous ne nous occupons d'abord que de la partie ancienne, qui contient les chartes numérotées. La partie, plus récente, qui renferme quelques détails intéressant la plupart des prieurés de Saint-Serge, fera l'objet d'un *Appendix* que nous placerons à la fin. C'est en vue de cet *Appendix* que nous prolongeons jusqu'au XV° siècle notre liste des abbés de Saint-Serge, bien que les actes les plus récents de cette première partie datent de l'abbé Geofroy (170, 176, 177).

renfermés dans les chartes. Dans cet esprit, nous ne donnons pour chacune que les noms des personnages intéressants à relever pour la chronologie, les généalogies et la philologie. Pour plus de clarté, nous avons adopté, dans l'analyse, la forme actuelle des noms de lieu. En groupant dans un *Dictionnaire topographique* toutes ces formes, on obtient un faisceau de lumière qui éclairera davantage certains points, qu'un rayon perdu dans une seule charte ne parvient pas à élucider.

La plus grande partie des chartes est malheureusement sans date. Plusieurs renferment des notes chronologiques qui permettent de les dater approximativement. Parmi ces notes, figure en premier lieu la mention des abbés de Saint-Serge. Il nous a paru bon d'en donner la liste. Nous la publions d'après M. Hauréau et d'après M. C. Port[1]. On trouvera, dans la chronologie adoptée par l'un et par l'autre, quelques divergences. Elles tiennent, pour la plupart, à ce que M. Port a réduit en nouveau style les dates données par M. Hauréau. Nous avons eu des raisons de nous demander si cette réduction n'avait pas déjà été faite : ce qui introduirait un élément de trouble dans la chronologie de M. Port. Nous nous contentons de consigner cette remarque, laissant aux érudits angevins le soin d'examiner si elle est fondée.

L'administration de certains abbés de Saint-Serge ayant été très longue, il eût fallu d'autres notes chronologiques pour dater plus exactement certaines chartes. La mention des évêques d'Angers, d'autres abbés, de certains seigneurs ou autres personnages qui figurent dans des documents contemporains, nous a été de quelque utilité. Mais nous avouons que, sur ce point, il y a encore beaucoup à faire. Avec leur connaissance approfondie de leur histoire locale, les érudits angevins auraient amené ce travail à un plus grand degré de précision et de perfection. Si, dans les dates que nous proposons pour certaines chartes, ils remarquent quelques inexactitudes, ils voudront bien nous les pardonner, ne serait-ce que parce que nous leur aurons fourni une occasion de montrer leur science.

(1) Hauréau, *Gallia Christiana*. Prov. Tur., 643-658 ; C. Port, *Diction. de Maine-et-Loire*, art. Angers, p. 67.

Dans son *Inventaire des Archives de Maine-et-Loire*, H 1195, M. C. Port place de 1100 à 1140 le n° 118, et vers 1150, le n° 121 de notre Cartulaire. Or, tous les deux sont contemporains de l'abbé Daibert, abbé de 1055 à 1083. C'est une erreur d'au moins un demi-siècle. S'il nous arrive d'en commettre une semblable, les Angevins voudront bien ne pas être trop sévères pour un étranger qui ne peut pas recourir, pour dater les chartes angevines, à toutes les ressources que leur archiviste avait à sa disposition.

Liste des Abbés de Saint-Serge, du Xe siècle au XVe

	Gallia Christiana	*C. Port*
Renaud I..........	903	903
Hubert...	1030	1025 — 1036
Vulgrin	1047, 1055	1040 — 1055
Daibert	1055 † 11 avril 1082	1055 — 11 avr. 1083 (n. s.)
Achard	1082 † 27 mars 1093	1083 — 27 mars 1094 (n. s.)
Bernard..........	1093 † 6 avril 1102	1094 — 6 avril 1103 (n. s.)
Gautier I	1102 † 9 janv. 1113	1103 — 9 janv. 1114 (n. s.)
Pierre I..........	25 juin 1113 † 3 août 1133	1114 — 1133
Hervé............	1138 † 31 mars 1150	1138 † 31 mars 1151 (n. s.)
Guillaume Amaury	1152 † 15 oct. 1168	1er janv. 1152 — 15 oct. 1168
Olbert	† avant le 16 juin 1171	† 16 juin 1171
Hugue II.........	† 11 oct. 1171	† 11 oct. 1171
Lucas............	† 15 nov. 1177	15 nov. 1177
Augier...........	1181 † 6 mai 1190	6 mai 1190
Renaud II........	1195 † 12 nov. 1201	12 nov. 1201
Nicolas I.........	† 2 nov. 1203	† 2 nov. 1203
Geoffroy I (1)	† vers 1212	1212 ?
Jean I de Chastelux	avril 1213 — 1222 ?	1212 — 1222
Fromond..........	1228	1222 — 1232
Gervais	....	1232
Philippe..........	1232 † 20 déc. 1243	1232 † 20 déc. 1243
Nicolas II.........	1252 † 6 nov. 12	† 6 nov. 1260

(1) Il paraît dans la charte 170, datée de 1207.

	Gallia Christiana	*C. Port*
Gautier II (1)	1263 — 1270	1260 — 1270
Hamelin (2)	1272 † 1279 ou 1282	1271 — 1280 ?
Geofroy Soubrit	1282 — 1290	1290
Jean II Rebours (3)	1290 † 1315	1290 — 1315
Guillaume II Orgelet	† 4 nov. 1315	† 1315
Pierre II de Chalus	1316 — 1321	1316 — 1320
Jean III	1321 † 1327	1321 — 1327
Hélie I (1)	1327 — 1332	1327 — 1332
Guillaume III	1332 † 1342	1332 — 1342
Pierre Bertrand	1342 † 1354	1342 — 1354
Gui I (5)	1355 † 1364	1355 — 1364
Pierre du Breuil	1367 † 1372	† 1372
Guillaume *Bajuli* (6)	4 sept. 1374	1374
Guillaume V	† 1387	† 1387
Hélie II	1389	1387 — 1389
Guy de Lure	1390 — 1412	1390 † 20 sept. 1418
Hélie II	1412 — 1418	....

I — BEAUPRÉAU (arr. de Cholet)

Prieuré de Saint-Martin, fondé en 1062 par Géroire,
seigneur de Beaupréau (63).

PRIEURS : *Béranger*, vers 1080 ; il semble le même que le moine de ce nom, qui tenait l'église de la Chapelle-du-Genêt (71, 307, 308, 309). — *Gautier* (69), sous l'abbé Bernard (1094-1103). — *Robert*, bien qu'il eût la dignité de prieur (49),

---

(1) En janvier 1264 n. s., il venait d'être créé abbé. On lit, en effet, f° 92 du Cartulaire : *Tempore D. abbatis Galterii noviter creati. Anno Dni MCCLX mo tertio, die jovis post festum B. Hylarii* (14 janvier). Le Cartulaire le mentionne encore le vendredi après le 7 octobre 1270, f° 93.

(2) Mentionné, f° 96, le lundi après *Reminiscere de* MCCLXX, c'est-à-dire le deuxième lundi de Carême 1271 n. s.

(3) Mentionné au 30 novembre 1290, f° 168.

(4) Mentionné au 20 juin 1332, f° 170.

(5) Mentionné au 11 novembre 1355, f° 173.

(6) Mentionné le 4 sept. 1374 et en nov. 1375, f°° 43, 132.

il est dit, le plus souvent, simple moine, *Robertus monachus* (2, 4, 44). Il paraît dans des titres passés sous les abbés Bernard et Gautier, et était, par conséquent, prieur vers 1100. C'est à cette date que nous plaçons les documents où nous trouvons son nom sans note chronologique plus précise, à l'exception de la charte 3, qui rappelle une donation faite avant 1094, sous Géroire de Beaupréau. — *Guillaume Amaury*, élu abbé de Saint-Serge en 1152. On a vu plus haut que c'est sous son administration qu'eut lieu la rédaction de notre Cartulaire. La charte 36 mentionne, parmi ses témoins, un Guillaume Amaury, chevalier, en même temps que notre prieur : peut-être était-il de sa famille.

Pour les seigneurs de Beaupréau, voir plus loin le Dictionnaire topographique, article *Beaupréau*.

Les titres de ce prieuré occupent les cahiers qui portent pour signatures I Qv., II Qv., III Qv., IIII Qv. (V. plus haut, p. 17). Les Archives de Maine-et-Loire (H 855) ne possèdent sur ce prieuré que quatre pièces, de 1457 à 1773.

1 — s. d., [1] vers 1100. — Lysias, chevalier de Beaupréau, donne aux moines de cette localité une terre pour laquelle il reçoit en charité LXV sous et deux setiers de froment ; sa mère, sa femme, sa fille et ses frères reçoivent, pour leur consentement, XII deniers, V deniers et III sous. Témoins : Hugue de Montjean, Jourdain, *dominus eorum*.

2 — s. d., vers 1100. — Don par le seigneur Orri de Beaupréau, à la demande du moine Robert, d'un droit sur cette terre, ainsi que de la dîme du moulin d'*Engreviers* pour l'achat de l'huile de l'église de Saint-Martin. Témoins : Fouque, frère d'Orri ; Guillaume de Boel, Renaud le Sénéchal, Arnou de la Guerche.

3 — s. d., avant 1094 (V. 66). — Don par Raoul de Montjean de la dîme sur la métairie des moines cultivée par Albert *Malcorius*, sur les blés et les vignes et sur la terre de Graffon,

[1] Explication des abréviations : **s. d.**, *sans date* ; **n. s.**, *nouveau style*.

ainsi que de sa part dans les droits de sépulture de l'église de Saint-Martin. Le don fait pour l'âme de son fils Albéric, moine, est déposé sur l'autel de Saint-Martin de Beaupréau, par Raoul et Elisabeth, son épouse, avec le consentement de leurs enfants, Ascelin, Barbotin et Asceline. Témoins : Robert, moine, Gautier du Fief-Sauvin.

4 — s. d., vers 1100. — Don par Toscelin, du consentement de son épouse, à qui il l'avait donnée en dot, d'une terre sise près de celle des moines. Les donateurs feront approuver la donation par leur héritier, s'ils viennent à en avoir. Toscelin reçoit en charité, xx sous, sa femme, III. Témoins : Robert, moine, Vital du Fief-Sauvin.

5 — s. d., vers 1100. — Geofroy, frère et seigneur de Lysias (V. 1) et de Jean, donne, à l'occasion de leur entrée en religion, *decimam de dominica carruca sua de toto Cuneo*, et la moitié de la dîme de l'ouche qui est au-dessus du moulin du pont. Les laboureurs avertiront les moines avant d'enlever les gerbes du champ, et les moines les transporteront à leur maison. Il donne, de plus, la dîme de la borderie de la terre de Doitran.

6 — s. d., vers 1080. — Don d'une borderie et d'une vigne, par Josselin *Talis Meschinus*. Témoins : Papin, seigneur de la dite terre; Géroire de Beaupréau, *capitalis dominus*; Geoffroy de la Roche, Aimery de la Vrenne.

7 — s. d., vers 1090. — Don d'une terre à la Chapelle-du-Genêt, par Hildebert Chalopin (cf. 309), qui reçoit en charité III livres et x sols. Témoins : Orri de Beaupréau, *capitalis dominus*; Hugue de Montjean, Vivien, son fils; Raoul de Montjean, et Ascelin, son fils.

8 — s. d., avant 1152. — Don du moulin de Perrosel, par le prêtre David, du consentement de Geofroy *Engres*, époux de sa nièce. Témoin : Girard du Pin.

9 — s. d., même époque. — Abandon de réclamations à ce sujet par Payen de Saint-Machaire et Geofroy *Engres*, qui reçoivent en charité xv sous, et déposent leur concession sur l'autel du Saint-Sépulcre (cf. 72). Témoins : Guillaume Amaury, moine; Geofroy Chanut.

10 — s. d., 1138-1151. — Vente par Geofroy le Breton d'un pré, près de la Bretonnière, et d'une terre près de l'Aunay. Fait au cloître de Saint-Martin, devant l'abbé Hervé.

11 — s. d., vers 1100. — Don de terre aux Noues, par Thébaud de la Vrenne, quand il se fit moine.

12 — s. d., même époque. — Don par Aimery, frère dudit Thébaud, de la terre du Coin et d'une rente de iv deniers à la Saint-Etienne. Témoin : André Ernaud (cf. 16).

13 — s. d., même époque. — Don d'une ouche, *apud Restauderiam*, par le moine Terry *Canutus*, père de Geofroy *Canutus*.

14 — s. d., 1138-1151. — Don par Normand de Cholet de l'ouche *Fontis-Archerii* et d'une partie de *terra Teheldi*. Témoins : Girard du Pin, le prêtre David.

15 — s. d., 1114-1133. — Don par le moine Vivien, fils d'Hugue de Montjean, d'une borderie à Andrezé, avec la concession d'Aimery Le Roux, de Geofroy de Cholet et de Renaud , seigneurs de cette terre. L'abbé Pierre donne à Aimery, pour sa concession, le cheval de Vivien. Témoin : Renier de Sarrigné.

16 — s. d., 1114-1133. — Don, par le même, de terres à Montfaucon et au Gué du Berge. Joscelin, seigneur de Beaupréau, reçoit, pour y consentir, le palefroi dudit Vivien. Témoins : André Ernaud (v. 12), Girard du Pin, Barbotin de Châteauceaux.

17 — s. d., vers 1110. — Don d'une dîme par Geofroy de la Roche, et abandon par le même, à son retour de Jérusalem, d'une coutume qu'il réclamait sur le moulin de la *Malescherie*. Témoins : l'opin de Cholet, Aimery de la Vrenne, Ulger du Pin.

18 — s. d., 1138-1151. — Don par Hamelin Berte, de Beaupréau, quand il demanda l'habit à l'abbé Hervé, d'une terre au-delà du pont du château, avec la concession de Joscelin, seigneur de Beaupréau.

19 — s. d., 1138-1151. — Réclamations sur cette terre, par Morin et Renaud de Saint-Rémy. La Cour de Beaupréau décide de les trancher par un duel. Au jour prescrit, Hamelin Berte se présente seul : les autres font défaut. Hamelin donne en plus une terre en landes appelée *Deuzunaria*, près de la place de Girard du Pin. Fait devant le Monastère de Sainte-Marie de Beaupréau.

20 — s. d., avant 1152, sous le prieur Guil. Amaury. — Réclamations des fils de Girard du Pin sur une terre à la Croix-Guibourg.

21 — s. d., même prieur. — Concession par les mêmes d'une terre *apud Dauceunenariam*.

22 — s. d., 1094-1103. — Don à l'abbé Bernard, par Vital de *Marcilli* (?) de la dîme qu'il avait promis à ses deux frères partant pour Jérusalem, de donner à Saint-Serge, avec la concession de Jean, fils de Terry, *capitalis dominus*, et de Raoul, son fils.

23 — s. d., avant 1152, sous le prieur Guil. Amaury. — Abandon par Geofroy *Engres* de ce qu'il réclamait à tort sur une lande de la Croix-Guibourg. Il reçoit VIII setiers de seigle.

24 — s. d., vers 1100. — Abandon pour XL s., par Payen *Morsellus*, des droits qu'il prétendait sur la terre de Marcilli. Témoins : le moine Robert, Orri de Beaupréau, Geofroy de Cholet, seigneur du fief, Hugue de Montjean.

25 — s. d., vers 1130. — Don de la moitié d'une borderie au Fief-Sauvin et de la dîme de la Place, par Aimery Folin, quand il se fit moine. Témoins : André Ernaud (v. 16), Join de la Porte, Barbot de Montjean.

26 — s. d., av ant 1152. — Barbot de Montjean étant mort à la suite d'une chute de cheval, sa veuve et Ribotcau, son fils, donnent au prieur Guillaume Amaury le quart de deux métairies appelées *Lamalcoria*. La donation est confirmée sous le même Guillaume Amaury, abbé.

27 — s. d., vers 1100. — Don par Jourdain (v. 1) de dîmes de vignes à Beaupréau et à Chalonnes, sur les terres *Constancii Ioini, de Rayonnaria, de Calvaria et ad Stultitiam Aynrici*.

28 — s. d., 1055-1083. — Don en viager d'une terre, par l'abbé Daibert, à Renaud *Pascens familiam*.

29 — s. d., 1138-1151. — Difficultés survenues au sujet de cette terre entre Geofroy *Engres* (v. 23), fils dudit Renaud, et arrangée sous l'abbé Hervé, avec la concession de Joscelin, seigneur du château, et de Gérard *de Boschet*, seigneur du fief. Témoins : Barbot de Montjean ; et don de la moitié de la borderie de la Lande, par ledit Geofroy *Engres*, quand il se fit moine.

30 — s. d., vers 1120. — Don d'un chevalier de Beaupréau nommé Geoffroy Bute, quand il se fit moine. Témoins : Geofroy Chauut (V. 11, 13), Normand de Cholet.

31 — s. d., avant 1093 (cf. 66). — Don des dîmes des terres Engelard et Engelbert, près l'église de Saint-Martin, et des terres *Odran, Frobaldi, Huberti, Fulcradi,* de la Chapelle-du-Genêt. Témoins : Géroire de Beaupréau, Géroire de la Place, David du Coin. *Hub. de Saltu.*

32-33 — s. d., vers 1090. — Don d'Etienne *Frotbaldus* (v. 75) et d'Hubert, fils de Letard.

34 — s. d., 1055-1083. — Don de David du Coin à l'abbé Daibert.

35 — s. d., 1055-1083. — Don par Ermengot de Beaupréau : 1° d'une moitié de moulin sur l'Evre avec l'écluse qui est au-dessus du moulin ; 2° d'une moitié du moulin de Choisel sur la Vrenne. Les moines payent, pour le premier don, xviii sous et les droits de vente; pour le second, vii sous; l'abbé Daibert concède à Ermengot le bienfait de l'abbaye. Témoins : Foucher de Corné, fils d'Abraham, prévôt du comte, Robert de Chalonnes.

36 — s. d., avant 1162. — Don par le moine Geofroy Raoul au prieur Guillaume Amaury, de xii deniers de rente sur la vigne du Bugnon, du consentement de son frère, de sa sœur et de son beau-frère. Témoins : Herbert de la Vrenne, Guill. Amaury, chevalier.

37 — s. d., 1055-1083. — Roger de Blaison et son fils Tessolin autorisent les dons de Geofroy Fulcoen, à Beaupréau, et ceux de la Lande-Fleurie et de *Cappadisla*. Roger pose sa donation, d'abord dans la main de l'abbé Daibert, puis sur l'autel de Saint-Serge. Il reçoit xv sous et le bienfait de l'abbaye. Témoins : Renaud, fils d'Hugue de Blaizon, Geofroy Fulcoen, de Beaupréau, Albert, chanoine de Saint-Lezin, Etienne de *Gisuiis*.

38 — **s. d., 1085-1083**. — Arrangement entre Jean, fils de Thierry de Beaupréau et les moines, pour la reconstruction du moulin de l'Angle. Témoins : l'abbé Daibert, Géroire de Beaupréau, Brice, son épouse, Gauslin, leur fils, *Seniorulus*, son frère, Girard de Boel, Guillaume, son fils, Hardouin, fils de Geofroy de Sobs, Geofroy de *Cartem*.

39 — **s. d., vers 1100**. — Don d'une dîme à Beaupréau par Renaud de Cholet, et arrangement à ce sujet entre sa veuve Hildegarde, remariée à *Campanus*, et le moine Robert, qui lui donne xxvi sous et le bienfait de l'abbaye pour elle. *Campanus*, et les deux fils de Renaud, Mathieu l'aîné et Geofroy. Fait à Montjean, dans le cloître des moines de Saint-Martin. Témoin : Orri, frère de *Campanus*; Urseau de la Ferrière, Albert de *Orcheria*, Guill. de la Forêt, Renaud le Malfaiteur, Geofroy *Crassus*, frère dudit Renaud de Cholet, en la main de qui étaient demeurés l'épouse et les enfants de son frère, consent à cette donation Témoins : Orri de Beaupréau, *capitalis dominus*, Hugue de Montjean. Mathieu, fils dudit Renaud de Cholet, étant venu, l'année de sa chevalerie, demander un secours au moine Robert, et en ayant reçu x sous pour acheter un bouclier, donne également son consentement.

40 — **s. d., vers 1062**. — Convention avec Géroire de Beaupréau au sujet des vignes données par l'épouse de Goscelin de Sainte-Maure. Témoins : Yves de *Corziaco*, Hugue son frère.

41 — **s. d., 1070-1083**. — Don par Gautier de France à l'abbé Daibert, de la moitié de l'église du Doré, du consentement de Tesceline, épouse d'Hubert de Vendôme, qui reçoit xv sous, et, pour son fils Geofroy, vi deniers. Tesceline, de son côté, donne la moitié de la Chapelle-Aubry, *cum presbyteratu*, avec l'autorisation de Fouque Normand, *de cuius* *casamento erat ipsa capella.* Fait au château dudit Fouque Normand. Témoins : Sigebrand de la Châteignerale, Aimery de Jallais, Renaud de *Ioio*...

42 — **s. d.**, vers 1100. — Hildebert donne au moine Robert xii *nummos in elemosina* et en reçoit *quinque solidos in caritate.* Témoins : Orri de Beaupréau, Vaslin de *Alnerio.*

43 — **s. d.**, vers 1100. — Don par Renaud de Cholet d'un dîme *de Campo de Useo*, et par sa veuve, remariée à *Campanus*, d'une dîme de la vigne de la Sauzaie. Témoins : Papin de Cholet, Vasloth de Montjean.

44 — **s. d.**, sous le moine Robert, vers 1100. — Abandon par Eudon de ses prétentions sur la terre d'Albert Mauchoir, à la prière de Jourdain de Beaupréau.

45 — **s. d.**, 1103-1114. — Concession par Raoul, quand son père Jean se fit moine, sous l'abbé Gautier, des dîmes du fief Jourdain des Minières *de Penlaboteria*, du Coin de la Roche, *de Malescheria, de Castaneriis, molendini de Anglis, terra de Failliaco, de Campo Albo*, et d'une terre *apud Sancte Marie* (sic) *de Capella.* Témoin : le moine Robert.

46 — **s. d.**, sous le moine Robert, vers 1100. — Vente de vignes au clos Raimbaud et au clos de la Croix. Témoin : Audebert *de Uurcea* (sic).

47 — **s. d.**, 1094-1103. — Réclamation de *Britellus* sur un moulin, contre l'abbé Bernard.

48 — **s. d.**, sous le moine Robert, vers 1100. — Echange de terre avec Normand Frolland, du consentement de Maurice, *de cuius feuo ipsa terra erat.* Témoins : Morin de Chaudron, Giraud de Chemillé.

49 — **s. d.**, vers 1100. — Engagement d'une terre à Robert, prieur de Beaupréau, par Vaslin, qui la tenait des moines et qui préférait la leur voir occuper plutôt que par d'autres. Les moines garderont la terre jusqu'à ce que Vaslin leur rende les xxviii sous qu'ils lui avancent pour la dégager. Témoins : Guil. de Boel, Raoul de Montjean, Ascelin, son fils.

65 — s. d., 1062. — *Notitia de ecclesia sancti Martini [de Bello Pratello]*. — Don à l'abbé Daibert par Géroire, *dominicus vassus*, de l'église de Saint-Martin, sise près le château de Beaupréau, et par Haimeri de Montjean, son chevalier, du consentement dudit Géroire, son seigneur, de ce qu'il avait sur cette église. Géroire donne, entre autres choses, aux moines, la permission de construire un bourg qu'ils feront aussi grand qu'ils pourront, *per attractum suum ex omnibus hominibus de foris palatio ipsius castelli*, avec certaines franchises pour ceux qui l'habiteront. Les moines pourront pêcher, dans son étang, les poissons et anguilles nécessaires à leur nourriture ; prendre du bois pour leurs constructions dans sa forêt de Lande-Fleurie, etc. Géroire ne donnera ou ne vendra à nul autre qu'aux moines de Saint-Serge, la chapelle de Sainte-Marie, située à l'intérieur du château de Beaupréau. Il complète sa donation au jour de la dédicace de ladite église par le seigneur Eusèbe, évêque d'Angers, à la prière de l'abbé Daibert. Il fait tous ces dons pour lui, son épouse Brice, ses fils Hamelin, Pierre, Goslen, son père Hamelin, sa mère Elisabeth. Il reçoit des moines, xv livres, sa femme, II onces d'or, son frère Fouque, III livres, Haimeri de Montjean, c sous, Herbert le Chanoine, c sous. Témoins : Géroire de la Place, Girard *de Boel*, Benoît, viguier de Baugé, Burcard de Baugé, Hugue, fils de Jugan de la Marche. *Signum* † *Hamelini ; Signum* † *Petri ; Signum* † *Gosleni filii eorum ; signum* † *Briccie uxoris eius, Haimericus de Monte Iohannis etiam ipse donationem istam ex sua parte fecit et signo cru* † *cis vivifice roboravit*.

66 — s. d., avant 1094. — Enumération longue et intéressante, des biens et des droits que les moines tiennent sous le seigneur Géroire à Beaupréau, *in burgo, de terra Graflonis, de Monte Croterio, de terra Engelardi, de Malcoraria*, au Fief-Sauvin, à la Chapelle-du-Genêt, *apud Alnetos Berte, apud Castaneriatas*, sur les terres du Coudray, *de Femerio de terra Stephani Frotbaldi de Salvageria*. Témoins : Géroire de Beaupréau, Mathieu de Beaupréau, Hugue de Montjean.

67 — s. d., vers 1080. — Droits des moines à la Chapelle-du-Genêt, sur la terre d'Hamelin de l'Epinay et le fief situé au-delà de l'Evre.

68 — s. d., 1055-1083. — Jean, fils de Thierry de Beaupréau, donne à l'abbé Daibert des terres et des dîmes de moulins et de poissons, près du moulin appelé *Mala escheria*. Il pose sa donation dans la main de l'abbé, puis sur l'autel. L'abbé lui donne le bienfait de l'abbaye, un cheval, et à son frère, une jument.

69 — s. d., 1094-1103. — Torts causés aux moines, par Orri, seigneur de Beaupréau, fils de Géroire, à la mort de l'abbé Achard ; l'abbé Bernard, successeur d'Achard, donne deux chevaux de grand prix pour les faire cesser : consentement d'Hildeburge épouse d'Orri, et d'Hugue, son fils. Témoin : Guil. *de Boel*, Raoul de Montjean, Hugue, son frère, Jean, fils de Thierry.

70 — 1100. — Usurpations des droits de vente sur la terre des moines, par les sergents du seigneur Orri. Ce dernier en renouvelle à l'abbé Bernard, à Beaupréau, devant l'église de Sainte-Marie, la donation qui en avait été faite par son père. Témoins : Hugue de Montjean, Vivien, son fils, Papin de Cholet, Aimery de la Vrenne, Guil. du Pin.

71 — s. d., vers 1080. — Les hommes de Géroire extorquant des droits de vente des hommes des moines, au marché de Beaupréau, Géroire, sur la réclamation du prieur Bérenger, en renouvelle aux moines la donation. Témoin : Raoul de Montjean, Aimery, son frère, Haton, son frère, Mathieu de Beaupréau.

72 — s. d., vers 1100. — Don, par Orri de Beaupréau, de la chapelle du Saint-Sépulcre, construite dans son château par le moine *Odilerius* et de quelques droits: Les moines lui donnent iv livres et un palefroy à son fils Amelin. Témoins : Hugue et Amelin, ses fils, qui consentent ; Hugue de Montjean, Thébaud de la Vrenne, *Huldegarius* le Médecin.

73 — s. d., 1103-1114. — Réclamation de Vaslin, fils d'un colibert, au sujet d'une terre de son père, donnée aux moines par Brice, épouse de Géroire de Beaupréau. Les moines s'en réfèrent à la cour d'Orri, fils de Brice. Vaslin tiendra cette terre de l'abbé de Saint-Serge, comme son père la tenait de ladite Brice, et leur paiera, par an, iii sous pour le service militaire.

Sous l'abbé Gauthier, Vaslin abandonne sa terre aux moines. Il promet, dans la main d'Hugue de Montjean, qu'il leur en assurera la protection et reçoit, avec son frère, xxxv sous. Consentement d'Orri, seigneur de ladite terre.

74 — s. d., vers 1080. — Rappel des dons de Géroire de Beaupréau *peccatorum suorum indefessus accusator ac superne beatitudinis avidus appetitor*. Témoins : Goslen, fils de Géroire ; Clément, prévôt de Brain ; *Stabilis*, prévôt de Sainte-Marie ; Etienne de *Gisoiis*.

75 — s. d., vers 1090. — Don d'une terre, par Etienne Frobaud, quand il se fit moine, et consentement de Renaud de Cholet, qui en était le seigneur. Don de la terre voisine par le moine David du Coin, qui l'avait achetée à la condition de la donner à qui il voudrait. Hamelin de Cholet l'ayant obtenue des moines en viager, la leur abandonna en entrant parmi eux. Pulcelote et ses fils avaient consenti à la vente de cette terre et ils avaient reçu xxxviii sous pour ce consentement. Mais son fils *Liseus* la réclame. Les parties comparaissent à la Cour d'Hugue de Montjean : on décide le partage de la terre. Témoins : Orri, Roger de Montrevault, Raoul de Montjean, Froger de Gros-Fouil, Guil. de *Boel*, Hamelin de Châteauceaux.

76 — s. d., 1055-1083. — Herbert, chevalier, de Beaupréau, donne à l'abbé Daibert, du consentement de sa femme et de la mère de celle-ci, la dîme de la terre Engelard, une terre *apud Alnedium*, à condition que, s'il se fait moine, *pro aliqua necessitate vel sua sponte*, il soit reçu à Saint-Serge avec ses chevaux, ses armes et tout ce qu'il a.

77 — 1070, n. s. — Don à l'abbé Daibert, par Wascelin Graflon, d'une terre près de l'église de Saint-Martin, avec l'autorisation de Girard *de Boel*, seigneur de qui il la tenait, de son épouse et de ses enfants, Pierre, Papin, Popiard, Guillaume, et celle de Géroire, *vassi dominici senioris Belli pratelli*, de son épouse, *Brice*, de ses fils Hamelin et Goslen. Fait à Beaupréau *in ecclesia S. Marie, die purificacionis eiusdem, anno ab Incarn. Dom. M LX VIII. Indict. VII, regnante Philippo rege*. Témoins : Herbert Maugendre, Raoul de Montjean, Géroire de la Place.

78 — s. d. — Acte relatif au même don, sous l'abbé Daibert.

79 — s. d., sous l'abbé Daibert, 1055-1083. — Don, par Herbert Maugendre, d'une terre au Fief-Sauvin, quand il entra, lui et son fils, au monastère.

80 — s. d., 1083-1094. — Réclamation au sujet de ce don de la part du gendre d'Herbert. L'abbé Achard lui donne v sous. Témoins : Etienne *de Boleto*, Guil. de Clayo.

81 — s. d., vers 1060. — Don, par Odrand de Beaupréau (cf. 311), quand il se fit moine, de terres et d'un moulin appelé *Mala escheria*, avec le consentement de Gautier, son seigneur, de Jean, de qui Gautier la tenait, et de Géroire de Beaupréau. seigneur de toutes ces choses. Il est convenu que, à la mort de Rainelde, épouse d'Odrand, tout ce qui lui appartient reviendra à l'abbaye et que son corps sera inhumé à Saint-Serge. Il en sera ainsi de leurs deux fils et de leurs deux filles s'ils meurent sans héritiers. Témoin : Thébaud, neveu du prévôt de Chalonnes.

82 — s. d., 1103-1114. — Abandon de prétentions sur une terre, par Aimery de la Bâte, lors d'un voyage de l'abbé Gautier à Beaupréau. Témoins : Guil. *de Boel*, Geofroy fils de Popeliu, seigneur de cette terre ; Hugue de Beaupréau, Raoul, son frère, Geofroy de Vendôme.

83-84 — s. d., sous le moine Robert, vers 1100. — *Notitia de molendini* (sic) *de Petroso et de Britonaria* : 1° Vente d'une terre par la femme de Geofroy Breton ; 2° Don par Paien, prêtre, de sa part du moulin de *Petroso* ou Perosel.

85 — s. d., 1055-1083. — Don, par Graflon, de la terre de Graflon, à Beaupréau. Convention par laquelle Girard *qui de Dodello cognominatur*, après avoir reçu d'abord xxx sous pour son consentement en reçut encore xx autres et renonce à ses prétentions sur cette terre. Il ne réclamera plus *unum tapetum*, qu'il disait que l'abbé lui avait promis ; l'abbé Daibert prête un palefroi à Guillaume, fils de Gérard, jusqu'à Saint Sauveur de *Carroco*. Témoins : Géroire de Beaupréau, Roger de Gros Fouil, Geofroy de Saint-Quentin, Amelin de Cholet, Ebrard le Larron, *Latro*.

306 — s. d., vers 1060. — Don, par Aimery de Montjean et ses deux frères Raoul et Hugue, avec le consentement de leur mère Ameline, de ce qu'ils avaient *in cymiterio, et in burgo vel etiam in altare cuisdam* (sic) *capelle gloriose virginis Marie que de Genesta vocatur*. Témoins : Géroire de Beaupréau, Mathieu de Beaupréau, Geofroy de Saint-Quentin, Raoul le Vicomte (de Montrevault).

307 — s. d., sous l'abbé Daibert, 1055-1083. — Béranger, moine de Saint Serge, qui tenait l'église de Sainte-Marie-du-Genêt, ayant occupé dans la construction du prieuré un peu de la terre de Constant de Beaupréau et de son neveu Albert, ceux-ci la lui accordent pour y construire un bourg. Témoins : Géroire de Beaupréau, Brice, son épouse, Gauslin, fils de Géroire, Herbert, chanoine de Saint-Martin, Vassal de Saint-Philbert.

308 — s. d., vers 1080. — Accord au sujet de la terre précédente, située près du monastère de Sainte-Marie-du-Genêt, lors de la construction de l'église, et au sujet d'une autre entre le moine Béranger et les héritiers de Fulcroy de Beaupréau. Les moines cultiveront avec leur propre charrue la moitié de cette dernière. Hildebert, fils de Fulcroy, fera cultiver l'autre moitié par ses hommes, aussi bien et aussi honnêtement que les moines cultiveront la leur. Témoins : Géroire de Beaupréau, Hamelin de Cholet, Raoul de Montjean, Mathieu de Beaupréau, Ascelin, son frère, Hugue de Montjean, Ernaud de Montjean, Hilger du Pin.

309 — s. d., vers 1090. — Hildebert *qui Calopin nuncupatur*, cède aux moines, pour LXXVI sous, qu'il leur devait, deux ouches qu'il avait près de l'église, pour accroître le bourg, à l'intérieur des fossés, que son oncle Constant leur avait donnés. La cession est approuvée par Hamelin de Cholet et Geofroy son neveu, *de quorum casamento erat*. Témoins : Mathieu de Beaupréau, David du Coin, Evrard le Larron, Vassal de Saint-Philbert ; et arrangement au sujet du moulin de l'Angle.

310 — s. d., vers 1100. — Après la mort d'Hildebert, Geofroy, son frère, abandonne ses prétentions sur sa terre et reçoit du moine Robert xx sous en charité. Témoins : Orri de Beaupréau, Hugue, son fils, Hugue de Montjean, Raoul son frère, Ascelin, fils de Raoul, Barbot, son frère, Geofroy de Cholet, Grifier son fils. Geofroy porte la donation sur l'autel de Sainte-Marie-du-Château.

311 — s. d., 1083-1094. — Arrangement au sujet du moulin de la *Mala escheria*, donné à Saint-Serge par Orran, quand il se fit moine, entre Guillaume Châteigner, qui avait épousé la fille d'Orran et l'abbé Achard, ainsi qu'au sujet d'une terre que ledit Orran tenait de Gautier de Château-Renier, et Gautier, de Jean, fils de Thierry, terre donnée aux moines avec la concession desdits Gautier et Jean et de Géroire, *eiusdem terre capitalis dominus*. Fait à Beaupréau. Témoins : Renaud de Cholet, Raoul de Montjean, Hugue, son frère ; Geofroy de Saint-Quentin et presque toute la cour de Beaupréau.

312 — s. d., 1103-1114. — Après la mort d'Oger Chasteigner, *Castanarius*, qui avait épousé la fille de Gautier de Château-Renier, Gaucher, époux de sa veuve, abandonne ses prétentions sur la même terre. Fait avec l'abbé Gautier, à la cour du seigneur Orri. Témoins : Orri de Beaupréau, Aimeri de la Pouèze et toute la cour de Beaupréau, Hugue, fils d'Orri, Guillaume de Boel, Normand et Geofroy de Cholet.

313 — s. d., 1055-1083. — Echange d'une terre pour des vignes et une maison à Chalonnes, entre l'abbé Dalbert et Mathieu de Beaupréau. Témoins : Géroire, Brice, son épouse ; Geofroy de Saint-Quentin, Froger de Gros-Fouil, Aimery de Cholet.

II — CHAUMONT (arr. de Baugé)

Prieuré de Saint-Pierre. — Les chartes relatives à ce prieuré remontent à l'abbé Dalbert (1055-1083)

Prieurs : *Ascelin*, vers 1080 (375, 376). — *Robert*, vers 1090. — *Robertus de Tasleia* (63, 64, 69, 370). — *Vital*, vers 1100 (366, 367). — *Geofroy Bute*, vers 1140 (368, 374) ; M. C. Port le place à tort vers 1100. Il était prieur sous l'abbé Hervé (66, 64).

Les chartes dans lesquelles il figure mentionnent des personnages qui vivaient de 1120 à 1150. Il était de Beaupréau, et avait la qualité de chevalier (30). — *Renaud Sale*, vers 1165 (364).

Les titres de ce prieuré occupent les cahiers signés ix Qv. et x Qv. Les Archives de Maine-et-Loire (H 1027) ne possèdent à son sujet que quatre pièces de 1466 à 1746.

50 — s. d., sous l'abbé Daibert, 1055-1083. — Don, par Fouque *de Matefelon*, pour le salut de ses parents, de ses frères défunts, Thébaud et Yvon, de ses droits sur l'autel de Saint-Pierre-de-Chaumont, *panes scilicet et candelas*.

51 — s. d., 1060-1081. — Abandon, par Fouque, fils d'Hugue de Mathefelon, à des conditions que les moines jugent onéreuses, de ses prétentions sur leurs biens. Fait au chapitre de Saint-Serge, xi *kal. aprilis, regnante Philippo Francorum rege et Fulcone Andecavorum Comite et Eusebio pontifice, coram D. Daiberto abbate*. Témoins : Gautier le Médecin, Lambert de Segré.

52 — s. d., même époque. — Don, par Fouque de Mathefelon et par sa mère Senegunde, de la dîme de la terre de Jean de Jalesnes, c'est-à-dire de la Roche, en Saint-Pierre-de-Chaumont, pour l'âme de son frère Yvon le Bastard, décédé moine de Saint-Serge. Témoins : Jean de Jalesnes, Geof. de Baracé, Gui des Vaux.

53 — s. d., vers 1090. — Reconnaissance, par ledit Fouque, que les moines sont exempts des corvées qu'il voulait leur imposer pour la construction d'un pont. Témoins : Gui des Vaux, Hugue du Château-du-Loir.

54 — s. d., vers 1120. — Exemption de tailles accordée aux moines par Hugue de Mathefelon, fils de Fouque, pour le repos de l'âme de son fils Fouque, avec le consentement de son fils Thébaud, et don, par le même Hugue, se trouvant à Saint-Serge, *in domo infirmorum ubi iacebat infirmus*, d'une terre déserte appelée la Haie-de-Chaumont, depuis le bois de *Tuschaus, usque ad foramen de Boerois*, et des droits à Beauveau. Témoins : Gautier, prêtre de Fromentières ; Renaud le Roux, seigneur du Plessis ; Guiart de *Parrenai*, Harduin d'Azé.

55 — s. d., sous l'abbé Hervé, 1138-1151. — Délimitation, par Thébaud, fils dudit Hugue, des terres du fief de Jarzé, entre Hervé, abbé de Saint-Serge, et *Hernisius*, abbé de Chaloché. Témoins : Hubert de Chaumont, Gautier du Perray, Fouque de la Roche, fils de Robert.

56 — s. d., vers 1130. — Réclamation du prieur Godefroy audit Thébaud, qui en reconnaît la justesse, au sujet d'un droit réclamé par son sergent à un homme des moines. Fait à l'abbaye, au parloir, devant le cellier. Témoins : Foucran d'Anthenaise, Païen de Montdoubleau, Roussel de Montfaucon, Borrel de Saint-Denys.

57 — s. d., sous les abbés Pierre et Hervé, 1114-1151. — Histoire mouvementée de la terre seigneuriale d'Hugues Mansel. Usages féodaux relatifs à sa transmission. Guerre, *werra*, à son sujet entre Hugue de Mathefelon, fils de Fouque, et Aimery, fils d'Agnès, veuve de Geofroy de *Ralei*, qu'elle avait épousé sans consulter Fouque. La paix étant faite, Aimery tint, avec sa mère, jusqu'à son voyage à Jérusalem, où il mourut, ladite terre qui passa ensuite à son frère Frellon. Témoins : Thébaud de Mathefelon, Païen de *Truvia*, Hardouin d'Azé, Bernard d'Entrammes. Don de cette terre à l'abbé Pierre. Témoins : Guillaume de Juvardeil, *Lupellus* de Daumeray. Maurice d'Etriché, Noël de Fencu, Girard *de Bulet*, Richard, archidiacre, Bunel le Changeur, Guihenenc de Château-Gontier, Frellon, fils d'Hubert de Champigné. Thébaud, fils d'Hugue de Mathefelon, avait consenti à ce don à son départ pour Jérusalem. Depuis, Hugues a fait donner son consentement à son épouse Marquise, à Châteauneuf, dans la maison du meunier Hervé, en faveur de l'abbé Hervé, pour L sols. Témoins : Jean, doyen de Laval ; Rahier de la Place, Wiart de Changé, Renaud d'Entrammes.

58 — s. d., 1138-1151. — Prétentions élevées après la mort d'Hugue de Mathefelon, par Hugue de Baracé, son vassal, sur cette terre, sur la Haie-de-Chaumont, donnée à l'abbaye par Hugue de Mathefelon, quand il prit l'habit religieux, et sur la terre de Lué. Il y renonce en échange d'une dîme due aux moines dans son fief des Miliers. Témoins : L'abbé Hervé, Païen de la Roche, Froger de Chaumont, Renaud *de Troata*, Daguenet.

59 — s. d., sous l'abbé Daibert, 1035-1083. — Don d'une terre à Chaloché, par un homme noble nommé Yve de Denezé, à la prière de Jean de Jalesnes, *de cuius casamento eadem terra erat*, avec le consentement de Roger, fils d'Yve et de Milesende, fille de Jean de Jalesnes. Les moines paieront une rente de II sous à Yve et à ses successeurs ou, à leur défaut, à Jean de Jalesnes et à ses successeurs. Témoins : Herbert d'Ingrandes, Guy des Vaux.

60 — s. d., 1094-1103. — Don, par Hubert de Durtal, d'une taille sur la terre de Chaloché, d'abord sous l'abbé Bernard, qui lui donne xxx sous, puis sous l'abbé Gautier. Témoins : Tetgrin *de Troata, Scarioche*, Gilbert de Changé. Hubert ayant ensuite oublié sa donation, réclame cette redevance jusqu'à ce que l'on trouve et qu'on lui apporte à Durtal la charte par laquelle il l'avait accordée. Témoins : Goslen, moine, qui avait apporté la charte ; Guérin, prêtre, qui l'avait lue ; Hamelin *de Troata*, Gilbert de Changé. Après la mort d'Hubert, Geofroy de Clairvaux, héritier de sa terre, confirme sa donation, en présence du moine Geofroy Bute (vers 1130).

61 — s. d., vers 1090. — Construction d'un moulin. Jean de Jalesnes prie les moines de Chaumont de construire un moulin dans son bois du Breuil. Ils auront la moitié du moulin, c'est-à-dire de la mouture, des poissons, des oiseaux, du verger et du jardin. Les moines *scientes nichil ad utilitatem valere, nisi id ipsum filii eius et uxor concederent, domnum Iohannem ad suam Rocham adierunt*, obtiennent le consentement de la femme et des fils de Jean. Témoins : ledit Jean, Geofroy et Jean, ses fils ; Eudes *de Ulmeria*, Herbert d'Ingrandes, Froger *de Montessall*, Fromond, prêtre de Jarzé ; Ansaut, prêtre.

62 — s. d., même époque. — Don d'une vigne et de la maison de Thébaud l'abbé, par Jean de Chaumont, et arrangement à ce sujet avec son fils aîné. Témoins : Gui des Vaux, Robert le Savetier, de Lui, *Constancius qui fuit ad Partiri terram* ; Hervé *Filiaster*, Robert des Vaux, Ansaut, prêtre.

63 — s. d., sous l'abbé Pierre, 1114-1133. — Roger de Moulins, désirant faire une religieuse de sa fille (1), et ayant obtenu, par les démarches de l'abbé de Saint-Serge, qu'elle entrerait à l'abbaye de Nid-d'Oiseau, donne à l'abbé la dîme de la terre appelée *Ialennolia*. Il se rend ensuite à Saint-Serge, avec *Goda*, son épouse ; Païen *Bouet*, frère de la religieuse ; Grossin *Artifex*, beau-frère de Païen. *Revestierunt abbatem Petrum de predicta decima et deosculatis omnibus qui aderunt monachis, ipse Paganus Bouet portavit super altare sancti Sergi donum pariter et concessionem.* Témoins : Roger de Moulins, Goda, son épouse ; *Grossinus Artifex gener eorum*.

64 — s. d., sous l'abbé Hervé, 1138-1151. — Don, par même Païen *Bouet*, de dîmes sur les Essarts situés derrière sa maison, du côté des Landes de Chaloché. Le moine Geofroy Bule et un autre, vont ensuite trouver Païen dans sa maison, *in madomum Pagani*, et font consentir à ce don, Jeanne, sa femme ; Guillaume et Thébaud, ses fils, et Hildeburge, sa fille.

362 — s. d., sous l'abbé Bernard, 1094-1103. — Abandon, par un chevalier de Baracé, nommé Geofroy, de ses prétentions sur le bordage appelé *Bordagium Thebaldi Gaffardi* et don d'une terre *in loco qui dicitur boschus sancti Petri* avec la concession de Fouque de Mathefelon, seigneur de la dite terre, de Ménard, surnommé *Boretus* et d'Hubert, fils de Gui des Vaux. Témoins : l'abbé Bernard, Geofroy *Tuanstu*, Fouque de Mathefelon, Hubert des Vaux, Barbot *de Rareio*, Ménard *Buc*, Dreux de Sermaise.

363 — s. d., 1163-1168. — Concession, par Guichard *Charpi*, de ce que son père avait donné aux moines, en Brissarthe, à la Guiberdière. *Ista omnia misit in manu Gaufridi andegar. episc. cum capello ipsius.* Témoins : Richard, archidiacre d'Angers ; Giraud de Beaufort, chapelain de l'évêque ; Malin, prêtre de Châteauneuf ; Aimery, fils d'Adelelme de *Charencé* ; Renaud de Précigné. Guichard remet sa donation avec le livre du Chapitre dans la main de l'abbé Guillaume, puis, de sa main, la dépose

---

(1) En vertu d'un arrangement consigné dans la charte 130, l'abbé de Saint-Serge avait le droit de faire entrer gratuitement une religieuse à l'abbaye de Nid-d'Oiseau.

avec le même livre, sur l'autel de Saint-Serge, et après avoir reçu le bienfait de l'abbaye et embrassé les moines et l'abbé, il se retire en paix. Témoins : Hugue de *Sacé*, Rivallon *Bocel*, Maurice de *Pocé*, Raoul de Thorigné, Renaud *Sale*, prieur de la dite obédience ; Aimery de *Charancé*, Garnier de Brissarthe.

364 — s. d., vers 1100. — Hugue de Baracé donne aux moines le droit de synode de l'église de Saint-Pierre-de-Chaumont. Témoins : Geofroy, prêtre de Seiches ; Geofroy d'Entramnes ; Goslin de Montsabert, Hubert de Chaumont, Achard d'*Escharbot*.

365 — s. d., vers 1100 (v. 362). — Don, par Geofroy de Baracé, d'une rente sur les noyers de Lué, avec le consentement de son épouse, de son frère Hugue de Baracé, d'Hugue de Mathefelon, *capitalis dominus rei*. Témoins : Mainard *Bouet*, Payen, son fils, Goslen de Montsabert, Roger *Malus Miles*, Hubert des Vaux.

366 — s. d., vers 1100. — Don de la dîme des vignes de Vernoil-le-Fourrier, par Maurice *Coherius*, avec le consentement de sa femme *Richia* et de son fils Nicolas, *qui inde unum blialdum habuit*. Il dépose sa donation, avec un couteau, sur l'autel de Saint-Pierre-de-Chaumont. Témoins : Vital, prieur de Chaumont ; Hubert des Vaux, Durand du Perray et Jean Berger, dont le couteau fut déposé sur l'autel avec le don. La donation est ensuite consentie par Rivallon d'Entramnes, gendre de Maurice, Hubert Sauvage son neveu et Adélaïde, femme d'Hubert. Nicolas renouvelle, dans la suite, cette concession en retenant une rente à la foire d'Angers, ainsi que son épouse, Richilde, fille d'Hubert des Vaux. Les moines lui donnent, pour cette concession, vii sous et à sa femme v. Témoin : Goslen de Montsabert.

367 — s. d., vers 1095. — Don de ii sous vi deniers de rente par Maurice *Coerius* qui reçoit en retour xxxi sous avec la concession de Fouque de Mathefelon et de son fils Hugue. Témoins : Gui des Vaux, Geofroy de Baracé, Barbotin de *Bareio*, Maurice d'*Alberiis*, Rivellon d'Entramnes. Autre don du même qua...d il se fit moine, sous le prieur Vital.

368 — s. d., 1110. — Concession par Maurice *Coerius*, quand il se fit moine (vers 1100), des dîmes de Chaumont et de Vernoil

et de la terre de *Groia*. Abandon de prétentions sur cette terre par Hubert Sauvage et ses fils Etienne et Geofroy, sous Geofroy Bute, prieur de Chaumont, qui donne à Hubert xv sous et à chacun de ses fils x deniers. (Vers 1140.) Témoins : Lambert, prêtre de Lué, Hardouin, prêtre de Chaumont.

369 — s. d., vers 1090. — Rappel du don de Maurice *Choerius*, sous Robert, prieur de Chaumont. Témoins : Gui des Vaux, Ménard *Bouet*, Hubert de Vernoil.

370 — s. d., vers 1090. — Arrangement entre le moine Robert et Maurice, fils de Renard *Coherius*, au sujet de terres données par ses ancêtres. Les moines lui accordent v sous et le bienfait de l'abbaye. Témoins : Gui des Vaux, Gilebert son fils, Ansaut, prêtre.

372 ⁽¹⁾ — s. d., vers 1090. — Vente, par Eude de Rougé, pour t. sous, d'un arpent de vigne *apud Taleeasiam*; ledit Eude l'avait enlevé aux moines qui la tenaient d'Albéric Texier. Fait à Seiches, le jour de la dédicace de l'église de cette ville. Témoins : Ernaud, moine, cousin du dit *Eude*; Gilbert de *Fancilleris*, Gautier, *de Burbuillone*, Raoul de la Roche, Guillaume de Jarzé, Garnier, frère d'Eude; Ascelin, moine.

373 — s. d., sous l'abbé Daibert, 1055-1083. — Don de deux arpents de vigne par Albéric de *Taleresia* et Asceline son épouse. Témoin : Renaud le Métayer, de Briançon.

374 — s. d., vers 1140. Sous Godefroy, Bute, prieur. — Concession par Oger de Bretignolles de ce qu'il avait *in riveria prati maledicti*. Il reçoit xi sol et sa femme des souliers pour sa concession, *ad viii d. census omni anno reddendos ad Andecavinam*. Témoins : Hubert des Vaux, Hubaud, Hugue de Baracé, Païen de la Roche, Roger de Moulins ; le moine Geofroy Bute va ensuite audit pré et *ibi concessit pro una lagena vini quicquid in riveria habebat et ibi accepit viii d. census in die Natiuitatis S.-Marie*.

(1) Sous le n° 371 figurent deux pièces : 1° Charte de l'abbé Gautier concédant à Michel de la Forêt, citoyen d'Angers, la moitié d'une maison voisine de la porte Buschère, confirmée par l'évêque Guillaume, 1270 ; 2° Modèle de la lettre à envoyer pour demander des prières pour les frères défunts.

375 — s. d., vers 1090. — Vente par Helgot de Chaumont au moine Ascelin, d'une terre qu'il avait achetée et dont il avait donné la moitié, avec sa fille, à son gendre Thébert, qui n'a pas encore d'enfant. Témoin : Gui des Vaux.

376 — s. d., sous l'abbé Daibert, 1055-1083. — Vente au moine Ascelin de la terre de Jean des *Boereuls*, située près de l'église de Saint-Pierre. Témoins : Yvon le Bastard, fils d'Hugue de Mathefelon ; Jean de Jalesnes, Gui des Vaux, Raimbert de Vernoil ; avec l'autorisation de Garnier de Mathelelon, de Tesceline, son épouse, et de Maurice, son fils, qui posa la donation sur l'autel de Saint-Pierre pour l'âme de son frère Thébaud. Garnier reçoit pour sa concession v s. et Maurice vi d.

III. — GREZ-NEUVILLE (arr. de Segré).

Prieuré de Saint-Jacques. — La fondation du prieuré remonte au passage du pape Calixte II en Anjou, en 1119. Par son conseil et ceux de Gilbert, archevêque de Tours, et de Renaud, évêque d'Angers, Raoul, seigneur de Grez, construisit, en l'honneur de Saint Jacques, une église qu'il donna aux religieux de Saint-Serge (271). L'acte de donation fut rédigé du temps de Pierre, abbé de ce monastère, et d'Ulger, évêque d'Angers. L'église de Saint-Jacques devint, dès lors, le centre d'un pèlerinage (247).

Prieurs : *Ernaud*. Il doit être le premier prieur. Son nom figure dans le plus grand nombre des chartes du prieuré. Il vivait sous les abbés Pierre et Hervé (261, 265). — *André*, sous l'abbé Hervé (265). La charte 240 a pour témoin un autre prieur du nom d'Hardouin, *Harduinus prior*, en même temps que *Ernaldus monachus tunc prior de Gre*.

Les titres de ce prieuré occupent deux cahiers du Cartulaire ; le premier sans signature, le second signé xxi Qv. Ce dernier renferme deux chartes antérieures à la fondation du prieuré et transcrites à une époque plus récente. L'une, qui fait les numéros 272-276, concerne *Verron* et l'autre, 276, l'écluse de *Bastais*, qui dépendait du prieuré d'*Huillé*.

Les Archives de Maine-et-Loire n'ont, parmi les pièces relatives au prieuré de Grez (H 1031-1045), qu'une pièce antérieure au XIIIe siècle.

226 — s. d. (1). — Don d'Ernaud de *Trapellis* et de son fils Hugue. Témoins : Ernaud, prieur; Bruno de *Trapellis*.

227 — s. d. — Don d'une lande au prieur Ernaud, par Herbert le Pêcheur.

228 — s. d. — Don par Hubert *Emenri*, d'une terre à *Veceril*.

229 — s. d. — Don d'Asceline, épouse de Raoul *Brancus*.

230 — s. d. — Don de deux jalées de vin, par *Josbert Disder*.

231 — s. d. — Don d'une terre à *Veceril*, par Renaud de *Trapellis* et Elisabeth, son épouse. Témoin : Bruno de *Trapellis*.

232 — s. d. — Don par Bernard de Hoges, d'une terre à Hoges.

233 — s. d. — Don par Jean le Médecin, d'une terre *trans Meduanam*.

234 — s. d. — Don par Marie du Bois, d'une terre à Puiseux.

235 — s. d. (1138-1151). — Don à l'abbé Hervé, par Hugue Renard (Vulpis) de Grez, quand il fit son fils moine à Saint-Serge, d'une lande au fief de Raoul de Grez, et d'une vigne au fief d'Hugue de Grez, avec le consentement de ces seigneurs et de ses fils Renier, *Gaupele* et Geofroy. Témoin : *Wiet* de Morte-Fontaine.

236 — s. d. — Don, par Hugue de Grez, dans la maladie où il se fit moine, d'une rente de vin et d'un quartier de vigne, avec les concessions de Païen et d'Hunebald, ses fils. Témoins : Ernaud, prieur, *qui eum monachizavit*, Bérenger de Grez.

237 — s. d. — Don de Normand le Gras, *Grassus*.

---

(1) Les titres du prieuré de Grez ne renferment pour notes chronologiques précises que les noms des abbés Pierre et Hervé et du prieur Ernaud. Nous n'assignons de date qu'à ceux qui mentionnent l'un de ces deux abbés. Tous les autres doivent se dater de 1121 à 1151.

288 — s. d. — Don, par Gui, fils de la Vieille, *filius Vetule*, d'une dîme au fief d'Hugue de Grez.

239 — s. d. — Don, par Geofroy du Chastelet, quand il se fit moine, d'un bordage à Poligné, avec la concession de son frère Lisiard, de Raoul, seigneur de Grez, et de Renaud, frère du seigneur Raoul. Témoins : Herbert *de Choeria*, Jean, prêtre de Thorigné, Geofroy de Tessecourt.

240 — s. d. — Don, par Renaud de Grez, quand il se fit moine, d'un bordage à Poligné, libre de toute redevance, excepté de la taille des seigneurs de Sceaux, de Briolay et d'Iré, avec la concession de Raoul, seigneur de Grez, frère et seigneur dudit Renaud. Témoins : Hardouin, prieur, Ernaud, moine et alors prieur de Grez.

241 — s. d. — Don, par Guérin Pelletier et Lézine, son épouse, de III bouteilles de vin pour un anniversaire.

242 — s. d. — Don de Bonnetille, fille d'Humbert de la Plesse. Témoins : Hubert, prêtre de Pruillé, *Hugo Vulpis*.

243 — s. d. — Don, par Renaud le Court, d'une dîme *trans Meduanam*, pour un anniversaire. Témoin : *Hugo Vulpis*.

244 — s. d. — Don, par Guinebert le Pêcheur, de II bouteilles de vin pour un anniversaire.

245 — s. d. — Don, par *Lisius*, d'un boisseau de froment pour un anniversaire.

246 — s. d. — Don de Raoul Hunebald. Témoin : Hugue de Marcillé.

247 — s. d. — Don, par Guillaume Leodevin, à Saint-Jacques-de-Grez, où il était en pèlerinage, *cuius peregrinus erat*.

248 — s. d. — Don, par Rivallon *Carnifex* (1), de II bouteilles de vin, avec le consentement de son fils Ascelin, prêtre.

(1) Il ne devait être bourreau que de nom : son fils était prêtre ; or, l'Eglise, par horreur du sang, n'admet pas dans les Ordres les fils de bourreaux.

249 — s. d. — Don, par Renaud Morin, de ɪɪ bouteilles de vin. Témoin : Bertrand de la Lande.

250 — s. d., 1124-1133. — Don, par *Popelon* le Meunier, d'une dîme de la pêcherie de Neuville. Témoins : D. Pierre, abbé, Nicolas de Neuville, Raoul de Grez.

251 — s. d. — Don de Renaud le Fournier. Témoin : *Hugo Vulpis*.

252 — s. d. — Don de Germain de Grez. Même témoin.

253 — s. d. — Don de ɪɪ bouteilles de vin par Girard. Témoins : Ernaud, prieur, et toute l'église de Saint-Jacques.

254 — s. d. — Don d'une terre à *Vesceril*, par Josbert.

255 — Hommages rendus en 1334 : V. *Appendix*.

256 — s. d. — Don de ɪɪ bouteilles de vin par Benoit le Pontonnier.

257 — s. d. — Don de deux bouteilles de vin par Aremburge *de Seuret*.

258 — s. d. — Don, par Luel, de ɪɪɪ minées de terre.

259 — s. d. — Don de ɪɪ bouteilles de vin, par Ermensende.

260 — s. d. — Don, par Marie de la Porte, de ɪv sous de rente, à l'Angevine. Témoins : Robert, seigneur de ladite Marie; Renaud Tue-Vache, son frère.

261 — s. d., 1124-1133. — Don à l'abbé Pierre d'une vigne qui avait été donnée par Burchard, seigneur de Grez, à Guérin Bouguier, et que celui-ci avait donnée à complant, *ad complantum*, à Rivallon. Témoins : Raoul, seigneur de Grez, Judicael, son fils.

262 — s. d. — Don de Bernier de Puiseux. Témoin : Richard de Puiseux.

263 — s. d., 1138-1151. — Don de Geofroy *Carbonel*. Témoins : D. Hervé, abbé ; Ernaud, moine ; Robert de *Veceril*.

264 — s. d. — Don par Hilduin, quand il se fit moine, d'une rente sur un bordage à Ecuillé et d'une autre à Puiseux, avec la concession de ses seigneurs Raoul de Grez, Lisiard du Châtelet et Girard des Brosses, d'Isemburge, sœur d'Hilduin et de Pierre *de Trapelis*.

265 — s. d., 1138-1151. — Don à l'abbé Hervé, par Pineau, de Brain, quand il se fit moine, avec la concesssion de son fils aîné Païen. Témoins: André, alors prieur de Grez; *Lupellus*, prêtre du Plessis-Macé, Nic. de Neuville.

266 — s. d., 1124-1133. — Don de Richard de Puiseux. Témoins: l'abbé Pierre, Ernaud, alors prieur de Grez, Raoul, seigneur de Grez.

267 — s. d. — Don par Hugue Le Roux d'une sextrée de terre et d'une bouteille de vin, avec la concession de ses fils Bernard et Belin.

268 — s. d. — Don par Hélie de Pont-Perrin de sa dîme de Pruillé *trans Meduanam*. Témoin: Raoul, seigneur de Grez.

269 — Don par André de Puiseux de II bouteilles de vin pour un anniversaire.

270 — Don semblable, par *Hatho Maing*.

271 — 1119-1133. — Charte de Raoul, seigneur de Grez, attestant qu'il a donné à Saint-Serge l'église de Saint-Jacques-de-Grez, fondée par lui, pour le salut de Burchard, son père de Chrétienne, sa mère, de Marie, son épouse, et de ses enfants et amis. Il l'a fait avec l'autorité et le consentement du pape Callixte, de Gislebert, archevêque de Tours, et de Renaud, évêque d'Angers. Il confirme aux moines les donations qu'ils ont déjà reçues à Grez. Il dépose sa donation, lui, son épouse Marie, son gendre Guischard, ses filles Mabile et Adelaïde, dans la main de l'évêque Ulger (1125-1149), puis, sur l'autel, le jour de la dédicace de ladite église. Témoins: Ulger, évêque; Pierre, abbé de Saint-Serge; Richard, archidiacre; Geofroy, doyen; Albéric, chantre; Raoul de *Burs*, Henry de Craon, Brutto de *Trapelis*, Guillaume de Feneu: *Signum Radulfi* †, *Signum Marie* †, *Signum Guischardi* †, *Signum Mabiliæ* †, *Signum Adeladis* †.

272 — 1102 (1). — *Notitia de Verrun.* Nihard Bevin, fils de Fromond *Bevin*, donne à l'abbé Gautier, en exécution des dernières volontés de son père, la dîme des Essarts, à Verron, et une terre sur la rivière du Loir, *in loco qui dicitur Curca*. L'abbé fera chanter mille messes pour son père et autant pour sa mère. Quant à lui, on le recevra moine, s'il le désire ; autrement, on lui chantera mille messes, et, en quelque endroit qu'il meure, on apportera son corps solennellement à Saint-Serge. Témoins : Guillaume du Vau, Goslen [de la Lande], *Odo de Croceio* (*Creyo*), Hugue [de *Creant*], Bernard Bevin, Geofroy du Mans, Girard de Clefs.

273 — Continuation de la même charte. — Autre don du même sur la colline voisine : il demande mille messes pour l'âme de son frère Hardoin, qui s'est fait moine, et qui est mort la même année, et cinq cents pour son père, Fromond Bevin.

274 — 1103, continuation de la même charte. — L'année suivante, Renaud, évêque d'Angers, ayant eu une conférence avec le seigneur Hélye, comte du Mans, dans l'église de Sainte-Colombe, *apud Feciam*, ledit comte autorisa cette donation à l'entrée de la porte méridionale. Témoins : Renaud, évêque ; Guillaume, archidiacre ; Hubert, chantre ; Etienne de Champigné, Richard *de Laval*, Guérin de Brain, Gérard d'Echarbot, Renier du Fougeré.

275 — Continuation de la même charte. — Les moines, par leur travail, ayant rendu labourable cette terre, précédemment inculte, un chevalier en réclame une partie à Bevin, qui reconnaît ses droits. Les moines, tristes de voir leur travail inutile, réclament auprès de Bevin, qui leur donne une terre voisine. Témoins : Thébaud de Lué, Gilbert de Changé, Geofroy d'Huillé.

(1) Les feuillets 117, 118, 119 et 120 ont été intercalés par le relieur dans le cahier relatif aux fonds du prieuré de Orez. Par l'écriture et la réglure, ils diffèrent complètement du reste du cahier. Au feuillet 119, on a collé l'original détérioré des chartes 272-273. Le copiste a écrit *Odo de Creyo* à la place de *Croceio*, et *Girard de Cleriis* à la place de *Cleeriis*. Les mots *de Landa* et *de Creant* placés entre deux [ ] après les noms de Goslen et de Hugue, manquent dans l'original.

276 — s. d., sous l'abbé Daibert, 1055-1083. — Robert, roi des Francs, *inclytus et Deo amabilis*, ayant donné aux moines l'écluse de Bastais, ceux-ci en donne la moitié à un homme noble nommé Marcoard de Daumeray, qui leur accorde, en retour, la mouture de toute sa terre de Daumeray, le bois vert pour construire l'écluse et le moulin, et le bois mort pour chauffer les moines, leurs hommes et leurs fours. Témoins : du côté de Marcoard : Symon de la Boirie, Garnier Bodin, Burchard de Brulon, Aubry de Laigné, Thébaud *de Troata*, Auger de Daumeray, nouveau chevalier ; du côté de l'abbé : Fouque de Mathefelon, Hugue de Baracé, Giraud de Saint-Serge, Tescelin *Calous*, prieur d'Huillé. Peu de temps après, Marcoard, accompagné de deux chevaliers, Garnier Bodin et Auger de Daumeray, va à Saint-Serge demander la part qu'on lui avait promise de cette écluse. L'abbé la lui ayant accordée, Marcoard en est tout joyeux et confirme sa donation, ainsi que celle de la terre de Mollères à Bierné, *et refectione accepta gaudentes ad propria recesserunt*.

277 — s. d., 1124-1133. — Don à l'abbé Pierre, par Renaud *de Meisameil*. Témoins : Ernaud, prieur, Raoul, seigneur de Grez. *Witon* de la Plesse.

278 — s. d., 1124-1133. — Abandon, par Isembert Vivet, de sa part sur la terre de Renaud *de Mesameil*. Témoins : Pierre, abbé, Ernaud, moine, Renaud de Grez, *Hugo Vulpis*.

279 — s. d. — Don par Britel de Pruillé, quand il se fit moine, de ce qu'il avait sur l'autel de Pruillé, et de sa part de dîme *trans Meduanam*, excepté la part de sa sœur, avec la concession de *Lupellus*, son frère, d'Hadevise, leur mère, et de Raoul, seigneur de Grez. Témoins : Ernaud, prieur, *qui eum monarchizavit*; Girard de Villiers.

280. — 1332. — Serments de recteurs à l'abbé Hélie.

281 — s. d. — Don à l'abbé Pierre, par Hugue, fils de Geofroy de Marcillé, de sa dîme en la paroisse de Neuville, avec la concession de sa femme; de son fils, de *Bouvius qui aliam sororem habebat*, et de Renier de Marcillé. Témoins : Ernaud, prieur ; Hugue et Gervais de Marcillé ; Raoul, seigneur de Grez.

282 — s. d. — Don par Abraham Saunier, de Grez, d'une minée de terre et d'un coteret de vin au fief d'Hugue de Grez. Témoin : Ernaud, moine.

283 — s. d. — Don, par Pierre *Malvis*, de deux sextrées de terre à la fontaine de l'Orme, avec la concession d'Alain de Feneu, son seigneur, et d'Ameline, son épouse. Témoin : Marie, épouse de Raoul de Grez.

284 — s. d. — Don par Renaud Tue-Vache, quand il se fit moine, du pré qu'il avait acheté de Pierre *Malvis*. Témoins : Guillaume Pousse-Miche ; Gui, fils de la Vieille, *filius Vetule*.

285 — s. d. — Don par Milesende *Babonissa* de trois minées de terre à *Vescerile*.

286 — s. d., 1124-1133. — Arrangement entre l'abbé Pierre et Rufel au sujet de la terre de Hoges donnée par Hugue Calvel quand il se fit moine, et sur laquelle Rufel élevait des réclamations. Témoins : Ernaud, prieur ; *Tue Vache* ; Raoul, seigneur de Grez ; Lisiard du Châtelet ; Herbert *de Choeria* ; Gui de Chauvon ; Hugue de Grez ; Philippe de Hoges ; Geofroy de Tessecourt.

287 — s. d. — Don par une matrone, *matrona nomine Genta de Puseaus*, d'une rente à l'Angevine, et don de Pierre de *Trapellis*.

288 — s. d., 1124-1133. — Don à l'abbé Pierre par Gosbert, quand il se fit moine, de sa dîme à la Cramesière, avec la concession de Henier de Marcillé, *de cuius feco erat decima* ; d'Elisabeth, son épouse, et de ses fils Garnier et Geofroy. Témoins : Raoul, seigneur de Grez ; Gervais de Marcillé ; Daniel de la Cramesière.

289 — s. d. — Don, par Brice, de sa dîme dans la paroisse de Saint-Martin-de-Neuville. Témoins : Ernaud, prieur de Grez ; Roger de Contigné, prêtre ; Fromont, prêtre de Brissarthe.

IV. — JUIGNÉ-LA-PRÉE, EN MORANNES (arr. de Baugé)

Prieuré de Saint-André. — Fondé dans le fief de l'évêque d'Angers, sur un fonds donné à Saint-Serge par l'évêque Renaud (973-1005). Cette donation, ainsi que plusieurs autres, est rappelée dans le diplôme du roi Robert, transcrit en 1374 au f° 131 v° du Cartulaire.

Prieurs : *Geofroy* (150, 157) sous l'abbé Bernard (201). — *Bernard*, sous le même abbé (201). — *Yvon*, moine (90) ; prieur (189, 293, cf. Yvon, moine, fils de Tescoline, 197, 198, 200). — *Geofroy Tue-Loup*, *Tuans Lupum*, moine (156, 186), sous les abbés Achard, Gautier et Pierre (295, 150, 184, 195) et sous le prieur Yvon (189) ; prieur (188) sous l'abbé Pierre (88, 160, 168). *Yvon* (1), prieur sous l'abbé Hervé (293). — *Denis*, moine (94, 96, 97, 98, 156, 164, 166, 294), sous les abbés Pierre (160, 165) et Guillaume (163) ; prieur (155, 190, 302), sous les abbés Pierre, Hervé (88, 165, 297) et Guillaume (92, 93, 196). — *Geofroy Sale* (163) de Thorigné (210), prieur sous l'abbé Guillaume (193).

Les titres de ce prieuré remplissent les cahiers signés v Qv, xi Qv, xv Qv et xvii Qv. Trente-cinq de ces documents ont été extraits de notre Cartulaire, comme nous le disons plus haut, p. 22, à la fin du xv° siècle, et forment un Cartulaire à part connu sous le nom de Cartulaire de Juigné. M. C. Port en a donné une analyse dans son *Inventaire des Archives de Maine-et-Loire*. Nous n'avons pas cru devoir adopter toutes les dates qu'il assigne à chacune de ces chartes. Si incomplètes que soient les données que nous avons pu nous procurer, loin d'Angers, sur l'histoire d'Anjou, elles sont sur certains points assez précises pour nous permettre de proposer, pour plusieurs de ces chartes, d'autres dates que celles que leur donne l'archiviste angevin.

(1) Les prieurs ne gardaient pas leur charge à vie. Le prieur Yvon, prédécesseur de Geofroy Tue-Loup (189) est peut-être le même que le prieur Yvon, son successeur. Denys est prieur sous les abbés Pierre, Hervé et Guillaume. Son administration est interrompue par celle d'Yvon, prieur sous l'abbé Hervé.

Le prieuré de Juigné a laissé aux Archives de Maine-et-Loire, (H 1079-1103) un fonds assez important. Outre le Cartulaire de *Juigné* (H 1082), ce fonds comprend plusieurs originaux des documents transcrits dans le Cartulaire de Saint-Serge, soit au xɪɪe siècle, soit dans les siècles suivants.

L'ancien prieuré de Juigné appartenait à M. Dobrée. Ce fut, sans doute, la raison qui le détermina à faire l'acquisition de notre manuscrit.

86 — **s. d.**, sous l'abbé Daibert, 1055-1083. — Don, par Constant de Juigné, de tout son son avoir, *de omni suo habere*, en vigne et en prés. Témoin : André du Lion-d'Angers.

87 — **s. d.**, 1138-1151. — Abandon au prieur Denys, par Geofroy Gulul, de ses prétentions sur la dîme des prés de Chartres. Il reçoit en retour un setier de froment qui valait ce jour-là vɪɪɪ sous et, ce qui est plus précieux, le bienfait de l'abbaye. Il confirme sa donation à l'abbé Hervé.

88 — **s. d.**, 1130-1133. — Echange, sous le prieur Denys, entre l'abbé Pierre et Geofroy Païen, du *masuale* (sic) *Ansaldi* et d'une terre au Mortier de Champelande, avec la concession de la fille de *Guiul* de Louarcé, épouse de Geofroy, fils d'autre Geofroy. Témoin : Hubert *de Ulmeia*.

89 — **s. d.**, 1055-1083. — Don par Hugue, fils de Guismond, de la terre de Champdemanche et de tout ce qu'il aura à sa mort. Témoin : Gautier, neveu de l'abbé (Daibert).

90 — **s. d.**, 1130-1133 (v. 168). — Don par Païen de Cutaison d'une dîme sur une terre de Constant Bonnel de Laigné et sur le moulin de *Pendu*, avec la concession d'Auburge, épouse, et de Geofroy et Asceline, enfants de Païen, et de Garsile du Bignon, de qui cette terre relevait.

91 — **s. d.**, vers 1130 (?) — Don de parts sur l'écluse de Chartres : 1º par *Halle*, qui en avait acquis une de Bernard de Monte Girul; 2º par Froger de *Gubil*; 3º par Païen *Gul*.

92 (1) — **s. d.**, 1153-1162, sous l'abbé Guillaume et l'évêque

---

(1) Cette charte porte à la marge en chiffres arabes la date de 1160. Parmi ses témoins, nous signalons spécialement *Hugue de Sem-*

d'Angers, Mathieu. — Don d'une terre au Vendreau, par Girard de Molières, quand il se fit moine. La donation est consentie par Denise, épouse de Girard; Barthélemy, surnommé *Gastepais*, son fils; ses frères Girard, Burdin et Païen, et Aimery, leur neveu. Témoins : Hugue de Semblançay, Barthélemy fils d'Adélard de Château-Gontier, Hugue de Champdemanche, Hugue de Saint-Denys; parmi les chevaliers : Hugue de Tours, Geofroy *Guiul*, Aimery son fils, Geofroy Païen, Geofroy Rechin son fils.

93 — s. d., même époque. — Don de Fouque *Burrellus*, qui tenait le fief de Gui de Gratte-Cuisse, du chef de sa femme, Pétronille, sœur de Gui. Il confirme la donation précédente de Girard de Molières, *et in manu Nicholai monachi tanquam super altare cum sarpa quadam posuit*. Sa femme Pétronille confirme aussi sa donation, et pose son don sur l'autel avec un livre manuel. Témoins : le prieur Denis; Durand enfant, neveu de l'abbé Hervé; Evain de *Sivreio*, Hervé de *Soreio*.

94 — s. d., vers 1135. — Don par *Odo Havaro* de terres à Laigné, au fief de Gui de Gratte-Cuisse, à la chaussée et sur le pont de Laigné. Le moine Denis lui donne en charité, pour le premier arpent, vii sous, et pour les autres terres, xxx, ainsi qu'un pain et une juste de vin le lendemain de Noël.

[95] — Ce numéro a été passé.

96 — s. d., vers 1135. — Don par Maurice, fils de Geofroy Auduin, de la dîme du Champ-Rouge au fief de Gui de Gratte-Cuisse. Témoins : Anger *de Chesneio*, Hudin *de Rusceel*. Le moine Denis lui donne en charité x sous, un pain et une juste de vin au lendemain de Noël.

97 — s. d., vers 1135. — Don par Païen *Morel* de la dîme de l'Ecoublère au fief de Raoul d'Ecorces. Le moine Denys lui donne v sous et la même rente à Noël.

98 — s. d., vers 1135. — Engagement par lequel le moine

---

blançay, le riche bienfaiteur de la Cathédrale d'Angers : « On croit, dit M. Port (*Dictionnaire*, t. III, p. 510) qu'il vivait à la fin du XII° siècle ». Notre charte, où le faisait figurer parmi les clercs de l'Evêque avant 1162, nous donne à son sujet une indication précieuse à recueillir.

Denis reçoit à garder dans sa chapelle le coffre de Raoul d'Écorces.

149 — s. d., sous l'abbé Gautier, 1103-1114. — Don de Lebert de Morannes, avec le consentement de ses fils Barbot et Geofroy ; fait à Bararé.

150 — s. d., 1094-1103. — Lebert de Morannes engage aux moines, pour XL sous, une terre jusqu'à la troisième moisson. Passé ce terme, si Lebert le veut, les moines lui donneront LX sous, et auront ainsi à perpétuité la dite terre en aumône pour C sous et le bienfait de l'abbaye. Au terme fixé, Lebert reçoit les LX de l'abbé Bernard et lui concède cette terre à perpétuité, du consentement de sa femme et de ses enfants. Il reçoit en charité xxx sous, et Hugue Goul, seigneur principal de la terre, reçoit *scipho corneo quarteriato colorato*, qu'il apprécie lui-même xx sous et même davantage.

151 — s. d., vers 1080. — Etienne, surnommé le Bâtard, avant de faire aucun arrangement avec Etienne de *Gobith*, avait donné une dîme et des vignes aux moines, avec le consentement d'Albéric de Laigné. Etienne de *Gobith* ayant réclamé ces biens, les moines l'assignent à la cour d'Albéric, mais il y fait défaut. Témoins : Vivence et Salomon de la Noue, Thébaud de *Troata*.

152 — s. d., vers 1080. — Etienne de *Gubith*, malade, reconnaît l'injustice de ses réclamations. Témoins : Gautier de *Tusleia*, Robert de la Cornuaille, moine.

153 — s. d., vers 1080. — Etienne le Bâtard donne ses biens à l'abbaye, mais comme il n'avait pas d'autre héritier qu'Albéric de Laigné, son seigneur, les moines demandent et obtiennent le consentement d'Albéric à cette donation : *ad eum enim pertinebat Stephani memorati hereditas.*

154 — s. d., 1055-1083. — Don à l'abbé Daibert, par Ascelin de *Ispaniaco*, d'une terre *apud villam Ispaniacum iuxta Lapratam*, avec le consentement d'Adélard de Sennones, *capitali domino suo*.

155 — s. d., 1138-1150. — Don de dîmes, par Renaud et Gautier, fils de Sevald. Fait dans la chapelle de Juigné. Le moine Denys leur donne en charité une mesure de seigle et une demie de froment.

156 — s. d., vers 1130. — Epreuve judiciaire. Réclamation de Martin sur une terre. *Post multas querelas iudicatum est ei ut per manum suam iudicium portaret.* Au jour fixé, Martin fait défaut. Témoins : Les moines Godefroy et Denys, et Raoul Singet *qui paratus fuit sigillare manum.*

157 — s. d., vers 1100. — Don de la Coutancière, par Ernoul Coustant, *Constantius*, quand lui et son fils se firent moines, et concession de Pierre *Neir Gruignon*. Témoins : Geofroy, prieur; Gui Fauter, Goslen Fauter, Gui de Saint-Michel, Guérin de Sarrigné.

158 — s. d., même époque. — Concession relative à la même terre. Témoins : Vivien de Chandemanche et Hugue, son frère.

159 — Sous l'abbé Bernard, 1094-1103. — Concession, par Garnier Bodin, quand il fut fait chevalier, de ce que les moines possédaient dans son fief. Il reçoit un palefroy valant vii livres. Témoins : Etienne Iudas, Ulric de *Cantaberla*, Gulul de la Chevrière.

160 — s. d., sous l'abbé Pierre, 1114-1133. — Don, par Garnier Bodin de Morannes (seigneur de Pendu), de la dîme de la masure de Monceaux, avec la concession de son épouse Ermengarde, de son fils Hélyas, de ses deux filles Agnès et Mabile, puis plus tard d'Hugue Goul, époux de Mabile, et de ses deux filles *que iam nate erant*, Adeline et Mathilde. Témoin : Robert, prêtre de Morannes. Concession par ladite Agnès, religieuse, des dîmes des moulins de Renzérieux et de celle de Champelande. Témoins : *Paragius, Petrallus.*

161 — s. d., 1138-1150. — Accord, entre le moine Denys et Hamelin Fouchard, au sujet de l'hébergement *super ductum Luigneii*, de l'autre côté du pont de Laigné.

162 — s. d., 1114-1133 (v. 88, 160). — Don d'Ermengarde, épouse de Guiulfus de Louarcé et de *Guiulfus*, son fils. Témoins : Geofroy Palen, *Paragius, Petrallus.*

163 — s. d., sous l'abbé Guillaume 1152-1168. — Echange de prés pour faire un étang près le bourg de Juigné, fait entre le moine Denys et Henri, fils de Geofroy Païen et Petronille son épouse, avec la concession d'Ermengarde, épouse d'Henri et d'Ameline, sa fille. Témoin : Païen de Monceaux.

164 — s. d., 1130-1150. — Don de la dîme du moulin d'Huldeman [ou Bouet] par Albéric de Laigné, avec la concession de Garsile du Bignon, son héritier, puis plus tard, de Fulcran du Bignon et Raoul, son fils. Témoins : Fouque de *Sivreio*, Gui de Fromentières, *Bouet*, meunier.

165 — s. d., 1120-1150. — Hugue Goul, dans sa dernière maladie, prend l'habit de moine et restitue à l'abbaye une terre qu'il lui avait donnée, puis enlevée avec violence. Il donne, de plus, une dîme sur la terre de Monceaux, avec la concession de Mabille qui reçoit, *accepit*, de l'abbé Pierre, un palefroy valant XL sous. Témoins : Païen, fils dudit Hugue ; Garnier de Villeobien. Peu de temps après, Mabile, irritée de ce que l'abbé Hervé ne lui ait pas donné le palefroy, lui enlève ladite dîme, mais les parties s'arrangent, grâce au moine Denys. Témoins : Geofroy Païen, Maurice de Guize.

166 — s. d., vers 1150. — [De la dîme des moulins Henriot]. Geofroy Païen, en prenant l'habit, donne, du consentement de tous ses enfants, la dîme de son moulin de Juigné sis au-dessous de la terre appelée Jérusalem. Témoins : Hubert, prieur d'Huillé ; Denys, moine.

167 — s. d., même époque. — [*De terra que vocatur Buf elemosina*]. Arrangement entre les moines de Juigné et Fulcran du Bignon et Fouque, son fils, qui avaient frappé et blessé le prieur. Celui-ci en appelle à l'évêque et à l'archidiacre qui les excommunient. Ils comparaissent tous les deux devant l'évêque, *ubi composuerunt verba concordiae*. Ensuite Fulcran se rend au Chapitre de Saint-Serge, reconnaît qu'il a agi injustement et demande miséricorde. Il concède les terres en litige et principalement celle de *Buf elemosina*, pour laquelle il avait blessé le religieux. Il donne, de plus, un endroit pour construire un moulin à frais communs. Témoins : Raoul *Faber* de Crosmières ; Bérenger, frère de Fulcran ; Raoul de Sobs ; Benoît de Sarrigné.

168 — s. d., vers 1110. — Don par Garnier Bodin [seigneur de Pendu] de la taille de la Filotière, avec la concession de son fils Hélie et de sa fille Agnès.

[Numéro omis] — s. d., vers 1120. — Don par le même et Ermengarde, son épouse, de la dîme des moulins de Reuzérieux, en présence de l'abbé Pierre et de Geofroy Tue-Loup, et arrangement à ce sujet avec Agnès, fille de Garnier, épouse de Maurice de Cordé, qui donne aussi la dîme et les prémices de la terre de Champelande. Témoins : Gautier du Mont, Païen de Cutaison, Guillaume de Louarcé, *Guibl* de la Chevrière.

169 — s. d., vers 1110. — Don, par Garnier Bodin, des dîmes des moulins de *Pendu* et de Reuzérieux, de ses biens de Morannes et de ses vignes de *Verceio*, avec la concession de son épouse Ermengarde, d'Hélie son fils et de ses deux filles Agnès et Mabille. Témoins : Hubert de Durtal, Suhard de Baif, Tebaud de la Baraise.

170 — 1207 — Charte de Guillaume, évêque d'Angers, touchant un arrangement entre Hugue de Charencé, chevalier, époux de Jeanne, et Geofroy, abbé de Saint-Serge, au sujet de dîmes dont les moines de *Bele-Branche* perçoivent la moitié à Morannes. Témoins : Jean et Guill. de *Seis* ; Thomas *de Fauce* ; Gautier, chanoine de la Roue ; Gautier *de Parillé* ; Guill. de la *Chese* ; Hugue de Champdemanche ; Gervais *Wastepais*.

184 — s. d., 1103-1114. — Don à l'abbé Gautier, par Hamon d'Ecorces, de la moitié de la dîme de la terre d'Ecorces, dont Renaud avait déjà donné la moitié, de la censive de Gautier Pêche-Tout, *Piscantis totum*, et de la dîme du moulin de *Roserolis*. Hamon reçoit un cheval valant vii livres, et Hélie, du fief de qui relèvent ces biens, xx sous, un casque et un cheval valant iv livres. Témoins : Renaud, évêque d'Angers ; Geofroy, trésorier ; Richard de Laval... ; Mainier de Saint-Lô ; Geofroy Tue-Loup ; Guérin de Brain ; Hélie de Morannes ; Hugue de Baracé ; Anger et Jaguelin de Daumeray ; Suhard de Baif ; Guill. de Bierné ; Guiul de la Chevrière.

185 — s. d., même époque. — Concession de la donation précédente, par Garnier Fourier, époux de la sœur d'Hamon, laquelle ne l'avait pas consentie. Garnier, sa femme et son fils Girard Païen reçoivent en retour le bienfait de l'abbaye et xv s.; et autre concession par Guémard, fils de Jaguelin, qui reçoit le même bienfait et v s. Témoins : Ernaud de *Luet*, Alex. de *Igneio*.

186 — s. d., même époque. — Don, par Renaud d'Ecorces, d'une terre à Juigné, près de la terre de Renaud Jérusalem, et de la dîme de sa terre d'Ecorces. Il reçoit le bienfait de l'abbaye et sera inhumé, comme ses frères, par les moines. Peu après, approchant de sa fin, il reçoit l'habit religieux. Sa donation est consentie par son épouse Erembergc et leurs fils Renaud et Morel. Témoins: Geofroy Tue-Loup, moine; Robert, prêtre de Morannes.

187 — s. d., même époque. — Don, par Hamon d'Ecorces, d'une terre du fief de Jaguelin de Daumeray, avec la concession dudit Jaguelin, puis de son fils Guémard, en présence d'Alexandre de *Igniaco* (v. 185).

188 — s. d., vers 1120. — Don d'une rente de II s. et II d. par Renaud d'Ecorces et Morel son frère, avec la concession de *Roscia*, épouse de Renaud. Ils reçoivent, en charité, Renaud xxx s. et Morel xII d. Renaud n'a pas encore d'enfant, ni Morel, d'épouse.

189[1] **— s. d.**, vers 1110. — Don d'une partie d'une ouche près de la maison des moines, par *Doda* et son fils *Firmatus*, avec la concession de l'autre partie si les moines peuvent l'acquérir des oncles de ce dernier. L'acquisition faite, ils nient avoir fait cette concession. La cause est portée devant les juges, et même le duel était prêt quand, en vertu d'un accord, les moines donnent en charité xx sous et gardent toute l'ouche. Témoins : Ivon, prieur; Geofroy Tue-Loup, moine; Hélie de Morannes; Ménard de la Prée; Geofroy *de Hinniaco*; Richard de Sablé.

190 — s. d., vers 1130. — Acquisition d'une partie de ladite ouche, des frères de Doda, de Louarcé et réclamation de

---

(1) L'original des numéros 189 et 1... trouve aux Archives de Maine-et-Loire (H 1079).

leur nièce Marie, fille de Firmatus, qui *vit encore*. Denis, prieur de Juigné, donne x sous et un porc valant II sous.

191 — **s. d.**, 1083-1094. — Don d'une terre par Renaud, surnommé Jérusalem, et réclamation à ce sujet de Hugue, fils de Guismand, et de Guill. de Louarcé, seigneur du fief. On juge que la cause sera tranchée par l'épreuve judiciaire ; mais, au jour fixé, Hugue et Guillaume abandonnent leurs prétentions et l'abbé Achard leur donne en charité xx sous, et à Hugue II arpents de terre pour y construire, à condition qu'il sera son vassal, et que, si ses héritiers directs viennent à manquer, la terre retournera aux moines avec toutes ses constructions. Témoins : Renard, doyen ; Geofroy, chantre.

192 — **s. d.**, même époque. — Confirmation de la donation précédente faite par Hugue et Guill. de Louarcé à l'abbaye de Saint-Serge.

193 — **s. d.**, vers 1155. — Concession de Renaud de Chandemanche, au sujet de la terre de Champelande, dont il avait chassé les vassaux des moines, qui l'avaient, pour cela, cité devant la cour de l'évêque Geofroy. Témoins : L'abbé Guillaume, Aimery de Long-Champ, Raoul de Sobs, Geofroy Sale, prieur.

194 — **s. d.**, même époque. — Don, par Hamelin Fouchard de la censive, qu'Hervé de la Roche tenait de lui. Témoins : Geofroy de Villechien, Païen et Raoul d'Ecorces.

195 — **s. d.**, 1114-1138. — Don de la Filotière, près de Juigné, par le moine Vital du Puy, qui la tenait de Renaud d'Ecorces. Elle était restée inculte par suite des prétentions d'Hélie de Morannes, mais il les abandonna en retour de c sous que lui donna l'abbé Pierre. Témoins : Olivier de *Fanvillariis*, Herbert de Jarzay. Quelques temps après, Geofroy, surnommé Païen, d'Ecorces, fils de Renaud, prétendit n'avoir jamais concédé cette terre. Les moines qui payaient à son père, à ce sujet, une rente de IV sous, sur laquelle il lui avait donné II sous, en paieront III à Geofroy Païen. Témoins : Boemont, archidiacre ; Geofroy Bevin, chanoine ; Haigot de Doussé, Raoul d'Ecorces. Geofroy Païen, qui n'était pas encore marié, renouvelle sa donation dans les mains de l'abbé Hervé (1138-1151).

196 — s. d., 1152-1168. — Réclamation de Païen, fils de Renaud d'Ecorces, au sujet de la dîme d'Examples. Il en reconnaît le mal fondé devant la cour de Morannes, puis, avec son frère Renaud, à l'abbaye de Saint-Serge, sous l'abbé Guillaume et le prieur Denys.

197 — s. d., 1094-1103. — Don d'une terre à Vendreau, par Tesceline, mère d'Yvon, avec la concession de ce dernier. L'abbé Bernard donne en charité, à Tesceline, II setiers de seigle et I de froment, valant X sous VII et III deniers, et à son fils XXXV sous. Témoins : Guill. de Louarcé, Lebert de Morannes.

198 — s. d., 1083-1094. — Don, par Yvon, au temps de l'abbé Achard, de la dîme *totius Vendrei ac Vendrielli cuiusdam bordagii qui Villena vocatur, a quodam possessore etiam bordagium Rainaldi qui cognominatur Jerusalem* et de toute la terre sise entre la Sarthe et le Loir. Il reçoit le bienfait de l'abbaye et VI livres de deniers. Il donne ses dîmes comme il les tenait de Renaud de Château-Gontier, avec la concession de sa mère, d'Hugue de *Moyseo*, son beau-frère, et de son épouse, sœur d'Yvon. Témoins : Hilderius de Baugé, Renier du Bochet, Letard de *Lupetto*.

199 — s. d., même époque. — Consentement à la donation précédente par Renaud de Château-Gontier, qui, sous l'abbé Daibert, avait consenti à toutes les acquisitions que les moines pourraient faire dans son fief : l'abbé Achard donne XII pièces de monnaie à Adélard, fils de Renaud. Témoins : Babin de Sauconnier, Guill. de Sennones, Albéric d'Ampoigné.

200 — s. d., même époque. — Don d'une partie de la dîme de Vendreau, par Tesceline, la mère du moine Yvon, qui en avait la jouissance. Tesceline reçoit XX sous. Témoins : Geofroy et Robert, prêtres de Morannes ; Garnier Bodin, Vivien de Chartres, Aimeri de Saint-Loup.

201 — s. d., 1094-1103. — Les moines échangent, sous le prieur Geofroy, leurs vignes de Château-Gontier, trop éloignées et par conséquent peu utiles, pour la terre de Vendreau, près de leur prieuré, possédée par Yves de Gratte-Cuisse, chevalier ; Yves reçoit en outre, de l'abbé Bernard, LX sous. Témoin : Robert de *Chistrio*.

290 — **s. d., 1138-1151.** — Réclamation d'Hulgot de Doussé, au sujet de la taille de la terre donnée aux moines par Geofroy Haslet. Les moines offrent de recourir à la cour de l'évêque. Robert le Marquis ayant juré sur des reliques que Geofroy Haslet avait vraiment donné ces marais de Venplante, Hulgot finit par s'arranger avec l'abbé Hervé. Témoins : Gaudin de *Vegeia*, Gui de Gratte-Cuisse, Garnier, son frère ; Geofroy Païen, Païen de Fougerolles, Thébaud d'Allencé.

291 — **s. d.** — L'année suivante, Barbot, fils dudit Robert le Marquis, irrité contre les moines, suggère à Hulgot que son père, en mourant, lui a déclaré qu'il avait fait un faux serment, Hulgot, à cette occasion, enlève tout l'orge mûr de la terre des moines dans son fief. Mais il confesse son injustice, et en demande pardon en la réparant. Témoins : Geofroy, prêtre de Baracé, Lucie, mère d'Hulgot ; *Richegarz*, son écuyer.

292 — **s. d., 1138-1151.** — Don d'une partie du marais de Venplante, par Geofroy Haslet. L'abbé Hervé, dans une entrevue à Etriché, promet à Geofroy deux cents messes pour l'âme de sa fille *Otiosa*, femme de Chaden de Daon, morte récemment. Témoins : Hugue de Mathefelon, Garsire du Bignon, Guiterne, son frère ; Joscelin de Doussé, *Heliorz de Troata*, Maurice d'Etriché, Païen de Cimbré, Fouque de Baracé, Païen de Fougeroles, Garnier de Villechien.

293 — **s. d., vers 1110.** — Don de pré aux Loges, par Joscelin de Doussé et sa femme, en faveur d'un enfant qu'ils avaient pris pour filleul, qu'ils avaient élevé jusqu'à l'âge de dix ans et qu'ils voulaient faire moine à Saint-Serge, sous Yvon, prieur de Juigné. Témoins : Geofroy de *Peverleio*, Geofroy des Monts.

294 — **s. d., vers 1130.** — Acquêt par le moine Denys, d'avec Gérard Noir *Groigno* (v. 157), de terre à Champelande *in olchia Coral*.

295 — **s. d., 1083-1094.** — Concession, par Girard, fils d'Hulgot, d'une terre donnée par Robert de Lezigné. Témoins :

l'abbé Achard, Albéric de Laigné, Fouque de Mathefelon, Gui des Vaux, Hugue de Rablay, Hubert, doyen de Saint-Maurice.

296 — s. d., 1083-1094. — Don, par Gautier *Haslet*, de prés dans les îles de la Sarthe et d'une terre de Corzé, sous l'évêque Geofroy. Témoins : Roger de Feneu, Robert de *Malandriaco*, Maurice d'Allencé, Guillaume d'Aussigné. A sa mort, Gautier fut inhumé *in Galilea monasterii*. L'abbé Achard était allé au devant du corps jusqu'à la forêt de la Verrière et promit mille messes pour le repos de son âme.

297 — s. d., 1138-1151. — Arrangement au sujet de ces prés, entre l'abbé Hervé et Girard, fils d'Aimeri de Molières. Témoins : *Paragius, Petral*.

298 — s. d., 1055-1081. — Don, par Geofroy, fils d'Eudon, en faveur de son fils Eudon, moine, de deux mesures, l'une à Juigné, l'autre à Chandemanche, avec le consentement de l'évêque Eusèbe. Les moines ayant commencé à cultiver cette terre, Salomon éleva des prétentions à ce sujet, à cause de sa femme, tante du moine Eudon. *Considerantes monachi salubrius sibi esse cum pace quam cum discordia ullius terram possidere optulerunt eidem Salomoni et dederunt decem libras denariorum et uxori eius unam unciam auri*. Salomon accepte et fait autoriser l'arrangement par ses enfants, Normand, Turpin, et les autres qui pouvaient parler *quicumque iam poterant loqui*. Témoins : Guillaume de Juvardeil, Guérin de Saint-Quentin, *Lisoius* de Craon, *Lisnius de Pestono*, Grossin Main-de-Fer, Rahier de Craon, Guillaume de *Colonis*.

299 — s. d., vers 1070. — Charte de l'évêque Eusèbe, attestant qu'un chevalier, nommé Geofroy, a donné à Saint-Serge, en faveur de son fils Eudon, moine, la terre de Chandemanche comprenant deux mesures à Morannes, avec l'autorisation de ses fils Renaud et Pierre, encore catéchumène. Témoins : Fouque, chapelain ; Hugue le Roux, Eude, chevalier, Hubert de la Porte, Hervé de l'Aunay, Seinfred de Grézigné.

300 — s. d., vers 1074. — Cession, par l'évêque Eusèbe, de sa viguerie et autres coutumes qu'il avait sur les terres précédentes, *Iuthrinni et Campo Dominico*, à la prière de Geofroy et de l'abbé Daibert. Témoins : Geofroy, trésorier ; Robert, doyen ; Fouque, chapelain.

301 — Documents des XIe et XIIe siècles, transcrits en 1375. V. *Appendix*.

302 — s. d., vers 1130. — Don, par Hulgot, fils de Joscelin de Doussé. Fait à Daumeray dans la maison des moines, dans la main de Denys, prieur de Juigné. Témoins : Hugue, prieur de Doussé, Geofroy de *Pererlezio*, Richegarz, son écuyer, Renaud, moine de Daumeray.

303 — s. d., vers 1100. — Don, par Gautier Haslet, de la terre de Corzé, ainsi que de l'île Constance dont il avait hérité de Robert de Lézigné qui la tenait de Vivien de Chartres. Témoins : Renaud d'Ecorces, Robert le Marquis (cf. 296).

V — LE PETIT-MONTREVAULT

commune de Saint-Pierre-de-Maulimart (arr. de Cholet)

Prieuré de Saint-Jean. — Désigné au haut des feuilles du Cartulaire par ces seuls mots : *de Sancto Johanne*. D'après M. Port (Diction. de Maine-et-Loire, *le Petit-Montrevault*), il aurait eu pour origine la donation de l'église de Saint-Jean, rachetée par Bernon, vers 1070. La charte de cette donation fait le n° 351 du Cartulaire : mais, précédemment, les religieux de Saint Serge avaient déjà des attaches dans ce pays. La donation de Saint-Rémy-en-Mauges, faite en 1038, figure la première dans les actes classés sous la rubrique *de Sancto Johanne* (n° 314). Un titre du prieuré de Sceaux rapporte même une concession faite par Adelolme de Tran, contemporain de l'abbé Daibert, au sujet de l'église Saint-Jean-de-Montrevault, que les moines avaient achetée longtemps auparavant (118). Il semble que l'église Saint-Jean faisait partie de l'ancienne donation des biens du pays de Mauges, faite par Renaud. évêque d'Angers (973 1005) ; biens enlevés aux moines dans la suite, et distribués à ses seigneurs par Fouque, comte d'Angers, fondateur du château de Montrevault (314).

Prieurs : *André*, vers 1060 (329, 255, 356). — *Allain*, vers 1110 (327).

Les titres de ce prieuré occupent les cahiers signés vi Qv et vii Qv. Les Archives de Maine-et-Loire n'ont dans le fonds qui lui est consacré (H 1124), qu'une pièce de 1687. En dehors de ce fonds, elles conservent (H 1242), l'original de la charte 314.

314 — 1058 — Don de la moitié de la cour de Saint-Remy, par le vicomte Raoul, lors de la mort d'Emma, vicomtesse du Mans, nièce d'Hubert, de douce mémoire, évêque d'Angers, décédé le ii des ides de septembre mlviii, et inhumée à Saint-Serge, par affection pour son oncle qui y avait été inhumé, par Gervais évêque du Mans, Frédéric, abbé de Saint-Florent, Vulgrim, abbé de Saint-Serge et plus tard, évêque du Mans, en mxlvii, le v des nones de mars. A cette occasion, Raoul, vicomte du Mans, donne ou plutôt restitue aux moines, l'église de Saint-Remy-en-Mauges. Elle leur avait été précédemment donnée par le vénérable Renaud, évêque: *Quando de reliquis alodis suis Metallice regionis et Pictaviensis pagi sancto Mauricio testamentum fecit*. Mais le comte Fouque avait violemment enlevé ces biens à Saint-Maurice et à Saint-Serge ; et, après la construction du château qu'il appela Mont-Rebelle (Mont-Reveau), il les avait distribués à des chevaliers. A cette donation, faite par l'autorité d'Eusèbe, évêque d'Angers, Raoul ajoute d'autres biens dans la forêt et au dehors, et la moitié de la chapelle située près de la forêt. Témoins : Eusèbe, évêque d'Angers ; Thierry, abbé de Saint-Aubin ; Landri, archidiacre ; Renaud, archidiacre ; Adélard de Château-Gontier, Tescelin de Montrevault, Auger de Morannes, Adam des Vaux.

315 — s. d., 1083-1094. — Don du chevalier Hubert *cognomine Barellus*, fait par son fils Robert, avec l'approbation de Mathieu, son autre fils. La donation comprend à Montrevault la masure appelée *Mandremeria*, la borderie de Bademor, une rente au lieu appelé *Caput insule*, une dîme sur une masure près de l'étang du château *quod vocatur Mons Rebellis*, et ce qu'il prétendait sur l'église de Chaudron. L'abbé Achard envoie deux moines à Saint-Christophe où Hubert était malade, pour l'emmener au monastère afin de l'y faire moine. Là, il augmente sa donation, et les moines lui promettent de l'inscrire dans leur martyrologe [1] après sa mort. Témoins : Geofroy, *clericus Restinniacensis*, Renaud de *Ostallo*, Barthélemy de Courcelles, Jean, fils d'Hugue de Saint-Christophe, *Borgo de Sacio*, Aimery de la Pouèze, Païen de Beaumont.

316 — s. d., sous l'abbé Daibert, 1055-1083. — Don, par le même Hubert *Burrellus* de ce qu'il prétendait sur l'église de Chaudron. Il reçoit en récompense LX sous et un cheval de grand prix. Ses fils Mathieu et Robert confirment cette donation. Fait au Chapitre de Saint-Serge. Témoins : Géroire de Beaupréau, Daniel du Palais, Durand *Corsun*, Gautier, neveu de l'abbé.

317 s. d., avant 1058 (cf. 314). — Tescelin de Montrevault et Haldeburge, son épouse, donnent à Saint-Serge, pour le salut de leur fils Hubert qui y repose, la moitié de l'autel de Saint-Rémy, et d'un arpent de vigne, avec l'autorisation d'Aremburge (v. 347), épouse de Rabier de Lué et d'Hubert son fils. *Domnus Radulfus cicecomes et uxor eius Emmelina ex quorum beneficio hec omnia habentur, cum signo sancte crucis notitiam hanc firmaverunt cum filiis suis Huberto scilicet atque Radulfo.* Témoins : Gautier de *Petrenario*, Rabier de Lué, Hubert Borrel, Geofroy de Saint-Quentin, Roger *Franciscus*, Hubert Chevreuil, S. *Radul* † fi, S. *Emme* † line, S. *Huber* † ti, S. *Radul* † fi.

318 — s. d., 1094-1103. — Arrangement avec Geofroy de Saint-Pierre qui, après son mariage avec la fille de Sebrand Rasle, avait élevé des prétentions sur une terre donnée aux moines par ledit Sebrand. Les moines fourniront Sebrand, pendant toute sa vie, de nourriture et de vêtements convenables : il aura autant de pain et autant de vin qu'un moine, et une écuelle pleine de n'importe quel mets, *plenam scutellam qualiscumque pulmenti*, et à la fin de sa vie, on lui donnera l'habit de religieux. Fait, de la part des trois frères de l'épouse de Geofroy, *in manu Lisoii monachi* au Lion d'Angers ; et de la part de

[1] Le *Martyrologe* de Saint-Serge existe encore à la Bibliothèque municipale d'Angers. Les indications de notre Cartulaire pourraient aider à reconnaître plusieurs des personnages qui y sont inscrits.

Geofroy et de son épouse, *in manu domni Bernardi abbatis... in Monte Rebelli castro Normanni, ipso Normanno audiente et orante ut fieret et factum concedente.* Témoins : Geofroy de Vendôme, Raoul de Montjean.

319 — s. d., 1036-1055. — Vente à l'abbé Ulgrim, par Tescelin, fils d'Hilbert, avec le consentement de ses frères Eude et Hubert, d'une terre située près de l'église de Saint-Rémy, avec sa viguerie et toutes ses coutumes. Les moines s'engagent à ne pas recevoir sur cette terre les vassaux de Tescelin sans son consentement. Témoins : *Domnus abba Ulgrinus. Domnus Daibertus mon. Adelardus mon. S. Thescelini senis. S. Adelelmi militis. S. Gaufridi de S. Quintino. S. Frogerii de Blazono. S. Angerii de Camberliaco. S. Sicherii de Vignia. S. Sigefredi vicarii... S. Sauarici ioculatoris. S. Martini Taconis.* L'acte est consenti par Roger de Montrevault, *sub signo sancte crucis, kal. octob. in festivitate. S. Remigii in eadem terra. Nomina filiorum eius. S. Dni Roge ✝ rii. S. Fulconis ✝ S. Roye ✝ rii. S. Rainaldi, S. Ielduini, S. Goffredi.*

320 — s. d., 1094-1103. — Les moines ayant échangé leur terre de Saint-Rémy donnée par Tescelin le Vieux pour une autre à Montrevault avec Renaud de Saint-Rémy, Robert Borrel éleva des réclamations à ce sujet. L'abbé Bernard va à la cour dudit Renaud et, après de nombreuses paroles, s'arrange avec lui. Témoins : Geofroy de Vendôme, Yve l'Anc (cf. 331), Morin de Saint-Rémy, Païen de Gros-Fouil, Aldüin de Saint-Rémy.

321 — s. d., 1133-1138. — Arrangement entre Pinard de Montrevault et les moines qui n'avaient pas d'abbé *eo quod abba deesset*. Pinard ratifie les concessions de son père *necnon etiam presbiteraturam ecclesie. S. Remigii et res ipsius presbiteri.* Fait en la maison des moines de Saint-Florent audit château. Les moines donnent une somme de vin pur.

322 — s. d. — Don de Renaud Vieux-Denier. Il accorde une somme de vin si l'année est bonne; autrement, un coterel.

323 — s. d., vers 1120. — Don par Guillaume Iaius (cf. 331), de la dîme et de la taille d'un quartier de vigne. Témoin : Giraud de Coron.

324 — s. d., vers 1080. — Don d'une dîme à Chaudron, par Guill. Fruissegaut, quand il se fit moine.

325 — s. d. — Don d'une terre par Barbotin avec la concession de Geofroy Gibous, de qui elle relevait, *retentis tantum III nummis pro censu et II pro talleia*. Fait au Chapitre de Saint-Maurille-de-Chalonnes.

[**326**] — Numéro passé.

327 — s. d., vers 1110. — Vente de huit deniers de taille pour VII s. par Garnier Buissel à Alain, prieur de Saint-Jean. Témoins : Yve l'Ane (cf. 320, 331, 352), G. Bevin, Robert *miles Iconis*, Hugue Buissel.

328 — s. d., vers 1100. — Don de huit deniers de taille par Geofroy de Saint-Pierre (cf. 318).

329 — s. d., vers 1060. — Don par Tescelin de Montrevault (cf. 314), de deux borderies au Plessis-Albert de Saint-Rémy. Il reçoit du moine André un âne valant III s. et demi. Témoins : Geofroy de Saint-Quentin, Albert, Renaud et Gauslin de Saint-Rémy.

330 — s. d., même époque. — Retour d'une vigne aux propriétaires du fonds, par suite du non paiement de la redevance par le colon : *Quidam homo habebat dimidium arpennum vinee ab Alberto et Rainaldo de S. Remigio* (329), *de qua reddebat censum et vinagium. Sed dimisit reddere et propter hanc causam reversa est in proprietatem predictorum dominorum qui vendiderunt eam monachis Sancti Sergii. Sed post longum tempus, Ioslenus Britellus, filius hominis illius qui perdiderat vineam, calumpniatus est eam monachis. Monachi vero requisierunt warantos suos, qui cum non possent adquietare vineam, concesserunt censum et vinagium monachis, quod suum erat. Postea vero isdem Ioslenus accepta a monachis una area molendini, dedit et concessit eis vineam liberam et quietam, et sic habuerunt monachi vineam a Iosleno, censum quidem et vinagium a dominis Alberto et Rainaldo. Testes Alduinus de S. Remigio et alii.*

331 — s. d., sous l'abbé Pierre, 1114-1133. — Don de Pierre l'Arbalétrier, quand il se fit moine. Témoins : Normand de Montrevault, Païen son frère, Yve l'Ane, Guill. *Iaio* (cf. 323).

332 — s. d., vers 1100-1120. — Vente d'une terre par Bernard Nid-d'Oie, *Nidus anseris*, au moine Guérin (352). Hugue Buissel (327) et Pierre Galochier (333), touchent chacun v deniers pour les ventes et vii pour la concession.

333 — s. d., vers 1120. — Don, de Geofroy le Clerc, quand il fit moine son fils Pierre, avec la concession de ses neveux Aimeri de Mauges et Maurice de *Escublent*, ledit Maurice son futur héritier. Fait devant Normand de Montrevault. Témoins : Bouchard fils de Pierre l'Arbalétrier (cf. 331) et Pierre Galochier (cf. 332).

334 — s. d., vers 1100. — Liste des témoins d'une donation concernant l'église de Saint-Jean-de-Montrevault et dont le texte manque. Témoins : Nivelon de Vihiers qui fit le don, Girbergue son épouse; *Enisuz*, son beau-père; Dételine, son épouse; Girard, doyen ; Geofroy, fils de Landry *dunensis*; Achard de Vihiers, Gosbert de la Porte.

351 — s. d., sous l'abbé Daibert, 1055-1083. — Bernon, *vicarius*, ayant acheté, de Renaud Burgevin, la moitié de l'église de Saint-Jean située près de l'église de Saint-Pierre-de-Maulimart, la donne aux moines comme il avait achetée, *excepta sepultura consuetudinariorum matris ecclesie S. Petri de Melle marco*, à certaines conditions plus longuement exprimées. Il leur donne aussi d'autres terres et des vignes, la moitié d'une masure de terre au Doré, une terre à Villeneuve, *in castello quoque vicecomitis unum furnile si c sol. redimere voluerint ; medietatem etiam sex castaneorum, insuper et medietatem fructuum castaneorum quos habet de Gosberto Bornio*. Parmi les nombreux témoins de ces différentes donations, figurent : Tescelin le Vieux, Hubert *Barillus*, Hubert Chevreuil, Ermenfred de Montrevault, Thébaud de *Peterecia*. Normand Fouque de Montrevault donne aussi deux places pour faire des maisons dans son château et la dîme de ses châtaigners, avec le consentement de Mahaut, son épouse. Témoins : *Mauriciolus* fils de Girard de Montfaucon et Hugue de Briolay.

352 — s. d., sous l'abbé Bernard, 1094-1103. — Vente d'une terre aux moines Guérin et Déodat, par Renaud de Saint-

Rémy et Albert. Témoins : Hermiot de la Tufflère, Normand de Montrevault, Geofroy de Vendôme, Yve l'Ane.

353 — **s. d.,** vers 1060. — Don de Geofroy de Saint-Quentin, à la chapelle du Puiset. Il pose sa donation sur l'autel, devant Thescelin le Riche, de Montrevault.

354 — **s. d.,** sous l'abbé Daibert, 1055-1083. — Acquisition de terre du chevalier Albert, au territoire de Montrevault, près de Saint-Rémy, avec l'autorisation de Renaud et de Rainon, ses seigneurs, devant Thescelin le Riche, dans le fief duquel elle se trouvait.

355 — **s. d.,** vers 1060 — Droits de vente et d'autorisation. *Notum sit omnibus quod Andreas monachus S. Sergii apud Montem Rebellem emit de Balduino et de Girardo Sutore duos molendinos absque octava parte quam iam habebat. Balduino dedit* xii *sol., et* xii *denarios de venda dedit Tescelino filio Helberti, Girardo dedit* xxviii *sol., et* xiii *denarios de venda Tescelino et* v *solidos pro auctoritate.*

De Walterio fratre Normanni emit dimidium molendinum xxviii *sol., et Siziliie, matri Tescelini, dedit* xiii *denarios de venda et* x *d. de auctoritate.*

De Richerio emit unum quarterium de eodem molendino, xiii *sol., et Sizilie dedit* xiii *denarios de venda et unum sextarium vini optimi de auctoritate.*

De Ernaldo monacho emit unum quarterium de eodem molendino xvi *sol., et Sizilie* xvi *denarios de venda.*

De Helberto emit unum arpentum vinee xvii *sol. totum quietum absque tercia lagena de decima, et dedit vendas Tescelino...*

De Tescelino, filio Helberti, emit unum quarterium vinee solidum et quietum et vinagium de arpento vinee quem emerat de Helberto, et ut auctorizaret de molendino quod ei vendidit Balduinus; pro his tribus causis dedit ei v *sol.*

De Rainaldo Calvo emit dimidium arpentum vinee iii *sol.*

De Herceo Sutore emit unum quarterium vinee, deditque illi unum asinum sub pretio duodecim denariorum de his tribus quarteriis habuit vendas Tescelinus.

De Helberto emit pratum quod est iuxta molendinum v *sol.*

148   CARTULAIRE DE SAINT-SERGE D'ANGERS

et dedit Adelelmo de Brioledo v *obolos de venda et* xii *den. de auctoritate...*

356 — **s. d.**, vers 1060 — Don de vignes au moine André, par Helbert, avec le consentement de son épouse Osanne et de Fantion et Geofroy, enfants d'Osanne, par-devant Adelelme (v. 355) *de cuius casamento est*, et d'une dîme de la vigne *Loco vadit* ou *Loco vadis*.

357 — **s. d.**, sous l'abbé Daibert, 1055-1083. — Arrangement avec Tescelin, fils d'Helbert, qui avait causé de grands torts aux moines, au sujet de l'écluse et des moulins qu'ils tenaient de Tescelin lui-même, près de l'église de Saint-Rémy (v. 355). Fait à Château-Roger. Témoins : Gosbert, prêtre du château du Vicomte ; Geofroy de Saint-Quentin, Bérenger, prêtre : *Gunbaldus socius eius*.

358 — **s. d.**, sous l'abbé Daibert, 1055-1083. — Don, par André Papot, de la moitié de sa part des offrandes en l'église de Saint-Jean, près de l'église de Saint-Pierre-de-Maulimart. Le donateur s'engage aussi à ne céder la moitié de l'église de Saint-Pierre qu'aux moines de Saint-Serge. Témoins : Etienne *de Gisoiis*. Ulgrin de Saint-Serge.

359 — **s. d.**, 1055-1083. — Don, par Renaud Burgevin de Montrevault (cf. 351), de sa part sur l'église et sur l'autel de Saint-Jean, près de l'église de Saint-Pierre-de-Maulimart. Fait à Saint-Serge, devant le crucifix. L'abbé Daibert lui donne *unam culcitam, et unum pulvinar, unum linteolum et unum villosum, ut per futuras generationes hoc foret supradicti doni testimonium*. Témoins : Tescelin, fils d'Helbert, Etienne de Gisoiis.

VI. PRIEURÉ DE SAINT-MÉLAINE (arr. d'Angers)

Sa fondation remonte à la donation de l'évêque Renaud (973-1005) qui comprend *ecclesiam S. Melanii ultra Ligerim*.

PRIEURS : *Gautier Buort*, sous l'abbé Bernard (220) ; *Geofroy* (222), sous l'abbé Pierre (217-224).

Le fief des moines de Saint-Serge s'étend dans les paroisses de Saint-Mélaine, Erigné, Juigné, Soulaine et Charcé. (Archives de Maine-et-Loire, H 1160 et suivants).

Les titres de ce prieuré occupent le cahier XIX. Les Archives de Maine-et-Loire (H 1156-1191) n'en ont conservé ni original ni copie. Le plus ancien titre qu'elles possèdent sur cet établissement est une charte de 1160 environ, relative à un moulin *in vado quod vocatur Aubantia* (H 1156). Le Cartulaire de Saint-Serge n'a pas inséré cette charte, mais il en a, sur le même sujet, une autre (220), plus ancienne, passée au temps de l'abbé Bernard.

213 — s. d., 1055-1083. — Hugue, fils d'Hugue Normand, moine de Saint-Serge, ayant engagé une dîme donnée par son père, au lieu de Claye, du vivant de l'abbé Hubert (vers 1030), la restitue à l'abbaye, et reçoit de l'abbé Daibert LX sous. Témoins : Etienne de *Iesois* ; Gautier, neveu de l'abbé, Guihenoc de Rennes.

214 — s. d., même époque. — Don de Guillaume, vassal dudit Hugue, et concession de ce dernier.

215 — s. d., sous l'abbé Achard, 1083-1094. — Don par ledit Hugue d'une terre *ante portam municipii sui*. Témoin : Anquetil *homo monachorum*.

216 — s. d., vers 1100. — Hugue le Jeune, fils d'Hugue de Claye, se trouvant à Saint-Serge pour l'inhumation de son père, ainsi que ses frères Renaume et Eude, et son cousin Barthélemy de Murs, confirme les donations de son père pour le salut de ses parents, à savoir ledit Hugue et Cécile qui sont inscrits ce même jour au martyrologe de l'abbaye. Témoins : Barthelemy de Murs, neveu dudit Hugue ; Normand d'Erigné ; Hugue son frère ; Maurice de Mozé ; Anquetil.

217 — s. d., 1114-1133. — Don par Eude, fils d'Hugue de Claye, quand il prit l'habit, de la terre de la Fosse, située au-delà de la Loire, à Saint-Mélaine, avec la concession de ses frères Hugue et Renaume, et d'Hugue, neveu d'Eude ; confirmation du même don, lors d'un voyage de l'abbé Pierre à Claye, par Hugue, Renaume et Geofroy, frères d'Eude ; Thiphaine, épouse d'Hugue ; les neveux d'Eude, fils d'Hugue, nommés Hugue, Geofroy et Mathieu, et leurs sœurs Cécile, Marie et Laurence, et Cécile *filia Salamacis*. Ils posent le don dans la main de l'abbé, avec leur couteau. Témoins : Geofroy, prieur de Saint-Mélaine ; Jean de Rochefort ; Grossus *de Luet*. L'abbé leur donne des palefrois ou de l'argent pour leur concession.

218 — s. d., sous l'abbé Pierre, 1114-1133. — Concession du don précédent par le comte Fouque et Geofroy, son fils, dans la demeure de Geofroy de Ramefort. Témoin : Geofroy des Verrières.

219 — s. d., 1138-1151. — Hugue le Jeune, fils d'Hugue, *cum factus esset miles*, ayant essayé de reprendre ce qu'il avait accordé avec son père, reçoit de l'abbé Hervé xl sous en charité et le bienfait de l'abbaye : puis, après avoir embrassé de rang les moines, abandonne ses prétentions. Témoin : Graflon, chantre de Saint-Maurice.

220 — s. d., sous l'abbé Bernard, 1094-1103. — Arrangement entre Gautier Buord, qui dirigeait l'obédience de Saint-Mélaine, et Abelin, au sujet d'une terre située sur le cours d'eau appelé *Albantia*. On avait d'abord fixé un terme pour le jugement à Saint-Venance-de-Murs ; mais l'arrangement se fit ensuite à l'amiable. Témoins : Hugue de Claye, Fouque de Murs, son neveu, Renaud Belle-Tête, Geofroy de Saint-Mélaine, Anquetil.

221 — s. d., vers 1110. — Guérin de Brain (184) ayant acquis pour le compte des moines, une terre de Geofroy de Briolay, prie ensuite les moines de la concéder à son neveu Eude, durant sa vie. A sa mort, Eude restitua cette terre avec le consentement de ses sœurs, Laurence et Hersende ; Hersende, après son mariage, ayant élevé des réclamations sur cette terre, y renonce ainsi que son époux Jean et ses fils, Pierre et Julien. Tous reçoivent le bienfait de l'abbaye, et de plus, en charité, Jean xvi sous, sa femme ii sous, chaque enfant vi deniers. Témoin : Gautier de Tessigné.

222 — s. d., vers 1120. — Acquisition d'un arpent de vigne pour xl sous, par le moine Geofroy. Témoins : Goslen de

Saint-Mélaine, Ernaud des Brosses, Benoît, chevalier, de Soulaines. Taillefer, devenu chevalier, ayant émis des prétentions sur cette vigne, dont il avait consenti la vente, et l'ayant arrachée en partie, on porte l'affaire à la Cour du seigneur Normand, archidiacre, devant lequel il reconnaît son tort. Témoins : Geofroy de l'Aleu, Atson de Juigné.

223 — s. d., même époque ? — Don par Maurice *Garrel* de Mozé : 1º de la dîme qu'il avait dans cette paroisse, avec la concession de Thébaud, son beau-frère, et de ses enfants ; 2º d'un pré, avec la concession de ses frères, Garnier et Bardou. Témoins : Guil. du Plessis, Ernaud des Brosses et Agathe, *domina eiusdem ville*.

224 — s. d., sous l'abbé Pierre 1114-1133. Don par Sarrazine, épouse de Mathieu de Beaupréau, de la dîme d'une terre à *Boschet*, avec le consentement de son époux et de son frère Renaud de *Calugniaco*. On l'inhumera à Saint-Serge et on inscrira son nom dans le martyrologe de l'abbaye. Témoin : Geofroy, prieur de Saint-Mélaine.

Peu d'années après, Mathieu de Beaupréau, sur le point de mourir, fait venir Geofroy, prieur de Saint-Mélaine, pour en recevoir l'habit religieux. Il donne à l'abbaye six setrées et une minée de terre et deux deniers de rente. Témoins : Pierre de Montsabert, Pierre de Saint-Saturnin, Hugue de *Roem*.

225 — s. d., sous les abbés Gautier et Hervé. — Don en viager, par les moines, à Anquetil, leur serviteur, d'une terre à Haute-Perche. En se faisant moine, il la leur remet, du consentement de son épouse et de ses fils, Maurice et Hugue, et leur donne la terre des Landes et un pré *in Luet*. Témoins : l'abbé Gautier, Hervé, moine et depuis abbé. Les moines jouirent tranquillement de ces biens pendant plus de sept ans. Mais après la mort desdits Maurice et Hugue, Benoîte, fille d'Anquetil, élève, à ce sujet, des réclamations. Elle reconnaît enfin ses torts, *torturam suam recognoscens*, en présence de l'abbé Hervé. Témoins : Gautier de la Roche, Hubert de Martigné.

VII — SCEAUX (arr. de Segré)

Prieuré de Saint-Martin. — Sa fondation remonte à la donation de l'évêque Renaud (973-1005), qui comprend les deux églises de Sceaux et de Thorigné, *duas ecclesias Celsum et Thoriniacum inter Sartam et Meduanam* (301).

PRIEURS : *Rivaldus de Tasleia*, vers 1100 (125) ; *Rivalon Bucel* ou *Bocel*, sous les abbés Pierre (180) et Hervé (181). Il vivait encore sous l'abbé Guillaume, mais sans la qualité de prieur, portée alors par *Geofroy* ; *Silvestre*, sous l'abbé Hervé (179) ; *Geofroy*, sous l'abbé Guillaume (182) ; *Renaud de Longchamp*, vers 1207.

Les chartes de ce prieuré occupent les cahiers signés : XIII Qv et XVI Qv. Les Archives de Maine-et-Loire conservent sur ce prieuré une charte originale du XIe siècle, une du XIIe siècle et plusieurs du XIIIe siècle (H 1193-1214), ainsi que plusieurs copies tirées, au XVIIe siècle, de notre manuscrit.

115 — s. d., sous l'abbé Achard, 1083-1094. — Echange, avec les chanoines de Saint-Maurice, d'une terre de la paroisse de Sceaux, acquise de différents seigneurs par le chantre Girard, et qui coûtait plus qu'elle ne rapportait aux chanoines, et des vignes de Mont-Riou. Les moines donnent entre autres choses un arpent de vigne estimé xx livres de deniers. L'échange est confirmé deux fois publiquement *in capitulo sancte Matris Ecclesie Andecavensis primo sub presentia Domni Eusebi episcopi, secundo sub presentia Domni Gaufridi episcopi. Porro testes qui huic rei interfuerunt, quia tam multi sunt ut si omnes hic annotarentur, modus excederetur quosdam nominatim subscripsimus.* Témoins : Renaud, doyen ; *Marbodus* [1].

116 — s. d., même époque. — Autorisation de l'échange précédent, par Artaud de Briolay et Alsende, son épouse, *Drogo Forestarius*, Durand de Facé, Renaud d'Iré. Témoins : Jean de Riaden, Ascelin et *Drogo* de Sceaux, Berard de Thorigné. *Et ne*

---

[1] C'est le célèbre évêque de Rennes.

res incredibilis videatur, pro concessione huius commutationis habuit Rainaldus de Iri, L s., Drogo de Truinniaco et Adelaida eius uxor xx s., Goffredus Grosse, x s., Durandus de Fasciaco, v s., Frotmundus Turius IIII s., Poncilinus II s., Eudo de Monte Riulfi v s., Mainerius v s.

117 — s. d., vers 1110. - Don de Geoffroy de Briollay, (v. 173), père de dame Chevrière.

118 — s. d., 1055-1083. — Concession, par Adelelme de Tran (cf. 120), de ce que les moines avaient acheté ou possédaient dans son fief, savoir : l'église de Saint-Jean-Baptiste à Montrevault, la dîme « *inter Sartam et Meduanam, loco qui Celsus nominatur* », une dîme acquise de Renaud de Facé ; il confirme cette concession au Chapitre de Saint-Serge, avec Agnès, son épouse, et Burchard, son fils. Témoins : Burchard, frère d'Amerland de Tessecourt ; Guérin le Médecin, Gautier Papeau.

119 — s. d., vers 1138. — Rappel que les hommes qui habitent dans le bois des Troncs ne peuvent rien prendre pour eux de ce bois (cf. 181).

120 — s. d., 1055-1083. — Don de la dîme de Facé à l'abbé Daibert, par Sevald, vassal d'Adelelme de Tran, et son oncle Hélye, avec l'autorisation dudit Adelelme (v. 118), qui reçoit xxx sous en charité. Témoins : Gérard *Mercator de Sancta Maria*, Etienne *de Gisoiis*, Adam *homo S. Sergii*.

121 — s. d., même époque. — Concession, par Hugue, *capitalis terre dominus*, de la dîme acquise de Renaud de Facé, *inter Sartam et Meduanam apud villam Loellam*. Fait à Ecuillé. Témoins : Fromond de Cheffes, Ponce de Soudon, Bernard, fils de Normand de Souzé ; Ascelin et. Giroire d'Ecuillé, Renaud et Durand, de Facé.

122 — s. d., vers 1140. — Don par Guillaume, fils de *Bartolot* de Champigné, de la dîme du premier moulin qu'il avait fait construire. Il reçoit en charité XL sols, à la place du palefroi qu'il avait demandé au prieur Rivallon.

123 — s. d. — Don par *Dometa*, épouse de Giraud de la

Violette, d'une rente d'un coteret de vin pur, *unum costerecium vini meri, in tempore vindemiarum.*

124 — s. d., 1055-1083. — Abandon par Hubert de Varennes de ses prétentions sur la dîme de Montriou. Vaslin, fils d'Hubert, n'ayant pas voulu d'abord ratifier cet abandon, revient à de meilleurs sentiments et obtient des moines qu'ils enterreront son père et son frère Cochard. Pour lui, s'il meurt à Château-Gontier, les moines transporteront son corps à Saint-Serge, s'ils sont prévenus de sa mort. La donation faite en la main de l'abbé Daibert, est déposée sur l'autel de Saint-Serge. Témoins : Hubert, père de Vaslin ; Cochard, son frère ; Lambert, *scriptor episcopi* ; Thébaud *Papans Bovem.*

125 — s. d., vers 1090. — Arrangement entre le moine Gautier Buort et Fromond Turlus (n° 116), au sujet d'une rente de xx deniers. Témoins : Albéric de Tessecourt, Ansald de Champigné, Geofroy Poidras.

126 — n. d., sous l'abbé Pierre, 1114-1133. — Geofroy *Destueis*, héritier dudit Fromond, ayant troublé les moines au sujet de l'arrangement précédent, est forcé de reconnaître leurs droits. Témoins : Raoul de Grez, Hubert de Champigné, Hervé de Morte-Fontaine.

127 — s. d., 1055-1083. — Don par Renaud, fils d'Hubert d'Iré, quand il accompagna le corps de son père pour le faire inhumer à Saint-Serge, d'une terre à Sceaux et à Thorigné, *quantum una carruca duabus sationibus arare potest*. Le don fait dans la main de l'abbé Daibert, est ensuite déposé sur l'autel de Saint-Serge. Témoins : Hugue des Jonchères, *Hugo siniscallus, Gaufridus vicecomes.*

128 — s. d., sous l'abbé Hervé 1138-1151. — Don, par Gui du Chastelet, d'un droit sur la terre des Cormiers, à Sceaux, et ratification de ce don pour v livres par son fils Lisiard qui l'avait contesté.

129 — s. d., 1125-1133. — *De Longanaia.* Pierre, indigne ministre des saints martyrs Serge et Bach, par le conseil de Rév. seigneur Ulger, évêque d'Angers et l'approbation de Geofroy, doyen de Saint-Maurice, Boemond et Richard Normand archidiacres, concède à des frères qui avaient acquis un cimetière dans la paroisse de Saint-Martin-de-Sceaux, la permission d'y avoir un oratoire, sauf toutefois les droits de la mère église.

130 — s. d., 1114-1124. — *De ecclesia Soreelle noticia.* Pierre, abbé de Saint-Serge, à la prière de vénérable Renaud, évêque d'Angers, donne à l'église de Sainte-Marie de Nid-d'Oiseau, par la main du dit seigneur Renaud, dans la main d'Eremburge, première abbesse dudit lieu, et dans la main de maître Salomon, l'église de Soucelles, excepté la sépulture des héritiers de Morin *de Alueriis*. A la mort de chaque moine de Saint-Serge, les religieuses feront célébrer une messe dans leur couvent, et chacune d'elles chantera un psaume. Les moines pourront présenter une religieuse à Nid-d'Oiseau ; s'ils en présentent une seconde, les religieuses la recevront, mais elle sera habillée aux frais des moines qui donneront en outre, pour elle, LX sous, tandis qu'ils ne donneront rien pour la première. Si les religieuses abandonnent ce bien, il retournera à l'abbaye de Saint-Serge avec toutes ses constructions. *Monachi vero recipient breve monacharum et ad obitum earum facient dignum servicium.*

131 — s. d., 1114-1123. — Arrangement entre les moines et André de Viviers. Les moines ne payeront pas la taille, *nisi pro captione sui corporis, aut pro filio suo cum miles factus fuerit, aut pro filia sua primogenita cum maritum acceperit.* Témoins : Hubert de Champigné (cf. 126), Barthelémy son fils, Rahier de la Place, Raoul de Grez, Benoit de Chefles.

132 — s. d., sous l'abbé Achard, 1083-1094. — Concession par Guillaume de Feneu des dîmes de Montriou, et de ce qu'il avait dans son fief, à Thorigné. Témoins : Jourdain de la Boirie, Geofroy *de Teleio*.

133 — s. d., vers 1080 (cf. 125). — Don par Guinebert des Cormiers de la terre *que vocatur de Sepi*. Témoins : Renaud de la Varenne, Isembart de Sceaux, Fromond *Turtus*.

134 — s. d., sous l'abbé Achard, 1083-1094. — Don par Menier, fils d'Alburge, de la moitié d'un arpent de vigne, avec la concession d'Eudon de Montriou, *de cuius erat beneficio*.

135 — s. d., même époque. — Don à l'abbé Achard, par Geofroy, *filius Grosse*, de droits à Sceaux aux Cormiers, près de son plessis, et de la moitié des noues *de Longalistra*. Il fait consentir ses sœurs à ce don.

171 — s. d., vers 1102-1113. — Thébaud de Fontenelles réclamant des moines une redevance qu'ils ne lui devaient pas sur la terre de la Tremblaie, et ayant enlevé et gardé longtemps la chape d'Etienne, homme des moines, est assigné par eux par devant Rahier de la Place (v. n° 173), son seigneur. Au jour dit, les moines se présentent, mais Thébaud, sentant l'injustice de sa cause, fait défaut.

172 — s. d., sous l'abbé Daibert, 1055-1083. — Don, par Gombaud, de terres à Sceaux, et réclamations à ce sujet. Témoins : Renaud d'Iré, Renaud Meschin, Albéric *Ferlus*, *Drogo Forestarius*, Ascelin de Sceaux, Renaud de Tessecourt, Yves de Grez, Jean *de Riaden*.

173 — s. d., 1103-1114. — Concession au sujet de la terre précédente, de Rahier de la Place, époux de la fille d'Hamelin, fils de Wicher. Fait dans la cour de Geofroy de Briolay. Témoins : l'abbé Gautier, Fouque *de Matefelun*, Guillaume de Fencu, Burchard de Grez, Guy *de Fuzeila*.

174 — s. d., sous l'abbé Gautier 1103-1114. — Abandon de réclamations sur cette terre, par le neveu d'Hamelin.

175 — s. d., sous l'abbé Geofroy I, 1207-1212. — Concession d'une dîme sur la terre des Bignons, par Nicolas Pierre de Seurdres qui reçoit, en retour, xv livres monnaie d'Angers. Témoins : Geofroy Pierre, son frère ; Alard de Saint-Laurent, *Turrel de Bierne*, Etienne de Floué. Confirmé à Seurdres : *et quia sigillum proprium non habebam, dominus episc. undeg. et archid. transmeduan. ad petitionem meam suis sigillis presentem paginam roboraverunt.*

176 — s. d., vers 1130. — Don de Rahier de la Place au jour de l'inhumation de son épouse à Saint-Serge, avec le consentement de ses enfants : Mathieu, Geofroy, Rahier et Hamelin. Témoin : Guillaume, prêtre de Saint-Michel.

177 — s. d., sous l'abbé Geofroy I, 1207-1212. — Concession par Hamelin de la Place, de la terre du *Faveriz*, à Sceaux. Témoin : Renaud de Longchamp, prieur de Sceaux : *Gaufrido Jesse armario abbatie et Philippo de Noient, monachis, Billeio de Soleire, Erneis de Daon, Rob. Ancher, mililibus, Raherio fratre meo qui benigne hoc concessit ;* Hamelin de Chatillon, Etienne de Floué.

178 — s. d., 1055-1083. — Don d'Herbert de Sceaux et de sa femme : à la mort de l'un d'eux, les moines auront un quartier de vigne et toute sa part. Témoin : Gautier, neveu de l'abbé Daibert.

179 — s. d., sous l'abbé Hervé, 1138-1151. — Echange avec Richard de *Loires*, des droits que les moines avaient à Sceaux au fief de Rahier de la Place, pour ceux que le dit Richard avait dans le fief de Berthelot de Champigné. Les moines donnent à Richard un cheval de L sous ; à Rahier, pour son consentement, un cheval et x sous ; à ses fils Mathieu et Geofroy, v et III sous. Témoins : André de *Charnacé*, Geofroy *Charpi*, Silvestre, prieur de Sceaux, qui paya toutes les dépenses.

180 — s. d., 1114-1133. — Concession par l'abbé Pierre à Bartholot de Champigné, d'une place pour faire une maison dans le cimetière de Sceaux, *tali conditione ut quicquid in ea suum proprium fuerit liberum ab omni consuetudine præter sacrilegium habeat.* Il paiera une rente de II sous IV deniers, à la Saint Laurent. Mais, comme les moines lui doivent une rente de VIII sous IV deniers à la foire d'Angers, *ad feram andecavinam inter servicium et pastum,* ils retiendront sur cette redevance la rente qui leur est due, si elle n'est pas payée autrement. Témoins : Hervé, moine, *qui postea fuit abbas,* Freslon, frère de Bartholot.

181 — s. d., 1138-1151. — Don par Gui du Chastelet de droits sur la terre des Troncs, confirmé par son fils Lisiard, son épouse, Berthe, et ses enfants, Pierre et Mabile. Témoins : l'abbé Hervé, Rivallon Bocel, prieur de Sceaux ; Ernaud et Raoul de Grez, Gautier l'Anglais.

182 — s. d., 1158-1162. — Pierre, fils de Lisiard, *iam factus miles,* ayant inquiété les moines au sujet du don précédent, est cité par eux devant la cour de l'évêque Mathieu (1155-1162). Il récuse son jugement et s'en va. Les moines, voyant qu'ils ne peuvent obtenir justice par le moyen de la Cour ecclésiastique, recourent, parce qu'ils y sont forcés, à la Cour séculière, *et Ugonem filium Pipini Turonensis Castelli novi tunc temporis siniscalli, ut causam eorum audiret rogaverunt.* On se réunit devant le sénéchal, et Pierre, de l'avis de ses amis, se décida à reconnaître le droit des moines et porta de sa main l'acte d'accord, sur l'autel de Saint-Martin-de-Sceaux. Témoins : l'abbé Guillaume, Rivalon *Bocel*, Ansger, prieur de Thorigné ; Geofroy, prieur de Sceaux ; Hubert, prieur d'Huillé ; Hugue le Sénéchal ; Fouque de Clefs, Guillaume de Champigné, Freslon de Champigné, André *de Charnacé*, Fromond de Feneu.

183 — **s. d.** — Don de Geofroy de la Cropte avec le consentement de sa femme, de sa sœur Fillote, et de Renaud, fils de Fillote. Témoins : Herbert de la Varenne, Renaud *de Ruga.*

VIII. — THORIGNÉ (arr. de Segré)

Prieuré de Saint-Martin. — Fondé sur le fonds donné à Saint-Serge par l'évêque Renaud (973-1005) (v. Sceaux, p. 152).

PRIEUR : *Anger*, vers 1160 (182, 212).

Les titres de ce prieuré occupent les cahiers signés xii Qv et xiii Qv. L'*Inventaire des Archives de Maine-et-Loire*, H 1214, donne, pour le XIIe siècle, sur cet établissement, deux titres qui manquent à notre Cartulaire, et quelques copies qui en ont été tirées au XVIIe siècle.

103 — **s. d., 1125** (n. s.). — Accord entre Pierre, abbé de Saint-Serge, et Hamelin, abbé de Saint-Aubin, au sujet de l'écluse de Varennes, voisine des écluses de la Roussière, de Sautré et de Grez, et dont les mesures avaient été déterminées par Girard, abbé de Saint-Aubin, et Bernard, abbé de Saint-Serge. Charte de l'évêque Renaud, datée du v des ides de janvier,

Indict. sec. M. C. XX. III. [1] Témoins : Gilbert, archevêque de Tours ; Lisiard de Sablé ; Païen et Rolland de Montrevault ; Ulger, archidiacre ; Richard, archidiacre ; Rouaud et Gratien, chanoines ; Geofroy de Feneu ; Raoul de Grez ; Geofroy de *Sancthe;* Odo des Aleux ; Pichon de la Guerche ; Guy Charboneau.

104 — s. d., 1055-1089. — Don, par Oger de Thorigné, d'une terre chargée d'une redevance envers Girard Ascelin *de Curum*, et arrangement relatif au fossé d'un moulin. Témoins : Gautier, neveu de l'abbé ; Pierre *de Alberiis*.

105 — s. d., même époque. — Don, par Bodin, de la terre de Varennes ; abandon de prétentions à ce sujet par Gautier de *Voltia* et son épouse, fille d'Hulin de Quincé. Témoins : Pierre de *Alberiis*, Fromond de Feneu.

106 — s. d., 26 mars 1111 [2]. — Don de la terre appelée la Bodinière, située entre Thorigné et les moulins de Varennes, par Gautier, surnommé le Médecin, avec le consentement d'Hamelin *de Sivreio* et d'Auger de Marigné, *de quorum casamento erat*, qui déposèrent leur concession sur l'autel de Saint-Serge pendant que le seigneur Gautier y célébrait la messe ; et de Gosbert de Sauconnier, *capitalis dominus*, et de Garnier son frère. L'abbaye donnera audit Gautier, pendant toute sa vie, la nourriture et le vêtement d'un moine. Témoins : *Nichol* de Neuville, Geofroy de Floué. *Actum VII Kal. april, in Ramis palmarum.*

107 — s. d., vers 1080. — Don d'une mesure à Thorigné par Gosbert, chevalier, fils de Guicher, et Adelaïde, son épouse, avec l'autorisation d'Hubert d'Iré, son seigneur, oncle d'Adelaïde. Le vilain qui tiendra cette mesure pourra prendre

(1) Cet acte prouve qu'il faut prolonger jusqu'en janvier 1125 (n. s.) l'épiscopat de Renaud, qui eut pour successeur cette même année, sur le siège d'Angers, Ulger, qui paraît parmi les témoins avec la qualité d'archidiacre.

(2) La date exacte de cet acte nous est fournie par l'indication suivante : *Fait le VII des Kal. d'avril, le jour des Rameaux.* Il suffit de chercher sous l'abbé Gautier, par conséquent de 1103 à 1114, l'année où le dimanche des Rameaux tomba le VII des Kal. d'avril, ou 26 mars, ce qui, dans cet intervalle d'années, n'arriva qu'une fois, en 1111, où Pâques tomba le 2 avril.

dans la forêt du bois sec, pour se chauffer, et du bois vert, pour réparer les bâtiments, mais ne pourra pas en vendre. Témoins : Jean de Jalesnes, Hubert de Chanzé, Bertrand de Champigné, Hubert de Sélaines, Gaudin de *Chiriaco*, Ménard de Thorigné, Etienne de *Gisois*.

108 — s. d., 1055-1083. — Abandon, par Eude de Chemazé, de prétentions sur la terre et le moulin de Varennes ; il met sa donation d'abord dans la main de l'abbé Daibert, puis sur l'autel de Saint-Serge. Témoins : Eude et Hugue de Blaison, *Hato* de Saint-Samson.

109 — s. d., même époque. — Concession par Maurice de Chemazé de tout ce que les moines tenaient de son fief, surtout de la terre de Varennes. Témoins : Maurice et Adelard son fils qui fait la même concession, Hervé de Baugé, Geofroy de *Alberiis*.

110 — s. d., 1082-1101. — Don. par Bernier et Giraud, fils d'Andefred, bourgeois d'Angers, de ce qu'ils avaient sur les moulins de Varennes. Confirmé par le dit Giraud, dans la cour du seigneur Geofroy, évêque, sous l'ormeau. Témoin : Renaud de *Vulventio*.

111 — s. d., vers 1130. — Don. de Mainard de Grez, fait d'abord dans la main du moine Michel, et porté ensuite avec un livre manuel sur l'autel de Saint-Martin. *Concedente Hugone de Greio* (v. 236) *qui de eadem terra servicium habebat, qui et huius doni cessionem in manu iam dicti Michaelis misit.* Témoins : Renaud de la Barbée, Richard de Morte-Fontaine, André de Poligné.

112 — s. d., sous l'abbé Daibert, 1055-1083. — Don d'une masure à Varennes, par Guinebert Bodin, avec l'autorisation de Gautier le Sénéchal qui la tenait de Rahier de Craon, dudit Rahier, d'Hugolin frère de Gautier le Sénéchal, de Geofroy de Quincé, de son épouse et de son fillâtre Geofroy *ad quem honor pertinebat*. Les moines donneront chaque année IV sols, *pro militari servicio*, à Geofroy de Quincé tant qu'il tiendra le fief de son fillâtre, puis, après sa mort, à son fillâtre. Ledit Geofroy aura à Sceaux une maison franche, de quatre toises de long et de large. *Domum IIII teisarum in longum et in latum.*

La donation est déposée sur l'autel de Saint-Serge par tous ceux qui y prennent part.

113 — s. d., vers 1090 (v. 204). — Don de la terre voisine de la porte de Saint-Martin, à droite en sortant, jusqu'au ruisseau et au moulin, par Oger, avec le consentement de Giraud et de Popelin, *capitalis dominus*, de Bernon son frère, *accepto renone*. Témoins : Gosbert *Tuisun*, Robert *Bigot*, Martin de Hoges, Geofroy de la Porte.

136 — s. d., 1055-1083. — Don de la terre de Poligné par Jean l'Anguille et ses frères, avec le consentement de Garnier de Juigné et *Maineldis eius uxor que in mariagio terram habebat, de quibus Ioh. terram tenebat*, et d'Hubert de Chenillé, *de quo Ioh. tenebat, et ipse a Warnerio*. La donation est déposée sur l'autel de Saint-Serge. Témoins : Ernou frère de Goslen, chanoine de Saint-Lô; Constant de Rochefort, Jean, prêtre du Plessis; Goslin de Feneu. La donation est confirmée, dans la suite, sous l'abbé Daibert. Témoin : Guérin *Aloa*.

137 — s. d., même époque. — Concession, par Roger de Montrevault, *capitalis dominus terre de Polinniaco*, de tout ce que les moines avaient dans cette terre. Fait à son château de Montrevault. Témoins : Robert de Châteauceaux, *Effredus* de Château-Renier, Cirbert de Loudun, Bernier Bodin, Renaud Bodin, Guérin *Aloa*. (cf. 136.)

138 — s. d., 1083-1094. — Abandon, par Guillaume, fils de Garnier de Juigné, de ses prétentions sur la terre de Poligné. La donation est faite dans la main de l'abbé Achard, puis posée sur l'autel. Témoins : Poelin de Vernée, Babin.

139 — s. d., même époque. — Don, par Guincbert de Poligné quand il se fit moine, de ce qu'il avait dans la terre de Poligné. Témoins : Richard *de Nemore*, Geofroy de Thorigné, *Ogerius Forestarius, Lisoius monachus*.

139 bis — s. d., même époque. — Abandon, par Gui, fils d'Ascelin, de ce qu'il prétendait sur la terre de Poligné, avec le consentement de son frère Eude, surnommé Barbotin, qui reçoit, en récompense, des souliers. Témoins : Gérard *Coquus*, Wigrim. *Ogerius Forestarius*.

140 — s. d., sous l'abbé Achard, 1083-1094. — Don d'une terre à Poligné par Durand de Facé. Il ira à Saint-Serge avec sa femme, quand elle sera guérie, confirmer cette donation déjà faite à l'abbé Achard et renouvelée dans les mains des moines Yve de Grez et Grégoire à Poligné. Témoins : O. de Neuville, Gautier, surnommé *Cum oculis*.

141 — s. d., même époque. — Don de la terre de Hoges par Hunebaud, chevalier, vassal de Burcard de Grez, avec la concession de Burcard, seigneur d'Hunebaud. Fait à Grez, dans la main du moine Yves, frère du même Burcard. Témoins : Goslen de Doué, neveu de Burcard, Robert des Essarts, Thébaud d'Ampoigné.

142 — s. d. — Don, par un chevalier nommé Popin, fils de Roger du Bois, d'une terre à Aussigné. Fait au Plessis-Macé. Témoins : Pierre du Plessis, Lambert de *Pende Latronem*.

143 — s. d., sous l'abbé Achard, 1083-1094. — Don, par Guillaume de Feneu, de la dîme de Montriou. Témoins : Jourdain de la Boirie, Geofroy de *Teleio*.

144 — s. d., 1103-1114. — Guillaume de Vernée réclamant à tort diverses redevances entre autres *summerium in exercitu*, et ayant causé des dommages aux moines, *preda reddita, pro forfacto venit Torinniacum et discalliatus venit cum virga ante altare et satisfecit domno Walterio abbati, et monachis eius.* Témoins : *Decanus Richardus S. Mauritii*, Burchard de Grez, Raoul son fils.

145 — s. d., vers 1070. — Au temps de Burcard et d'Ingelger, fondateurs du prieuré de Saint-Marcel (de Briolay fondé vers 1032-1036), un chevalier nommé Geofroy, époux de *Manissa*, fille de Marmion, avait donné à Saint-Marcel des terres sises à Bauné et à Thorigné. Après la mort de Geofroy, un chevalier nommé Hubert, fils d'Albéric d'Iré, *de genere Marmionis*, ayant élevé des prétentions sur cette terre y renonce. Témoins : *Dominus Ingelgerius, Ermensendis uxor eius, Gosfridus filius eorum*. Burchard de Cimbré, Burchard de Soucelles, Fromond de Grez.

146 — s. d., même époque. — Abandon de prétentions sur cette terre par Bernard fils de Brunon. Fait *in placitum ante* *dominum Ingelgerium et Hubertum.* Témoins : Hildeman d'Aussigné, Sebrand *qui Mischinus vocabatur*, Arnoul de Verrigné.

147 — 1070, n. s. — Don, par Albéric *de Orbesciaco* et son épouse Bernelde, de mesures qu'ils tenaient de leur seigneur Ermengis, surnommé Goscelin, fils de Gautier *Infedi*, d'une vigne située devant l'église de Saint-Martin-du-Bois, et d'une maison située dans le cimetière de Saint-Martin, qu'ils tenaient de Geofroy, fils d'Yvon du château de Segré. Témoins : Geofroy fils de Geofroy *de Noda*, Lambert *de Hulsedo*, Mainard de Morte-Fontaine, Gautier neveu de l'abbé. *Anno* M LXIX *feria* III *ante caput ieiunii* (16 février 1070)

148 — s. d., sous l'abbé Daibert, 1055-1083. — Abandon, par Drogon, forestier de Renaud d'Iré, de ses prétentions, sur la terre donnée aux moines par son beau-père, *patraster*. Il donne en plus x setrées de terre après sa mort, s'il n'a pas d'enfant. Témoins : Gumbaud de Sceaux, Lambert des Jonchères.

202 — s. d., sous l'abbé Pierre, 1114-1133. — Abandon, par Barthelémy de Champigné, de ses prétentions sur la masure de *Huston*, et sur une partie des landes que Renaud d'Iré avait données aux moines pour la sépulture d'Hubert, son père, et sur la terre de Bauné. Fait d'abord à Ecouflant dans la maison des moines, puis à Briolay, au cloître de Saint-Marcel. Si les vassaux de Barthelémy, de qui les moines tiennent leurs terres de Sceaux, lui refusent leurs redevances, il n'envahira pas le bien des moines, mais avertira l'abbé de s'acquitter envers lui de ce qu'il doit à ces vassaux, et défendra les moines pour empêcher ces derniers de ravager leurs terres. Témoins : Richard de Laval, Hubert de Champigné, Robert *Poiadras* (1).

---

(1) Var. *Poidras*, v. n° 125. Ce nom est encore porté dans le pays nantais. Outre les noms dont nous indiquons l'origine dans l'étude qui précède l'analyse des chartes, p. 85, notre cartulaire en mentionne plusieurs autres d'origine indéterminée et qui sont toujours portés dans nos contrées de l'Ouest. Au nombre de ces derniers, en figure un que les catalogues des collections Dobrée ont souvent l'occasion de citer parmi les bienfaiteurs du Musée : celui de *Gasselin*. Le nom de *Vaslinus* (16), *Gascelinus* (18), ou *Guascelinus* (26), se rencontre fréquemment dans les titres du prieuré de Beaupréau. Il s'est per-

[203]. — Hommages rendus au XIIIe siècle ; v. *Appendix:*

204 — s. d., vers 1090. — Yvon de Grez (v. 140) achète de Drogon le Forestier (v. 148), une terre à Aussigné. Témoins : Geofroy de la Porte, Etienne de Hoges.

205 — s. d. — Vente, aux moines, d'une terre à la Fontaine d'Aussigné, par Bérenger *Borlerius* et son fillâtre qui, pour l'autorisation, embrassa les moines Fromond et Gautier qui faisaient cet achat, en présence d'Archembaud, son oncle, qui l'autorisa volontiers.

206 — s. d., sous l'abbé Daibert, 1052-1083. — Don d'une terre par le chevalier Adelelme, avec le consentement de sa femme Ingeline par qui cette terre était venue en son domaine.

207 — s. d., sous le même. — Don, de terre à Sceaux et à Thorigné, par Renaud fils d'Hubert d'Iré quand il accompagna le corps de son père à Saint-Serge.

208 — s. d., même époque. — Arrangement au sujet d'une terre située devant la porte de Thorigné, près de la croix, entre les moines et Hugolin, fils d'Ours de Chauvon ; on n'y fera jamais rien, excepté un chemin public.

209 — s. d., vers 1080 (v. 112.) — Suite des propriétaires du moulin de Varennes. *Aloius canonicus Sancti Sergii et prior ceteris canonicis fecit molendinum de Varedna.* Il passe ensuite à son fils qui fut, dans la suite, lépreux ; puis à Durand des Vignes, enfin à Guinebert Bodin qui reconnaît qu'après lui nul n'a plus de droit que Saint-Serge à le posséder.

210 — s. d., sous l'abbé Guillaume, 1152-1168. — Don, par Geofroy *Sale,* quand il se fit moine, du fief de Monceaux, avec la concession des deux fils de Bernegaud, à savoir Lambert et Geofroy et de leur sœur Gosbergue, à condition que l'abbé et les moines la marieront légitimement à leurs frais. Geofroy *Sale*

pétué non seulement dans les familles, mais encore dans des noms de terre du pays d'Anjou, au Sud de la Loire ; par exemple, à Andrezé et à la Varenne. C'est de cette dernière, que la famille Durand-Gasselin avait déjà tiré son nom au XVIIIe siècle.

porte son don sur l'autel de Saint-Martin[1], àThorigné, à la vue de sa femme Ermengarde, de son fils Guillaume, de son neveu Mathieu *Sale* et de Freslon de Champigné, seigneur du fief.

[211] — Hommages rendus en 1270; v. *Appendix*.

212 — s. d., sous le même, 1152-1168. — André *Boce*, meunier de Varennes, *qui habebat iure hereditario mulneragium de Varennis*, donne le onzième boisseau et le onzième poisson de sa part au prieur Ansger, qui lui donne, ainsi qu'à sa femme et à ses deux enfants, un pain de froment, en souvenir de leur concession. La donation, faite d'abord à Thorigné sur l'autel de Saint-Martin, est renouvelée par les mêmes à Saint-Serge en la main de l'abbé Guillaume. Témoin : Jean de la Cour.

IX — VILLENEUVE, bourg
(arr. de Cholet, commune du Fief-Sauvin)

Prieuré de Notre-Dame, fondé avant 1080 à la suite de la donation de Fouque Normand, seigneur de Montrevault (336).

PRIEURS : *Eslon*, vers 1080 (335). — *Aimery*, vers 1080 (349). — *Eude le Louche, Odo Luscus*, vers 1100 (340). — *Geofroy*, vers 1100 (338). — *Guillaume*, vers 1110 (360).

Les titres de ce prieuré occupent le dernier feuillet du VIIe cahier, f° 158, v^o, et le VIIIe cahier tout entier. L'Inventaire des Archives de Maine-et-Loire n'a pas de fonds spécial pour cet établissement.

335 — s. d., vers 1080. — Don par Raoul, le Vicomte de Montrevault, et Roger de Montrevault, de quatre arpents de la

---

(1) Ces donations sur l'autel, souvent mentionnées dans le Cartulaire, se faisaient à la messe, à l'Offrande. En déposant sa charte sur l'autel de donation, le donateur qui entrait dans le monastère disait : « Seigneur, voici que je vous rends et que je vous offre avec mon âme et ma pauvreté, tous les biens que vous m'avez donnés; je veux que mes biens soient là où vont être mon cœur et mon âme, sous la puissance du monastère et de l'abbé qui doit tenir désormais pour moi, Seigneur, votre place ». V. sur cette cérémonie : Les commentaires sur la règle de Saint-Benoît. (Migne, *Patr. Lat.*, t. LXVI, col. 835).

forêt de Ville-Neuve. Les moines en tireront tout ce qui leur est nécessaire, mais ne pourront pas l'arracher, ni en faire une terre labourable. La donation, faite au temps où les moines Erlon, Déodat et Fromond demeuraient à Ville-Neuve, est confirmée à l'abbé Daibert, en voyage dans les Mauges. Témoins : Raoul, le vicomte ; Geofroy de Saint-Quentin, Froger de Gros-Fouil, Goslen de Saint-Remy.

336 — s. d., 1080-1083. — Don à l'abbé Daibert par Fouque Normand de Montrevault, fils de Roger, de la moitié de la chapelle de Ville-Neuve qui est près de la forêt, *cum sepultura, et primitiis agnorum, vitulorum, porcorum, canabi, et lini*. La donation est faite pour les âmes de Roger, son père ; Marsirie, sa mère ; Anger, Renaud, Gelduin et Geofroy, ses frères, et la sienne. Il reçoit des moines un excellent cheval, *optimum equum*.

337 — s. d., 1080-1083. — Don au même abbé, par Tesceline, fille de Roger de la Motte, épouse de Robert de Vendôme et de Thébert, frère de Bernon le Viguier. Témoins : Fouque Normand, Sigebrand de la Châtaigneraie, Bernard Ecorche-Loup, Gautier l'Angevin, Lethard, fils de *Bersejai* ; Geofroy Boit-vin, Yve l'Ane, Renaud Burgevin, Yve, moine.

338 — s. d., vers 1100. — Don par Fouque, le vicomte, sur le conseil d'Agathe, sa mère, de la moitié du bois où sont les Essarts d'Yvon, c'est-à-dire toute sa part de l'église de Sainte-Marie-de-Villeneuve. Témoins : Bernard Laurier, Bonet de Villeneuve, Bernard d'Ajoux, *Johanne fratre Restei qui fecit in quercubus signa*. Burchard, filleûl de Fouque, consent à ce don et le dépose sur l'autel de Villeneuve, devant Geofroy, prieur du dit lieu.

339 — s. d., vers 1080. — Don par Guillaume le Glorieux *Gloriosus*, d'une dîme, *apud Trosam troe* et d'une rente que lui devait Brient de Beaupréau. Témoin : Yve, moine (337).

340 — s. d., vers 1100. — Raoul, vicomte de Montrevault, près de mourir, fait promettre à son épouse Agathe, et à son fils aîné, Fouque, de donner la terre d'Ajoux à Saint-Serge, où il veut être inhumé ; ce qu'Agathe et Fouque exécutent après sa mort, par la main d'Eude le Louche, qui était alors à l'obédience de Villeneuve. Témoins : Bourmaud de Chaudron, Jean de *Mazeio*, Picard *Loripes*, Raoul *Trenchard*, Bernard Laurier (338), Bonet de Villeneuve. Renaud Bataille, *Batailla*. Mais comme cette terre était commune entre les seigneurs des deux châteaux, le moine Rivallon va trouver Normand, seigneur du Petit-Montrevault, qui lui donne tout ce qu'il avait de droits sur cette terre.

341 — 1138-1151. — Les moines, par négligence ou paresse, n'ayant pas cultivé cette terre, un clerc, nommé Gédéon, s'en empare. Les moines réclament, mais plus mollement qu'ils n'auraient dû, car elle était un peu loin de leur maison. Enfin, l'abbé Hervé va trouver Roscelin, le Vicomte, fils de Fouque, qui lui confirme la donation de son aïeul Raoul et de son père Fouque, et donne la terre d'Ajoux aux moines, comme les deux ermites Gilebert et Mainard l'avaient possédée. La donation est consentie par Pétronille, épouse de Roscelin, fille d'Orri de Beaupréau, dans la chambre de Roscelin à Montrevault. Témoins : Joscelin, prêtre de Beaupréau ; Joscelin, seigneur de Beaupréau ; Normand *de Fauril* ; Morin de Saint-Rémy. L'abbé Hervé va ensuite trouver Fouque, fils dudit Normand, seigneur du Petit-Montrevault, qui confirme la donation, puis *Avicia*, épouse de Fouque, qui la confirme également. Témoins : Alain de Saint-Michel ; Renaud de *Corrun* ; David *la Broche* ; Geofroy *Luel*. S. *Rosce* † *lini*, S. *Petro* † *nille uxoris eiusdem*, S. *Fulco* † *nis*, S. *Avi* † *tie uxoris eius*, S. *Gau* † *fridi filii eorum*.

342, 343. — Chartes barrées, reportées à leur place plus naturelle, dans le fonds de Montrevault, sous les n°ˢ 353, 354.

344 — Vers 1100. — Vente d'une terre à Villeneuve, par l'épouse d'Hermenard de *Ciriaco*, avec le consentement de ses enfants.

345 — 1055-1080. — Acquisition par l'abbé Dalbert d'une terre à Villeneuve, *super aquam de riro profundo*, d'avec Hardouin, frère d'Ermengot de Jallais, et de Tescelin, fils d'Hulbert. Tescelin, seigneur d'Hardouin, reçoit 11 sous pour que lui et Hardouin en garantissent la propriété aux moines. Roger de

Montrevault, seigneur des deux, reçoit xii deniers pour son autorisation, avec garantie qu'il ne laissera ni Hardouin ni Tescelin troubler les moines à ce sujet. Témoins : Roger de Montrevault.... Du château du vicomte : Froger, Restaud le Viguier.

346 — Vers 1080. *Notitia de Frogerio de Monte Rebelli*. — Don par un chevalier, nommé Froger, d'une terre à Sainte-Marie-de-Villeneuve pour le salut de ses parents et de ses frères Reginfroy et Girard. Témoin : Vincent, prêtre de Saint-Michel.

347 — Sous l'abbé Daibert, 1055-1083. — Don par Tescelin de Montrevault, *devotus Deo miles*, et son épouse Adeburgis, *insignis in sancta religione*, de la moitié de la cour et de l'église de Saint-Rémy, d'une terre près de l'étang du château de Montrevault, etc. Témoins : Renaud, archidiacre; Rahier de Lué et son épouse Aremburge, sœur de dame Adeburge, épouse du seigneur Tescelin.

348 — Sous le même. — Don par le même et Girard, *filius Freeline*, de la terre appelée *Quarteriolum*, à Villeneuve. Témoins : Géroire de Beaupréau, Daniel du Palais.

349 — s. d., vers 1080. — *Donum de commendatione de Villa nova*. Don de Daniel du Palais, en expiation de ses fautes. Daniel du Palais avait autrefois envoyé ses pillards ravager la terre de Beaupréau. Mais pendant que lui-même, avec plusieurs autres, se cachait en embuscade, en les attendant à Villeneuve, il fut pris du regret de ses fautes, et donna aux moines.... *medietatem commendationis de Villa nova*. L'autre moitié est donnée par Iven le Bouc au moine Aimeri qui gouvernait l'obédience de Villeneuve. Témoins : Raoul le Vicomte, Agathe son épouse, leurs fils Fouque et Burcard, Froger de Gros-Fouil.

350 — s. d., sous les abbés Achard et Bernard, 1083-1101. — Don d'une terre, près de l'église de Villeneuve, par Geoffroy de Saint-Quentin et par son fils Geofroy qui défend à ce sujet la cause des moines contre son frère Hoard, sous l'abbé Achard. Après la mort dudit Geofroy, un chevalier nommé

Vasloth, ayant épousé sa veuve, réclame cette terre. L'abbé Bernard se rend à la cour du vicomte Raoul, à Montrevault, avec ledit Vasloth, *paratus per iudicium liberare terram*. Mais par le conseil du vicomte et de ses barons, ils s'accordent : l'abbé Bernard donne x sous à Vasloth et v deniers au fils de Geofroy.

360 — Vers 1110. — *Notitia de terra Widonis de Sancto Quintino*. Gui, fils de Geofroy de Saint-Quentin, à son retour de Jérusalem, ayant désiré se faire moine et n'ayant pas d'argent à donner en espèces, donne à Guillaume, prieur de Villeneuve, dix setrées de terre, et promet d'en donner davantage si Hervé du Palais, son beau-frère, le lui permet. Le moine Guillaume envoie le moine Etienne au Palais vers Hervé qui avait sous sa garde et sous sa puissance tout le bien de Gui, dont il avait épousé la sœur aînée, *terramque et totum fevum serviebat*. Hervé, joyeux, ne se contente pas de concéder ce qu'avait donné Gui ; il y ajoute encore du sien propre, à savoir une rente à la Toussaint sur Bonnet de Villeneuve (v. 338, 340); et son neveu Chochard, une masure de terre entre le bois, près de l'église du Puiset, *et mansionem in suo proprio plaxicio ad rusticum hospitandum*. Ceci fait, le moine Guillaume et Gui se rendent au Petit-Montrevault, vers le seigneur Païen, et lui demandent de concéder ce que Gui et Hervé ont donné à Saint-Serge. Non seulement Païen le concède, mais promet qu'il en sera le protecteur. En témoignage de cette concession, Gui baise ses pieds, et, par le conseil du seigneur Païen et d'Hervé, les moines reçoivent Gui parmi eux.

IV

DICTIONNAIRE DES NOMS DE LIEUX

mentionnés dans le Cartulaire de Saint-Serge

Pour faciliter les recherches dans le Cartulaire de Saint-Serge, il nous a semblé bon d'ajouter, à l'analyse des chartes, un Dictionnaire des noms de lieux qu'il contient.

Dans ce Dictionnaire, nous donnons d'abord le nom actuel de la localité, puis ensuite les différentes formes de ce nom aux XIe et

XII° siècles. Ce groupement de formes qui, prises isolément, ne renferment pas toujours assez de lumières pour éclairer leur origine, présente, au point de vue philologique, un avantage sur lequel il est inutile d'insister.

Cet avantage est aussi très appréciable au point de vue généalogique. Le rapprochement des noms de plusieurs seigneurs jette également sur leurs familles une clarté qui permet de dissiper les obscurités, soit de leur origine, soit de leurs filiations.

Parmi les familles d'Anjou ou du Maine dont les membres paraissent dans notre Cartulaire, figurent principalement celles des seigneurs de Beaupréau, Cholet, Montjean, Montrevault, Blaizon, Château-Gontier, Mathefelon, Grez, la Roche-d'Iré, Louarcé, la Motte-de-Pendu, etc.

Les généalogies de la plupart de ces familles ont souvent été publiées soit dans des études spéciales, soit dans les histoires des localités qui portent leur nom. Nous en avons consulté quelques-unes dans les savants travaux de MM. Port, sur l'Anjou; Pissot, sur Cholet; l'abbé Allard, sur Montjean et Montrevault; A. de Martonne, sur les seigneurs de Château-Gontier; Godard-Faultrier, etc.(1) Dans toutes ces généalogies, nous avons constaté pour l'époque difficile des XI° et XII° siècles, soit des lacunes que le Cartulaire de Saint-Serge permet de combler, soit des méprises qu'il permet de rectifier.

Nous n'entrons point sur ce sujet dans de plus grands détails; les simples comparaisons des articles que notre Dictionnaire consacre à ces familles avec ceux que l'on peut voir dans ces généalogies, nous dispensera de discussions dans lesquelles il n'est pas dans notre plan d'entrer.

Pour l'identification de certaines localités, nous nous sommes servi du remarquable *Dictionnaire* de M. Port. Quelque autorité qu'il mérite, nous avouons cependant ne pas l'avoir toujours suivi. M. Port, nous semble avoir placé dans le Maine-et-Loire certaines localités situées dans les départements limitrophes. En règle générale, dans une donation, il faut chercher les lieux qu'elle mentionne aux environs de l'établissement en faveur de qui on la fait. Plusieurs prieurés de Saint-Serge étant voisins de la Mayenne et de la Sarthe,

(1) *Dictionnaire géograph. et biograph. de Maine-et-Loire*, par M. C. Port. — *Topographie historique de la Ville de Cholet*, par le D' Léon Pissot. — *Notes sur Montjean et ses Seigneurs*, par l'abbé Allard. — *Les Seigneurs de Château-Gontier*. — *Commission historique et généalogique de la Mayenne*, t. III. — *L'Anjou et ses Monuments*, par Godard-Faultrier.

c'est dans ces départements que nous avons cru devoir placer certaines localités placées par M. Port dans le Maine-et-Loire.

Pour la même raison, nous nous refusons à voir dans Chanteussé le *Campus de Useo* de la charte 43. Cette dernière localité est mentionnée dans une donation faite au prieuré de Beaupréau, par Renaud, de Cholet. Il est peu probable qu'un seigneur de Cholet ait donné aux moines de Beaupréau la dîme d'une terre dont ils étaient, les uns et les autres, séparés par toute la longueur de l'Anjou.

Quand, avec les ressources insuffisantes dont nous disposons, nous n'avons pu identifier certains noms de localités, nous nous bornons à en indiquer le nom latin en italique. Dans ce cas, pour restreindre le champ des recherches, nous accompagnons le numéro de la charte qui donne ce nom, de l'indication du fonds auquel cette charte appartient. Voici le sens des abréviations que nous employons à cet effet : Titres de Beaupréau, *t. B.* ; de Chaumont, *t. Ch.* ; de Grez, *t. G.* ; de Juigné, *t. J.* ; de Montrevault, *t. M.* ; de Saint-Mélaine, *t. S. M.* ; de Sceaux, *t. Sc.* ; de Thorigné, *t. Th.* ; de Villeneuve, *t. V. N.*

L'immense majorité de ces localités étant située dans le Maine-et-Loire, nous avons cru inutile d'en faire suivre le nom du nom de ce département. Nous nous bornons à en indiquer soit la commune, soit l'arrondissement. Nous n'indiquons le département que pour les localités situées dans les départements voisins.

Ajoux, Fief-Sauvin, arr. Cholet : *Aios,* 340, 341 ; *Bernardus de Aiois.* 146, 338 ; *Rainaldus de Aios,* 350.

Allencé, terre relevant de Doussay, en Daumeray : *Tebaudus de Lence,* 290 ; *Mauricius de Lenciaco,* 296.

Alleu (l'), Thorigné, d'après C. Port : *Gaufridus de Alodo,* 222.

Alleuds (les), arr. Angers : *Odo de Alodiis,* 103.

Alloyau (?) commune d'Angers : *Letardus de Lupello,* 198.

Alnerils : *Morinus de A.,* 130, vers Soucelles.

Alnerio : *Vaslinus de A.,* 42, vers Beaupréau.

Ampoigné, Mayenne, arr. Château-Gontier : *Tetbaldus de Ampinniaco,* 441 ; *Albericus de Ampugniaco,* 190.

Andrezé, arr. Cholet : *terra apud Andriziacum,* 18.

Angers. — Evêques : Renaud, 314. — Hubert (1007-1047), inhumé à Saint Serge, 314. — Eusèbe (1047-1081), 51, 63, 115, 298, 299, 300, 314. — Geofroy Ier (1081-1093), 115, 296 (sous l'abbé Achard). — Geofroy II (1093-1101), 110. — Renaud (1102-1125), 103, 130, 184, 274. — Ulger (1125-1149), 129, 271. — Mathieu (1155-1162), 92, 93, 182. — Geofroy la Mouche (1163-1177), 193, 363.

Dignitaires de l'église d'Angers : 1058. *Domnus Landricus, archid.; D. Rainaldus, archid.; Mansellus, capellanus,* 314. — 1070. *Herbertus canon., Beraldus diac.,* 77. — S. D. 1055-1081. *D. Rainaldus, archid.,* 347. — S. D. *Gaufridus thesararius, Robertus decanus, Fulco, capellanus,* 300. — *Warinus, camerarius, Fulco, capellanus, Rainardus, canon.,* 299. — S. D. 1083-1094. *Rainardus dec.. Gaufridus cantor,* 191. — *Ruinardus dec., Gosfridus, Gosbertus, Gaufridus thesalaurius, Gaufridus cantor, Marbodus, Warnerius, Herbertus, Bonetus et omnes qui in capitulo erant,* 115. — *Gaufridus can. S. Mauricii, Hubertus dec., S. Mauricii can.,* 295. — 1103. *Wuillelmo, arch.; Huberto cantore, Steph. de Campigniaco, Richardo de Laval, Radulpho capellano,* 274. — S. D. 1103-1114. *Gaufridus, tesaurarius, Richardus de Laval, Hucbertus cantor, Radulfus capellanus,* 184. — *Decanus Richardus S. Mauricii,* 144. — S. D. 1114-1125. *Richardus, archid.; Hubertus de S. Maurilio,* 130. — 1125. N. S. *Ulgerius, arch.: Richardus, archid.; Roaldus can., Grafio can.,* 103. — 1125-1133. *Richardus, archid.; Gaufridus dec., Albericus cantor,* 271. — 1125-1149. *Ulgerius episc., Gaufridus dec., Buamundus et Richardo Normanno, archidiac.,* 129. — S. D. *Normanno, archid.,* 57, 222 : Normand de Doué, archidiacre, devint évêque d'Angers en 1150. La charte 129 lui donne le nom de Richard Normand ; la 57e mentionne avant l'archidiacre Richard un autre du nom de Normand. — 1138-1151. *Beamundo, archid.; Gaufrido Bevino, can.,* 195. — *Richardus, archid.; Johannes, dec. de Laval,* 57. — *Grafione S. Mauricii precentore, Hildegario can.,* 219. — 1163-1177. *Richardus, archid. andeg.; Giraldus de Baufort, capellanus episcopi,* 363.

Abbayes et chapitres. — S. Aubin, abbés : *Theodericus,* 1058, 314 ; *Girardus* (1082-1106), 103 ; *Hamellinus* (1108-1127), 103. —

S.-Lezin, *Albertus can. S. Licinii*, 37. — S.-Lô, *Ernulfus, frater Gosleni canonici S. Laudi*, 136. — *Mainerius de S. Laudo*, 184. — S. Maurice, v. dignitaires et 314. — S. Maurille, *Hubertus de S. Morilio*. 130, *Ernulfus can. S. Maurilli*, 29.

Comtes d'Anjou : *Fulco* (1067-1109), xi *Kal aprilis, regnante Philippo Francorum rege et Fulcone Andecavorum comite et Eusebio pontifice*. 51; fondateur de Montrevault, 314. — *Fulco comes* (1109-1129), *et Gaufridus filius eius*, 218.

Angle (l') : *molendinum de Angulo*, 38, 309; *de Anglis*, 45; t. de Beaupréau.

Anthenaise, d'après une note manuscrite : *Fulqueranmus de Altanosia*, 56.

Aqua : *Joh. presb. de Aqua*, 297; t. de Juigné

Aruuesia : *Rad. de A.*, 92; t. de Juigné. Auverse?

Aubance, ruisseau qui arrose S.-Mélaine : *Flucius qui dicitur Albantia*, 220.

Aubiers (les)? : *Petrus de Alberiis*, 104, 105; *Mauricius de A.*, 367; *Godefredus de A.*, 109; t. Ch. et Th.

Aunay (l') : *Alnedium*, 76; *Alnetum*, 10; *apud Alnetos Berte*. 66, t. B.; *Herveus de Alneto*, 297.

Aussigné, Durtal : *apud Auxinniacum*, 204; *fontem de Auxinniaco*, 205; *apud Axiniacum*, 142; *Hildemannus de Alsinniaco*. 146; Wil. de A., 296.

Azé, Mayenne, arr. Château-Gontier; d'après C. Port, le Grand-Azé, en S.-Georges-du-Bois : *Harduinus de Azeio*. 55, 57.

Bademeri, borderia : 315, t. P. M.

Baïf, Huillé : *Suhardus de Daif*, 169; *S. de Bai*, 184.

Baracé, arr. Baugé : *Baraceium*, 149, 150; *Gaufridus, presb. de Baraceio*, 201; *Gaufridus de Baraceio*, 52, 53, 365, G. *de Baraci*, 367; *Mil.s de Barace Gaufridus nomine*, époux de Richilde, père d'Hugue, vassal de Fouque de Mathefelon, 362; *Hugo de Baraceio*, 57, 184, 270, 364, 374, fils de Geofroy, 362, époux de *Garza* ou *Garcia*, 57, 58, père de Gervais, vassal d'Hugues de Mathefelon, 58; *Fulcho de Baracheio*, 202.

Baraise (la), S. Denys-d'Anjou : *Tebaudus de Baresia*, 169.

Barbée (la), Bazouges-sur-le-Loir (Sarthe), arr. de La Flèche : *Rainaldus de Barbata*, moine, 111.

Barzela : *Walterius de B.*, 178, t. S.

Bastais, Huillé : *Exclusa de Basseto*, 276.

Bâte (la), Beaupréau : *Haimericus de Baata*, 82.

Baugé (arr.) : *Benedictus vicarius de Balgiaco ; Burcardus de B.*, 65 ; *Herueus de B.*, 109 ; *Hilderius de B.*, 198.

Bauné, arr. Baugé : *apud Balniacum*, 145 ; *terra Balneii*, 202.

Beaufort, arr. Baugé : *Giraldus de Baufort, capellanus episcopi*, 363.

Beaumont ; Chanzeaux ? *Paganus de Bello Monte*, 315.

Beaupréau, arr. Cholet : *Bellum Pratellum, Bel pratel et Belpratellum*, 70 ; *Capella S. Marie que est intra castellum Belli Pratelli*, 65 ; *Monasterium S. Marie de Bello Pratello*, 65 ; eccl. *B. Martini iuxta Castellum Belli Pratelli*, 65 ; *Capella S. Sepulcri in castello*, 72 ; *Joscelinus, presb. de B. P.*, 341.

Seigneurs de B. : Hamelin, époux d'Elisabeth et père de Géroire, 66 ; Géroire paraît dans des actes datés de 1062 et de 1070, dans un grand nombre d'autres S. D. 6, 31, 40, 66, 71, 78, 81, 85, 306, 307, 308, 311, 316, 348, passés sous l'abbé Daibert, et dans un passé sous l'abbé Achard (1083-1094), 311 : il porte dans plusieurs le titre de seigneur de Beaupréau, *Gerorius, Girorius, vassus dominicus, senior P. B.*, 77, 78, fils d'Hamelin et d'Elisabeth, 65, frère de *Seniorulus*, 38, de *Fulco*, 65 époux de Brice, 38, 65, 77, 85, 307, 313, père d'Hamelin, Pierre et Gozlen (1062), 65, d'Hamelin et Gozlen (1070), 77, de Gozlen, 38, 307, d'Orri, 78 ; *Briccia*, épouse de Géroire, 78, mère de Gozlen et d'Orri, 38, 65, Gozlen est dit seulement fils de Géroire et de Brice, 38, 65, 77, 307, 308, mais non seigneur de B. : il dut mourir avant son père ; Orri était seigneur de B. à la mort de l'abbé Achard, 1094, et vivait sous l'abbé Gautier (1103-1114), 312 ; *Orricus* ou *Olricus, Belli Pratelli dominus*, 7, 24, 39, 69, 70, 75, 312, fils de Géroire et de Brice, 69, 70, 73, 78, 85, frère de Fouque, 2, épouse d'Hildeburgis, 69, père d'Hugue, 2, 69, 310, 312, d'Amelin, 72, et de Pétronille, épouse de Roscelin de Montrevault, 341 ; *Hugo de Bello Pratello*, peut-être le fils d'Orri, paraît avec *Radulfus eius frater*, sous l'abbé Gautier, 1103-1114, 82 ; Joscelin paraît avec le titre de seigneur de B., peut-être sous l'abbé Pierre, 1114-1133, 16, certainement sous l'abbé Hervé, 1138-1151, dans des actes qui ne mentionnent pas sa parenté avec ses prédécesseurs ; *Joscelinus dominus Castri B. P.*, 16 ; *Iocelinus dominus Castri*, 18, 29 ; *Iocelinus dominus de B. P.*, 341.

Autres personnages de B., dont le Cartulaire ne permet pas d'établir la filiation : Mathieu de B., contemporain de Géroire et d'Orri, paraît dans les mêmes actes que ces seigneurs, 66, 71, 75, 306, 308, 309, 313 ; *Sarracena, uxor Mathei de B. P., Rainaldo de Calugniaco, fratre suo*, 224 ; Ascelin, frère de Mathieu, 308 ; *Jordanis de B. P.*, 1, 22, 24, 42, 44 ; *Joh. filius Teoderici de B. P.*, 22, 38, 68, 75, 308, 311 ; *Lysias ou Lisoius, miles, de B. P.*, 1, 5 ; *Ermengodus de B. P.*, 25 ; *Herbertus miles de B. P.*, époux d'*Adelentia*, fils d'*Aldescendis*, 76, 78 ; *Herbertus de B. P. cognomento Malus Gener*, 80, cf. 79 ; *Gosfredus Fulcoenus de B. P.*, 37 ; *Hamelinus Berte de B. P.*, 18 ; *Fulcredus de B. P.*, père de Hildebert, 308 ; *Brientius de B. P.*, 339 ; *Vaslonus, frater Gosberti de B. P.*, 357 ; *Odrandus de B. P.*, 81, 311 ; *Wascelinus Grafionis de B. P.*, 78 ; *Ragotus sinicallus de B. P.*, 20.

Beauveau, arr. Baugé : *Monachi de Bella Valle*, 54, 56.

Belle Branche, S.-Brice, Mayenne, arr. Château-Gontier : *Monachi de Bele Branche*, 170.

Bierné, Huillé : *Turrel de Bierne*, 175 ; *Wil. de Biernio*, 184 ; *Terra de Moleriis ad Bierne*, 276.

Bignon (le), Ecuillé : *Garsilius de Buignun*, 90 ; *G. de Bugnone*, 164, frère de Guiterne, 292 ; *Fulcorannus de B.*, père de Raoul et de Fouque, frère de Bérenger et *heres Alberici de Laigneio*, 164, 167 ; *Terra des Boignons apud Celsum*, 175 ; cf. *Terra des Boignons in par. de Escuillé* (Arch. de M.-et-L., H 1093).

Bignon (le) : *Vinea de Bugnone*, 30, t. B.

Blaison, arr. d'Angers : *Eudo et Hugo de Blazun,* 108 ; *Rainaldus filius Hugonis de Blazono,* 37 ; *Rogerius miles de B.,* père de Tescelin, 37 ; *Frogerius de B.,* 319.

Bochet ou **Bouchet :** *apud Boschet,* 224, t. S. M. ; *Girardus de Boschet,* 29, t. B. ; *Rainerius de Boschito,* 198, t. J.

Bodinière (la), Thorigné : *Bodinaria... inter Torinniacum et molendina de Varennis,* 106.

Boel, arr. de Cholet (?) : *Girardus de Boel,* 38 ; *G. de Boello,* 65 ; *G. qui de Bodello nominatur,* 85 ; *filii eius Petrus, Papinus, Popiardus et Willelmus,* 77 ; Willelmus de Boel, 49, 75, 82, 312 ; W. de Bouello, 69 ; de Boello, 2, fils de Girard, 38, 66, 85 ; Gosfridus de Boello, 315.

Boerols : 54, *Joh. de Boereuls,* 376, t. Ch.

Boirie (la) ou **la Bouère,** Morannes (?), Sceaux (?) : *Jordanis de Boeria,* 132, 143 ; Simon de B., 276 ; cf. Arch. de M.-et-L., H 1204.

Bois (le) : *Rad. de Bosco,* 66, t. B. ; *Maria de B., Genta mater eius, Hilduinus filius eius,* 234, t. G. ; *Papinus, miles, filius Rogerii de B.,* 142 ; *Richardus de Nemore,* 139, t. T.

Boulai (le) : *Steph. de Boleto,* 80, t. B., cf. *Bulet.*

Bourg, Soulaine-et-Bourg : *Adam de Vi, Otbertus de Vi,* 130.

Bourg d'Iré, arr. Segré : V. Iré.

Bourgogne : *Bern. de Burgundia, monach.,* 152.

Brain-sur-l'Authion, arr. d'Angers : *Clemens prepositus de Brainio* ou *Braimo, Amalguinus filius eius,* 74 ; *Warinus de Bremo,* moine, 150, 184, 221, 274 ; *Pinellus de Bremo,* moine, 265.

Bretignolles, Jarzé ou Bauné (cf. Arch. de M.-et-L., H 905) : *Ogerius de Britannolia,* 374.

Bretonnière (la), Beaupréau, ainsi nommée de Geofroy le Breton : *Iuxta Britunariam,* 10 ; *Britonaria,* 83.

Breuil (le) : *Boscus de Breiello,* t. de Chaumont, 61.

Briançon, Bauné : *Rainaldus medietarius de Briencione,* 373.

Briolay, arr. d'Angers : *Claustrum S. Marcelli, apud Brioledum,* 202, 145, 146 ; *Hugo de Brioledo,* 351 ; *Artaldus de B.*

et *Alsendis uxor eius*, 116 ; *Dns Gaufridus de B.*, 227 ; *pater duæ Caprariæ*, 117 ; *Curia Gaufridi de B.*, 173 ; *dominus de B.*, 240.

Brissarthe, arr. Segré : *Fromondus presb. de Briasarta,* 289 ; *Garnerius de Briesarta*, 363.

Brosses (les), S. Mélaine (Arch. de M.-et-L , H 828) : *Ernaldus de Bruces,* 222 ; *Tebaldus de B.,* 223 ; *Girardus de Bruscis,* 264

Brulon, Brissarthe : *Burchardus de Bruslun*, 276.

Bufaumône... *terra que vocatur Bufelemosina,* en Morannes, 167 (cf. C. Port, la Bufaumone, commune de S.-Léger-de-M... et la Buffeaumoine de Chavagnes-les-Eaux).

Bulet : *Girardus de B.,* 57 (le Boulay ?), t. B.

Burbullione : *Walterius de B.,* 372, t. Ch.

Buron (le), entre Brissarthe et Daumeray : *Dominum de Buronio* ; mots ajoutés au XIIIe siècle au-dessus de *Fulcorannum de Bugnone,* 167 (cf. Arch. de M.-et-L., seigneurie du Buron, H 1085).

Burs : *Radulfus de B.,* 271, t. G.

Calugniaco : *Rainaldus de C.,* v. Chauvigné.

Calvaria, Chalonnes, 27, v. Arch. de M.-et-L., H 973.

Cantaberia : *Ulricus de C.,* 159, Chantemerle (?), t. J.

Caput Insule, 315 ; *Cappadisla :* Chef-d'Ile, 37, t. B. et M.

Cartem : *Gaufridus de C.,* 38 ; t. Beaupréau.

Chaise (la), Baracé : *la Chese,* 170.

Chaloché, Chaumont ou Corzé : *locus qui Chalocheium nominatur,* 59, 60 ; *landæ de Chalocheio,* 64 ; *Ernisius abbas Chalocheii,* 55.

Chalonnes, arr. Angers : *Calonna,* 69 ; *Calunna,* 16, 27 ; *Robertus de C.,* 35 ; *Hubertus Butillarius de C.,* 108 ; *Calumna,* 66, 313 ; *Capitulum S. Maurilii Calonne,* 325.

Chambellay, arr. Segré : *Angerius de Camberliaco,* t. M., 319.

Champ-Blanc : *Campus albus,* 45, t. B.

Champelande, Morannes : *Campilanda,* 88, 193 ; *Campelanda, vinee de Champelande,* 160 ; *de Campelando,* 168 ; *Champelanda,* 294.

Champigné, arr. Segré : *Hubertus de Campinniaco,* 126 ; *H. de Campigniaco, Bartholomeus, filius eius,* 131 ; Bartholomeus de Campinniaco, fils d'Hubert, époux d'Adélaïde, père d'Hubert ; *Albericus predecessor suus,* 202, dit aussi, *Bertholotus de C.* ; père de Guillaume, 179, et frère de Frelon ; *Freslonus de Campigneio,* 182, 210 ; *Frellonus filius Huberti de Campiniaco, Freslone fratre Bartoloti,* 180 ; *Guillelmus filius Bartolot de Champigneio,* 122 ; *Bertrannus de Campiniaco,* 107 ; *Ansaldus de C.,* 125 ; *Stephanus de C.,* 274.

Champ-Rouge : *decima de Campo Rubeo,* 96, t. J.

Chandemanche, Morannes : *apud Campum Dominicum in potestate Morenne,* 89, 298, 299 ; *Rainaldus de C. D.,* 193 ; *Hugo de C. D.,* 92, 170 ; *Vivianus de C. D., Hugo frater eius,* 158.

Changé, Chenillé-Changé : *Wiart de Changi,* 57 ; *Gislebertus de Chingeio, de Chinge,* 60 ; *de Chingiato,* 275.

Chanzé, Foie, arr. Angers : *Hugo de Canziaco,* 107.

Chapelle-Aubry (la), La Salle-et-Chapelle-Aubry, arr. de Cholet : *Parœchia Capelle Alberici,* 41.

Chapelle-du-Genêt, arr. Cholet : *Capella de Genesta,* 31 ; *S. Maria de Capella,* 45 ; *Capella gloriosæ virginis Mariæ quæ de Genesta vocatur,* 306 ; *Ecc. S. Mariæ de Genesta,* 307, 308, 309 ; *apud Genestam,* 7 ; *Genestum,* 66 ; *S. Maria de Genesto,* 67.

Charencé, Mayenne. arr. Château-Gontier, ou, d'après M. Port, le *Grand-Charencé*, com^{ne} de Soulaine-et-Bourg : *Aimericus filius Adelelmi de Charancé,* 363 ; *Hugo miles de Charencé,* époux de Jeanne, 170.

Charnacé, Champigné : *Andreas de Ch.,* 179, 182.

Chartres, Morannes : *Vivianus de Castras,* 200 ; *V. de Castris,* 303 ; *de Caustris,* 296 ; *Tebaldus de Castis ; prata, exclusa de Chastis,* 87, 91, 92.

Châtaigneraie (la) : *Sigebrannus de Castenaria,* 41 ; *S. de*

Castanearia, 337, *borderia de Castaneriis*, 45, *Castaneriatas*, 66, t. B.

Château-Ceaux (1), vulgairement Champtoceaux, arr. Cholet : *Barbotinus de Castro Celso*, 16 ; *Hamelinus de C. C.*, 75 ; *Robertus de C. C.*, 37.

Château-du-Loir, Sarthe, arr. S.-Calais : *Hugo de Castello Ledi*, 53.

Château-Gontier, Mayenne : *Oppidum*, 190 ; *Castrum* ou *Castellum Gunterii*. Seigneurs : Allard, 1058, *Adelardus de Castro Gunterii*, 314 ; Renaud, *Rainaldus de Castello Gunterii*, 199 ; *R. Castri G.*, 198. Il renouvelle, sous l'abbé Achard, une concession qu'il avait déjà faite sous l'abbé Daibert. L'abbé donne à son fils Allard, en bas âge, xii deniers, *velut alludens puerili eius animo*. Cet Allard est donc différent du témoin de 1058. Barthélemy, fils d'Allard, *Bartholomeus filius Adelardi de Castro Gunterio* (vers 1159), 92. Nous ne le trouvons mentionné dans aucune des généalogies des seigneurs de Château-Gontier. La plus complète, celle de M. A. de Martonne *(Commis. hist. et génèal. de la Mayenne*, t. III, 281-305), dit d'Allard de Château-Gontier : « Cet Allard n'eut d'autre enfant que celui qui suit (p. 295) », c'est-à-dire un autre Allard. Barthélemy figure parmi les clercs de l'Evêque ou les chanoines d'Angers. *Wihenocus de Castro Gunterii*, 57 ; *Vinee Castri G.*, 201.

(1) En adoptant dans notre Dictionnaire les formes actuelles des noms de localités, nous sacrifions assez, par ailleurs, la raison et l'étymologie à l'usage. C'est ainsi que nous écrivons *Montrerault* au lieu de *Montrereau*, forme qui correspond plus exactement à *Mons Rebellis*, et dans laquelle le *t* n'a aucune raison d'être, et *Sceaux*, au lieu de *Ceaux*, dont la vieille forme latine est constamment *Celsus*. Quant au nom de *Château-Ceaux*, nous avouons n'avoir pu nous résigner à employer la forme vulgaire faite en dépit de toutes les règles étymologiques, et qui est contre les plus anciennes formes latines de ce nom. L'histoire ancienne de Château-Ceaux se résume tout entière dans celle de son château, et c'était avec raison que ce mot de Château était uni avec celui de Ceaux dès le VIe siècle. L'orthographe officielle a changé tout cela en adoptant la forme monstrueuse de *Champtoceaux*. Pour la raison que nous avons exposée dans notre étude sur *Château-Ceaux aux VIe, VIIe et VIIIe siècles*, les habitants de Château-Ceaux nous pardonneront de conserver à leur localité un nom qui dise quelque chose et qui rappelle d'anciens souvenirs.

Château-Neuf, arr. Segré : *Castrum novum*, 57 ; *Malignus presb. de Castello novo*, 363 ; *Ugo, filius Pipini Turonensis, Castelli novi siniscallus*, 182.

Château-Renier (1), arr. Cholet : *Walterius de Castello Rainerii*, 66, 311, 312 ; *Effredus de C. R.*, 137.

Château-Roger : *Castellum Rotgerii*, 357. Château du Petit-Montrevault, ainsi appelé de *Roger de M.*, pour le distinguer du Grand-M., appelé dans le même acte *Château du Vicomte*.

Châtelet (le). Sceaux : *Guido* ou *Wido de Castelet*, 181 ; *Lisiardus del C.*, 264 ; *de Casteleto*, 286, *filius eius*, époux de Berthe, père de Pierre et de Mabile, 128, 181 ; *Gaufridus de C.*, frère de Lisiard, 239 ; *Petrus, filius Lisiardi, factus miles*, 182.

Châtillon, Cantenay-Epinard : *Hamelinus de Chastelun*, 177.

Chaudron, arr. Cholet : *ecclesia de Chalderun*, 315, 316, 324 ; *Morin de Ch.*, 48 ; *Burmaldus de Chalderone*, 340.

Chaumont, arr. Baugé : *S. Petrus de Calido Monte*, 50, 52 ; *de Calvo Monte*, 864 ; *Obedienta de Calido M.*, 362 ; *de Calvo M.*, 363 ; *de Callo M.*, 366 ; *Harduinus, presb. de Calvo M.*, 368 ; *Hubertus de C. M.*, 364 ; *de Calido M.*, 54 ; *Frogerius de C. M.*, 54 ; *de Callo M.*, 58 ; *Helgotus de Calido M*, 375 ; *Ioh. de C. M.*, 62 ; *Rainaldus de Calmonte*, 362. V. Prieuré, p. 98.

Chauvigné, Mozé : *Rainaldus de Calugniaco*. Cette identification, faite par M. Port, nous semble défectueuse. Le Cartulaire

---

(1) Cette localité est aussi mentionnée dans un important document relatif à l'histoire du pays nantais et connu sous le nom de *Charte de Louis le Gros*, charte datée de 1123, dans sa dernière rédaction, mais rédigée avec des documents antérieurs aux invasions normandes. Frappé de l'ordre logique dans lequel cette charte énumère les localités qui appartinrent autrefois au temporel de l'évêque de Nantes, nous avons déjà émis l'opinion qu'il fallait chercher *Château-Renier* dans le pays d'Anjou, au sud de la Loire, contre le sentiment d'autres auteurs qui l'ont placé au nord de ce fleuve. La rencontre de ce même nom parmi les titres du prieuré de Beaupréau, nous semble apporter une nouvelle force à notre opinion. Si nos souvenirs ne nous trompent pas, le nom de Château-Renier doit aussi se rencontrer dans un titre des prieurés de Liré ou de Château-Ceaux.

porte *de Caluyniaco* et non pas *Calvigniacum*, suivant la lecture de cet auteur, 224.

Chauvon, Thorigné : *Hugolinus, filius Ursi de Calcono*, 208; *Guido de Chaluun*, 286.

Cheffes, arr. Angers : *Frotmundus de Chefa*, 121 ; *Bened. de Chefe*, 131.

Chemazé, Mayenne, arr. Château-Gontier : *Odo de Chamaziaco*, 108 ; *Mauricius de C.*, 109.

Chemillé, arr. Cholet : *Giraldus de Chemilli*, 48.

Chenillé, Chenillé-Changé, arr. Segré : *Hubertus de Chinilliaco, filius Gaufridi vicarii*, 136.

Chesnelo : *Angerius de C.* ; la Chênaie, Chasnay (?), 96, t. J.

Chevrière (la), Briolay : *Widulfus de Capraria*, 184 ; *Guibl* (sic) *de C.*, 168 ; *Widolus de Capreria*, 296 ; *Widulfus de Capria*, 159 ; *G. de Brioledo, pater Domine Caprariœ*, 117 (cf. *Capraria de Brioledo*, Arch. de M.-et-L. H 837 et H 1082, 39, H 1208).

Chirlaco : *Galdinus de C.*, 107 ; t. Th. Cherré (?), arr. Angers ou Saint-Rémy-la-Varenne. (C. Port).

Chistrio : *Rotbertus de C.*, 201, t. J.

Choeria : *Herbertus de C.*, 239, 286. t. Gr.

Choiseau ou **Choisel,** moulin : *Chosellum in Avaresma*, t. B., 35.

Cholet : *Hamelinus de Choleto* ou *Coleto*, 85, 308, 309, frère de Vaslon, 81, 311 et de Gosbert, 311, moine, 75. On lui a donné un fils du nom de Jean ; c'est peut-être une interprétation fautive de la Charte 308 : *cum Hamelino de Choleto et cum Johanne filio Teoderici*. Ce Jean, fils de Thierry, était un personnage important de l'époque, et figure dans plusieurs chartes de Beaupréau. — Geofroy, neveu d'Hamelin, 309, fils de son frère Gosbert, 311 — Renaud de Ch., 15, 75, 314, époux d'Hildegarde, 39, remariée à Campanus et mère d'Aimery, 43, père de Mathieu, son aîné, et de Geofroy, 39 ; Geofroy le Gras ou *Crassus*, frère de Renaud et tuteur de ses enfants, 89 ; *Gaufridus de Choleto*, 15, 24, 314 ; *Griferius filius eius*, 310 ; Mathieu de C., fils de

Renaud, chevalier, 39; Aimery de C., 313, fils d'Hildegarde épouse 1° de Renaud, 2° de Campanus, 39, 43 ; Papin de C., 17, 43, 70 ; Normand de C., 312, époux de Genta, 14, ses héritiers, 30. Ces personnages se disent : *Hamelin de Cholet, Renaud de Cholet, Mathieu de Cholet...* mais aucun ne porte le titre de seigneur de Cholet. Le titre de seigneur avec le nom de la localité est réservé, dans le pays, aux seigneurs de Beaupréau.

Cierzay, Jallais, arr. Cholet : *Hermenaldus de Circiaco*, 344.

Cimbré, Tiercé, arr. Angers : *Burcardus de Cimbriaco*, 145 ; *Paganus de Cinbre, Will. frater eius*, 292.

Clayé. Murs : *Locus qui Cleias dicitur*, 213 ; *ad Cleias*, 217 ; *Hugo de Cleiis, Fulco de Murs nepos eius*, 220 ; *Hugo juvenis filius Hugonis de Cleis et Cecilie*, 216 ; *Rainalmo, Odone fratribus eius, Barth. de Murs, consobrino eius*, 216 ; *Hugo junior filius Hugonis*, 219 ; *Odo, filius Hugonis de Cleiis, moine, fratres sui Hugo et Raginelmus et Gaufridus, uxor Hugonis Theophania, nepotes Odonis, filii videlicet Hugonis, Hugo, Gaufridus et Matheus et sorores eorum Cecilia, Maria atque Laurentia*, 217 ; *Will. de Cleis*, 80.

Cléfs, arr. Baugé : *Fulco de Claers*, 182 ; *Girardus de Cleeriis*, 272, 273.

Clervaux, S.-Clément-de-la-Place, arr. Angers : *Goffridus de Claris Vallibus*, 60.

Coin (le), le Coin des Pierres Blanches, Beaupréau : *Pratum de Cuneo de Rocha*, 45 ; *Terra de Cuneo*, 12 ; *David de C.*, 31, 75 ; *de Coigno, Officina, uxor eius*, 34 ; *D. de Cugno*, 309.

Colonlis : *Will. de C.*, 298, t. J., les Chalonges (?).

Contigné, arr. Segré : *Rogerius de Continniaco, presb.*, 289.

Cordé, Morannes : *Mauricius de Corde*, 168.

Cormiers (les) Sceaux, ou Thorigné : *Terra de Cormeriis apud Celsum*, 128 ; *Terra que dicitur ad Cormeros*, 135 ; *Guinebertus de Cormeriis*, 133.

Corné, Beaufort, arr. Baugé : *Fulcherius de Cadurniaco*, 33.

Cornuaille (la), arr. Angers : *Robertus de Cornualia, mon.*, 162.

Coron, arr. Saumur : *Girardus de Corrun*, 323 ; *Rainaldus de C.*, 341.

Corzé, arr. Baugé : *Terra de Corzeio*, 295, 303 ; *Ico de Corziaco, Hugo frater eius*, 40.

Coudray : *Gaufridus Crassus de Coldreto*, 66, t. M., 315.

Cour (la) : *Joh. de Curia*, 212, t. Th.

Courcelles : *Bartholomeus de Curcellis*, 315.

Coutances, prés et boires de Sarthe : *Insula que vocatur Constancia de Juinniaco de Castris*, 303, 296. (V. Arch. de M.-et-L., H 1088).

Coutancière (la), Morannes : *Custanceria*, 158 ; *vinee de Constanceriis*, 86, 156 ; lieu ainsi nommé de *Ernulfus Constantius*, 157. (V. Arch. de M.-et-L., H 1089).

Cramesière (la), Grez-Neuville : *Apud Crameserias, Daniel de Crameseriis*, 288.

Craon, Mayenne, arr. Château-Gontier : *Lisoius de Credone*, 298 ; *Raherius de C.*, 298, 112 ; *Ainricus de C.*, 271.

Créans, Clermont-et-Créans, Sarthe, arr. La Flèche : *Créant*, nom ajouté à celui de Hugo, dans le Cartulaire, 272 ; il manque dans l'original.

Crocelo : *Odo de C.*, 272, d'après l'original, *Creyo* d'après la copie.

Croix (la) : Le clos de la Croix, *in clauso Crucis*, 46, t. B.

Croix-Guibour (la) : *Ad Crucem Guiburgis*, 20, ou *Witburgis*, 23, t. B.

Cropte (la), Mayenne, arr. Laval : *Gaufridus de Cripto*, frère de Fillotte ; Renaud fils de Fillotte, 183.

Crosnières, Sarthe, arr. la Flèche : *Radulfus faber de Cromeriis*, 167.

Curum : *Ancetinus de*, 104, t. do Th. Coron ?

Curva, sur le Loir : *Locus qui dicitur Curva... super Ledum*, 272.

Cutaison, Morannes : *Paganus de Cultesson*, 168 ; *de Cultessun*; époux d'Auburge, père de Geofroy et Ascelina, 90.

Daon (Mayenne), arr. de Château Gontier : *Erneis de Daon*, 177 ; *Otiosa uxor Chadeni de Daone*, 292.

Daumeray, arr. de Baugé : *Dalmariacum*, 302 ; *Daumerezensis terra*, 276 ; *Dalmereium*, 293, 302 ; *Dalmerium*, 185 ; *Iaguelinus de Dalmerio*, 187 ; *de Dalmeriaco*, 184 ; *Guemardus filius Iaguelini*, 185, 187 ; *Algerius de Dalmeriaco*, 184 ; *Augerius de Daumerio, novus miles*, 276 ; *nobilis vir Marcoardus de Daumereio*, 276 ; *Lupellus de Dalmeriaco*, 57.

Denézé-sous-le-Lude, arr. Baugé, ou Denazé (Mayenne), arr. de Château-Gontier : *Ivo nobilis vir de Danazeio*, père de Roger, 59.

Destuels : *Gaufridus D.*, 126, t. Sc.

Deuzunaria, Dauoeunenaria : 19, 21, t. B.

Doitranni terra : 5, t. B.

Doré (le), arr. de Cholet : *Ecclesia que apellatur Deaurata*, 41 ; *apud Doratum*, 351.

Doué, Champigné, arr. Segré : *Goslenus de Dueto*, neveu de Burcard de Grez, 141.

Doussé, Daumeray : *Hugo, prior de Doxiaco*, 302 ; *Goscelinus de Doxeio et uxor eius Lucia* ; *Hulgot, leur aîné*, 293 ; *Joscelinus de Doxeio, et Girardus et Will. filii eius*, 292 ; *Lucia mater Hulgoti*, 291, *Hulgotus de Doxeio*, 290 ; *Halgotus de D.*, 195 ; *Hulgotus filius Iocelini de Doxiaco*, 302 ; *Richegarz armiger Hulgoti*, 291, 302 ; *Girardus filius Hulgodi*, 295 ; *Girardus de Doxeio, nepos Gauterii Haslet*, 296 (cf. 302, et Arch. de M.-et-L., H 1195).

Durtal, arr. Baugé : *Hubertus de Durostallo*, 60, 169 ; *Robertus monachus de D.*, 178.

Echarbot, S.-Silvain. arr. Angers : *Achardus de Escharbot*, 304 ; *Girardus de Escharboto*, 274.

Ecorces, Morannes : *Terra que dicitur Cortices*, 184 ; *terra de Scorticibus*, 196. — Seigneurs d'Ecorces. Renaud I : *Rainaldus qui vocatur de Escoorcis*, 195 ; *R. de Corticibus*, 184, 303 ; *R. de Scorticis*, époux d'Ermemburge, père de Renaud et de

Morel, 186. Renaud II : *Rainaldus de Corticibus et frater eius cognomento Morellus, Roscia uxor Rainaldi*, 188. Geoffroy Païen : *Rainaldi filius Gaufridus nomine, cognomento Paganus de Corticibus, frater eius nomine Rainaldus*, ses sœurs Julienne et Matilde, sa mère *Roscia*, 195 ; *Paganus filius Rainaldi de Scorticibus ou Gaufridus Paganus, Gaufridus filius eius, Rainaldus frater eius, et III sorores eius, Iuliana et vir eius Rainaldus et II filii Iuliane, Petrus et Laurentius et Mathildis et Maria et viri earum et filii eorum*, 196 ; *Gaufridus Paganus*, 87, 290 ; *Gaufridus filius eius*, 88 ; *Paganus et Radulfus de Corticibus*, 194 ; *Radulf. de C.*, 195 ; *Radulf. de Scorcis*, 97 ; *uxor eius Ermina*, 98 ; *Miles quidam Hamo nomine de Corticibus*, 184, 187 ; *Warnerius Forrarius*, époux de la sœur d'Hamon ; *Girardus Paganus*, son fils, 185.

Écoublère, Morannes : *Escubleria*, 97 (cf. Arch. de M.-et-L., H 1082.

Écouflant, arr. Angers : *Apud Conflentium*, 202.

Écuillé, arr. Angers : *Esquilli*, 204 ; *apud Esculliacum*, 121 ; *Ascelinus de Esculioco, Girorius de E.*, 121.

Engreviers, moulin, 2, t. B.

Entrammes (Mayenne) : *Bernardus et Renardus de Entramis*, 57 ; *Gosfredus de Intramis*, 65, 364 ; *Ricallonus de E.*, époux de *Chorinta*, 366, 367 ; *R. de Intramis*, 130.

Épinay-Grefflor (l'), La Chapelle-du-Genêt : *Hamelinus de Spineto*, 67.

Érigné, Murs, arr. Angers : *Normannus de Arigniaco, Hugo frater eius*, 216.

Escoublant : *Mauricius de Escublent, nepos Aymerici de Malgia*, 333.

Essarts (les) : *Robertus de Exartis*, 141 ; t. Th. ; *terra de Exsartis*, près de Verron, 272.

Étriché, arr. Baugé : *Villa que Estrechium dicitur*, 292 *Mauritius de Striche*, 87 ; *de Estrechio*, 292.

Èvre (l'), rivière, arr. Cholet : *Moulin et écluse in Eivra*, 35 ; *Evra*, 67.

Examples (les), Longué, arr. Baugé : *Decima de Examplis*, 196.

Facé, Sceaux : *Decima de Fasciaco*, 120 ; *Rainaldus de F.*, 118, 121 ; *Durandus de F.*, 116, 121, 140. (V. Arch. de M.-et-L., H 1204.)

Failliaco : *terra de F.*, 45. Le Fief-Sauvin, du moins d'après M. Port.

Fanvillarlis : *Oliv. de F.*, 195 ; *Gillebertus de Fanvilleris*, 372 ; t. Ch. Fains et la Villette ? Morannes.

Favril, Sceaux ; *terra apud Celsum quæ dicitur le Faueris*, 177.

Favril : *Normannus de Faurit*, t. V. N., 341.

Fawe : *Thomas de F.* (1207), 170, t. J.

Feciam : *apud*, 272 (v. S.-Colombe).

Feneu, arr. Angers : *Natalis de Fanu*, 57 ; *Fromundus de Phano*, 105 ; *de Fano*, 182 ; *Atanus de F.*, 283, 284 ; *Gosfridus de F.* (1125), 103 ; *Will. de F.*, 132 ; *de Phanou*, 173 ; *de Phano*, 143, 271 ; *Vaslinus de Ph.*, 136 ; *Rogerius de Fanou*, 296.

Femerlo : *Will. de F.*, 66, t. B.

Ferrière (la) : *Ursellus de Ferraria*, t. B., 39.

Fief-Sauvin (le), arr. Cholet : *Terra apud Failum*, 25 ; *Galterius de Failo*, 3 ; *Vitalis de F.*, 4 ; *terra de Failliaco* (?) 45 ; *apud Fadillum*, 79 ; *Aymericus de Fadillo*, 83 ; *apud Fagitum*, 66.

Filotière (la), Morannes : *Folateria juxta Joriniacum*, 168, 195. (Arch. de M.-et-L., H 1196.)

Floué, Chemiré : *Gaufridus de Flaeio*, 105 ; *Steph. de Floe*, 175, 177.

Fontenelles, Feneu, arr. Angers : *Thebaldus de Fontenellis*, 171.

Fontis-Archerii : *Olchia*, t. B., 14 ; cf. *Pré Archer*, à Beaupréau.

Forêt (la) : *Will. de Foresta*, 39, t. B.

Fosse (la), à S.-Mélaine : *Terra de Fossa apud Sanctum Melanium*, 217.

Fougeré, arr. Baugé : *Rainerius de Fulgeriaco*, 274.

Fougerolles (Mayenne) : *Paganus de Fogerolis*, 290 ; *de Fulgeroliis*, 292, t. J.

France : *Walterius de Francia*, 41.

France, rois : Robert, 276 ; Philippe, 51, 77.

Fromentières (Mayenne), arr. Château-Gontier : *Walterius presb. de Frumentariis*, 55 ; *Guido de Frumenteriis, Steph. gener eius*, 164.

Genêt (le) : v. Chapelle-du-Genêt.

Gisois : *Steph. de Gisois*, 107, 308, 350 ; *de Gisoiis*, 74, 120 ; *de Gisuiis*, 37, 74 ; *de Iesois*, 213.

Graflonis terra, près l'église de S.-Martin de-Beaupréau, 3, 39, 66, 77, 78, 85.

Granchamp ? *Itera quæ dicitur Magni Campi*, 297, v. Coutances.

Gratte-Cuisse, Chemiré, arr. Segré, ancien nom de la terre de Beaumont : *Wido* ou *Guido de Gratacoxa*, 93, 96, 290, père de *Fulco*, 161, 290, frère de *Gaufridus*, 93, et de *Warnerius*, 290 ; *Petronilla*, épouse de *Fulco Burrellus*, 93 ; *Yvo de Gratacossa miles*, 201 (cf. Arch. de M.-et-L., seigneurie de Gratte-Cuisse, H 1085).

Grésigné, Brion, arr. Baugé : *Seinfredus de Grasinniaco*, 290.

Grez-Neuville, arr. Segré : *Burchardus dominus de Gre*, 261 ; *B. de Gre*, 173 ; *B. de Greio, Radulfus filius eius*, 144 ; *Burcardus de Greto, Ico monachus frater, ipsus B.*, 141. — *Radulfus de Gre* ou *dominus de Gre*, 126, 131, 229, 235, 239, 250, 264, 266, 268, 277, 279, 286, 288 ; *R. de Greio* (1125), 103, 181, fils de Burcard et de Chrétienne : *ego Radulfus et uxor mea Maria et gener meus Guischardus et filie mee Mabilia et Adeledis*, 271 ; *Maria uxor R. de Gre*, 283 ; *R. de Gre, Iudicalis filius eius*, 261 ; *R. de Gre, frater et dominus Rainaldi de Gre*, 240 ; *Rainaldus de Gre monachus*, 240 ; *R. frater domini Radulfi*, 239. — *Hugo de Gre*, 286 ; *Paganus et Hunebaldus filii eius*, 236 ; *H. de Greio, uxor eius Rosca et Hunebaldus filius eorum*, 111 ; *secum Hugonis de*

Gre, 282, 235. *Domnus Ito de Grez*, 204; *Ito de Greto monachus*, 140, 172, frère de Burchard, 141. *Mainardus de Greio*, 111; *Ernaudus de G.*, 181; *Berengerius de Gre*, 236; *Frotmundus de Gradu*, 145. *Hugo Vulpis de G.*. 235.

Groia terra : t. Ch., 368 (cf. Arch. de M.-et-L., H. 871).

Grosfouil, S.-Quentin-en-Mauges : *Frogerius de Grosso Faile*, 75; *de Grosso Fagito*, 85; *de Grosso Fagitto*, 313; *de Grosso Phailo*, 335; *de Grosfai et filius eius Paganus*, 349; *Paganus de Grosfai*, 320.

Gubit : *Frogerius de G.*, 91; *Steph. de Gobit*, 151, 152.

Gué-du-Berge, Thouarcé, arr. Angers : *Vadum Imberge*, 16.

Gueroche (la) : *Hernulfus de Wirchia*, 2, t. B.; *Pichonius de Guirchia*, 103, t. Th.

Guiberdière (la) : Brissarthe, *Guibauderia*, 363.

Guize : *Mauricius de G.*, 165. t. J.

Haie-de-Chaumont, Chaumont : *Haia de Calido Monte*, 54, 58.

Haute-Perche, S.-Mélaine : *Alta Perca*, 225 (cf. Arch. de M.-et-L., H 1161).

Henriot, moulin et étang : *molendinum Henriot*, 166 (cf. Arch. de M.-et-L., H 1089).

Hoges, Thorigné, terre relevant du prieuré (cf. Arch. de M.-et-L., H 1041) : *terra de Hogiis*; *Phil. de H.*, 286; *Bernardus de H.*, 232; *Martinus de H.*, 113; *terra de Hilgiis*, 141; *Steph. de Hilgiis*, 204.

Huillé, arr. Baugé : *Tescelinus Calvus, prior Ulleil*, 276; *Hubertus prior U.*, 182; *Hubertus prior de Ulleio*, 166; *Gaufridus de Ulliaco*, 275.

Hulsedo : *Lambertus de H.*, 147, t. Th.

Huston : *Mansura de H.*, 202, t. Th.

Ialonnolla : *terra de I.*, identifiée par C. Port avec Jalesne (?) 63, t. Ch.

Igné : *Alexander de Igniaco*, 187, *de Igneio*, 185, 293; *Gauf. de Hinniaco*, 180; identifié par M. Port avec Igné-en-Clsay, arr. de Saumur. Ce nom ne se trouvant que dans les titres du prieuré de Juigné, c'est aux environs du prieuré de Juigné qu'il faut chercher ce lieu.

Ingrande, Azé, arr. Château-Gontier : *Herbertus de Ingrandia,* 61, 59.

Iolo : Rainaldus de I., 41, t. Beaupréau.

Iré, La Roche d'Iré, Bourg d'Iré : *Dominus de Yri,* 240; *Hubertus de Yri,* 107; *Hubertus, miles, filius Alberici de Iri de genere Marmionis,* le chevalier Geofroy, époux de *Manissa,* fille de Marmion, 145 ; *Rainaldus de Hiri,* 116, *de Yri,* 116, 127, 172; *Rainaldus, filius Huberti de Hiri,* 207, 202; *Gaufridus de Hiri,* 162 ; *Drogo, forestarius Rainaldi de Hiri,* 116, 148.

Ispanniaoum, aux environs de Juigné, en Morannes, identifié par C. Port, avec Laigné, t. II, p. 438 : *Apud villam Ispaniacum que est sita iuxta Lapratam,* 154; *Ascelinus de Ispanniaco,* 154.

Iutrinni mansura, Morannes : 300.

Jalesne, Vernantes, arr. Baugé : *Ioh. de Ialegniis,* 52; *Ialonniis,* 61 ; *de Ialonnia,* 107, 376 ; *de Ialumniis,* 59; père de Geofroy et Jean, 61, et de Milesende, 59; *terra de Ialennolia (?)* 6.

Jallais, arr. Cholet : *Aimericus de Ialesia,* 41 ; *Ermengotus de I.,* 345.

Jarzé, arr. Baugé : *Feodum Iarziense,* 55; *Fromundus, presb. de Iarciaco,* 61 ; *Will. de Iarziaco,* 372 ; *Herbertus de Zarziaco,* 195.

Jérusalem, Morannes : *Terra que vocatur Hierusalem,* 166, 191, 192.

Jonchères (les) : *Lambertus de Iunceriis,* 148; *Hugo de Iuncheriis,* 127, 207.

Juigné : *Iovinniacum,* 195; *Iuinniacum,* 149, 184, etc. ; *Iuinniacum de la Prata,* 293; *Capella de Iuinniaco, altare S. Andree,* 185, 165 ; *Wil. filius Garnerii de Iuinniaco... Maineldis, uxor eius,* 130, 138 ; *Alsone de Juigni,* 222. V. p. 129.

Juvardeil, arr. Segré : *Will. de Iavardeil*, 57 ; *W. de Iavarduillo*, 298.

Laigné, Morannes : *Terra Constancii Bonnelli de Laingniaco*, 90 ; *Albericus de L.*, 151, 152, 153, 163, *Lainuiaco*, 295 ; *de Laigneio*, 164, 276 ; *ductus, pons Laigneii*, 161 (cf. Arch. de M.-et-L., H 1902).

Lande (la) : *Terra de Landa*, 227 ; *Bretrannus de L.*, 249, t. G. ; *Goslenus de L.*, 272, t. de Verron ; *Hubertus de L.*, 299 ; *terra de Landis*, 28, 29 ; *Letardus de L.*, t. B.

Lande Fleurie (la) : *Landa Florida*, 37, 65, t. B.

Laval : *Richardus de L.*, 274, 202 ; *Johannes decanus de Laval*, 57.

Lézigné, arr. Baugé : *Rotbertus de Lescininiaco*, 295 ; *de Lesciniaco*, 296, 303.

Lion-d'Angers (le), arr. Segré : *Apud Legium*, 318 ; *apud Leionem*, 115 ; *Andreas de Leion*, 86.

Loco vadit ou **Loco vadis** : Vigne à Montrevault, 356.

Loella villa : t. de Sceaux, 121.

Loges (les), près Morannes : *Apud Logias*, 293.

Loires, Loiré (?), arr. Segré : *Richardus de L. miles*, 179, t. Sc.

Longalistria : *Noa de L.*, 135, t. Sc.

Long-Champ : *Reginaldus de Longo-Campo, prior de Celso*, 177.

Longuenée (forêt), communes de Grez-Neuville et S.-Clément-de-la-Place : *Longanaia*, 129.

Louarcé, Daumeray, arr. Baugé : *Dodo de Luarce*, 190 père de *Firmatus* et de *Maria*, 189, frère de *Benedictus de Porta* et de *Gaufridus Doer*, 190 ; *Willel. de Loarciaco*, 191 ; *Guil. de Luarce*, 168 ; *Willel. de L., Papinus, filius eius*, 150 ; *Will. de Luarceio*, 192 ; *de Loarceio et filius eius Papinus*, 197 ; *Guidulfus de Loarce*, 88 ; *Guiulfus de Luarceio*, fils d'Ermengarde, 162, et père de la femme de *Gaufridus filius alterius Gaufridi*, 88 ; *Gaufridus Guiul, Aimericus filius eius*, 87 ; *de militibus: Gauf. Guiul, Aimericus filius suus*, 92 ; *Hamelinus de Loarciaco*, 200.

Loudun, Vienne : *Cirbertus de Losduno,* 137.

Lué, arr. Baugé : *Terra de Lugiaco,* 58, 365 ; *Lamberto Luiacensi presb.,* 366; *Lamb. presb. de Luiaco,* 36 ; *Tedbaldus de L.,* 275 ; *Lambertus corvisarius de Lui,* 62 ; *Raherius de L.,* 317, 347, *et uxor eius Aremburgis soror domne Adeburgis uxoris domni Tescelini (de Monte Rebelli),* 317, 347.

Luet : *Pratum in Luet,* 225 ; *Grossus de Luet,* 217 t. S.-M.

Maine (le) : Rivière (v. *Meduana*).

Malandriaco : *Robertus de M., Hato filius eius,* 296, t. J.

Malooria : V. la Maucoillière.

Malescheria : 17, 45 ; *Mala ascheria,* 68 ; *Mala escheria,* 81, 311 ; moulin, t. B.

Mandremeria : Mesure à Montrevault, 315.

Mans (le), Sarthe. — Evêques : Gervais, 314 ; Vulgrin, 314. — Comtes : *Radulfus vicecomes Cenomannensium, Emma vice comitissa* (1058) ; Hubert et Raoul leurs enfants, 314 ; *Helias, comes Cenomanensis* (1103), 274. — *Gaufridus de Cenomannis,* 272.

Marchelllo, Marcillé (?), Beaupréau : *Vitalis de M.,* 22.

Marchia : *Hugo, filius Iugan de M.,* 65 ; t. B.

Marcillé, Grez-Neuville : *Hugo de Marcilleio monachus,* 210 ; *Hugo de Marcelliaco,* 246 ; *Hugo filius Gaufridi de Marcilli,* 281 ; *Rainerius de Marcilli,* 281 ; *R. de Marcelliaco, uxor eius Helisabeth et filii eorum Garnerius et Gaufridus,* 288 ; *Gervasius de Marcilli,* 281 ; *G. de Marcelliaco,* 288.

Marcillé, Beaupréau : *Terra de Mercilliaco,* 24.

Marigné, arr. Segré : *Algerius de Marinniaco,* 106.

Martigné-Briant, arr. Saumur : *Hubertus de Martinniaco,* 225.

Masualo Ansaldi, 88, t. Juigné.

Mathefelon, Seiches, arr. Baugé : *Hugo de Matefelun,* 292, 376 ; père de Fouque, 61, et d'Ivon, 376 ; *Fulco de Matefelonio,* 270 ; *de Matefelun,* 63, 67, 173, 362 ; *de Matefelon,* 295, frère de défunts Thébaud et Yvon, 90, *filius Ugonis de M.,* 61 ; *filius*

Scnegundis, 52, *frater Iconis bastardi qui apud S. Sergium monachus defunctus est*, 52; *Fulcho de Matefelun* et *Hugo filius eius*, 367; *Ivo bastardus, filius Hugonis de M.*, 376 ; *Hugo de Matefelon*, 292, 365 ; *de Matefelun*, 58, *filius Fulconis*, 57, 54, époux de Marquise, 57, père de feu Fouque et de Thébaud, 54; *Tedbaldus de M.*, fils d'Hugue, 54, 55, 56 ; *Warnerius de Matefelun*, époux de Tesceline, père de Maurice et de feu Thébaud, 376.

Maucoillière (la), Beaupréau : *Malcoria*, 66 ; *la Malcoria*, 26 ; *Terra Alberti Mauchorii*, 44 ; *terra quam excolebat Malchorius ad medietatem*, 39 ; *medietaria monachorum quam colebat Albertus Malcorius*, 3.

Mauges (les), arr. Cholet : *In pago Metallico, Metallica regio*, 314 ; *Maalgia, Malgia*, 335, 316 ; *Aymericus de Malgia*, 333.

Mayenne, rivière. (V. *Meduana*).

Mazé, arr. Baugé (?) : *Joh. de Mazeio*, 340, t. V. N.

Meduana : La Mayenne ou le Maine, 118, 121, 233, 243, 279.

Mésameil, placé par M. Port à Messemé, commune de Vaudelenay-Rillé, arr. Saumur (?) : *Rainaldus de Meisameil*, 277; *R. de Mesameil*, 278, t. G. ;

Milliers (les), Lué : *Amileris*, 58, fief d'Hugue de Baracé.

Minières (les), Saint-Quentin-en-Mauges : *Jordanis de Mineriis*, 45, t. Beaupréau.

Mollières (les), Bierné, Bois de Mollère, entre Morannes et Contigné ; *Terra de Moleriis ad Bierne*, 276 ; *Girardus de M., uxore sua Dionisia, filio suo, Barthl. cognomento Gastepais, fratre ipsius Girardi Burdino nomine, Pagano, fratre suo, Haimerico nepote eorum*, 92; Gérard, fils d'Aimeri de Moleriis, époux de Denyse, fille de Vivien, 297.

Monceaux, Daumeray : *Terra de Muncellis*, 160 ; *de Munteolis*, 165 ; *feodum de Montillis*, 210 ; *Paganus de Moncellis*, 163.

Mont (du) : *Gauterius de Monte*, 168, t. J.

Monts (des) : *Gaufridus de Montibus*, 293, t. J.

Mont-Alin : *G. de Monte-Alin*, frère de G. de Mollères, 92.

Monte Croterio : *Decima de M. C.*, 66, t. B.

Montdoubleau, Pellouailles, arr. Angers : *Paganus de Montdoblet*, 56.

Montessait : *Frogerius de M.*, 61 ; t. Cb.

Montfaucon, arr. Cholet : *Fevum de Monte Falcun*, 16 ; *Mauricius de M. Falconis, Mauriciolus, filius Girardi de M. F.*, 351 ; *Morinus de M. F.*, 78 ; *Rusellus de Mont Falcon*, 56.

Mont-Girou : *Bernardus de Monte Girul*, 91 ; t. J.

Montjean, arr. Cholet : *Mons Iohannis ; Apud Montem Iohannis in claustro monachorum S. Martihi*, 39. — Seigneurs : Asceline, mère d'Aimery, Raoul et Hugue, 306 ; Aimery (1062), *Haimericus de M. J., et duo fratres eius Radulfus et Hugo cum consensu Asceline matris eorum*, 306, frère de Raoul et d'Haton, 71 ; Raoul (1070 et après 1093) ; *Radulfus de M. J.*, 3, époux d'Elisabeth, sœur de Mathieu de Cholet, cf. 39, 66, père d'Ascelin, Barbotin et Asceline et du moine Albéric, 3, 7, 49, 66, 69, 75, 77, 308, 310, 311, 318, 350, frère d'Hugue, 69, 306, 310, 311 ; Hugue (avant 1082 et après 1100), *Hugo de M. J.*, 1, 2, 7, 24, 39, 47, 66, 70, 72, 73, 75, 308, père de Vivien, 7, 70, *Hugo de M. J., Radulfus frater eius, Ascelinus filius Radulfi, Erbotus frater eius*, 310 ; Ascelin, fils de Raoul, 3, 7, 49, 310, frère de Barbot, 310 ; Barbot, fils de Raoul, *Barbot de M. J.*, 29, *Barbotinus*, 3, *Barbotus de M. J.*, 25 ; *Aaleddis uxor defuncti Barboti et Ribotellus filius eiusdem*, 26 ; Vivien, fils d'Hugue, 7, 70, 83, moine à S.-Serge, 15, 16 ; *Odo de M. J.*, 66 ; *Ernaldus de M. J.*, 308 ; *Gaufridus fratri (sic) Petri Montis Iohannis*, 42 ; *Vasloth de M. J.*, 43.

Montrevault, arr. Cholet. — Grand-Montrevault, Château fondé par le comte Fouque : *Castellum quod Montem Rebellem nominavit. Castrum quod vocatur Mons Rebellis*, 315. Les seigneurs du Grand-Montrevault portent le titre de vicomtes ; le Cartulaire en mentionne trois : I. Raoul, *Radulfus vicecomes*, 306, 335, 350 ; *R., vic. de Monte Rebelli*, 340 ; il vivait sous les abbés Dalbert, Achard et Bernard, 350 ; époux d'Agathe, 340, père de Fouque qui suit et de Burcard, *Rad. vicecomite, Agatha uxore eius Fulcone et Burcardo filiis eorum*, 349. — II. Fouque, fils aîné de Raoul et d'Agathe, 340 ; *Fulco vicecomes, consilio Agathe matris sue*, 338, père de Roscelin qui suit, beau-père de Burcard : *Burchardus filater Fulconis*, 338. — III. Roscelin, fils de Fouque, époux de Pétronille, fille d'Orri de Beaupréau : *Roscelinus vicecomes filius Fulconis ; avus suus Radulfus, Petronilla uxor sua filia Orrici de Bello Pratello*, 341.

Petit-Montrevault, prieuré, v. p. 141 : *Eccl. S. Iohannis apud Montem Rebellem*, 118 ; *eccl. S. Ioh. iuxta eccl. S. Petri de Mellemarco*, 358 ; *territorium Montis Rubelli*, 354 ; *Mons Rebellis Parvus*, 360.

Seigneurs : V. Château-Roger. Roger, *Rogerius de Monti Rebelli*, 75, 137, 319, 335, 336, 345, époux de Marsire, 336, père de Fouque qui suit, et de Roger, Renaud Gelduin et Geofroy, 319, il était aussi seigneur de Poligné, 137, il vivait et mourut sous l'abbé Daibert, 345. — Fouque, dit Normand : *Dominus Parvi Montis Rebellis*, 340 ; *Fulco de M. R.*, 336 ; *Fulco Normannus*, 41 ; *Normannus*, 318 ; *N. de M. R.*, 331, 333, 340, 352 ; *Normannus Fulco de M. R.*, 351 ; fils de Roger et de Marsire, frère de Roger, Renaud, Gelduin et Geofroy : *Patris sui Rotgerii, et matris sue Marsirie et fratrum suorum Rogerii, Rainaldi, Jelduini et Goffredi* 336 (cf. 319), et de Païen : *Pagano fratre eius*, 331, il était époux de Mahaut : *Maheldis uxor eius*; 351, il vivait sous les abbés Daibert, Bernard et Pierre, 331. — Fouque, fils du précédent : *Fulco filius Normanni, dominus Parvi Montis Rebellis*, époux d'*Avicia* et père de Geofroy : *S. Fulconis, S. Avitie, uxoris eius, S. Gaufridi, filii corum*. 341 ; il vivait sous l'abbé Hervé. Ces diverses données ne concordent guère avec ce qu'écrit M. Port. « Quoique Normand laissât deux fils, c'est un de ses frères, Payen, qui paraît lui avoir succédé. » (*Diction.*, t. II, 730). Payen ne porte pas le titre de seigneur, qui est, au contraire, attribué par la charte 341, à Fouque, fils de Normand. Cependant, la charte 360 pourrait être invoquée en faveur de l'opinion de M. Port. *Paganus de M. R.* (1125), 103, 360, frère de Normand, 331. Le nom de Montrevault est aussi porté par les personnages suivants que le Cartulaire ne permet pas de rattacher à la famille de ces seigneurs : *Ermenfredus de M. R.*, époux d'*Adeherga*, père de Salomon, 351 ; *Pinardus de M. R.*, 321 ; *Stephanus de M. R.*, moine, 374; *Frogerius de M. R. miles*, frère de **Sigenfred** et de **Girard**, 346; *Rolandus de M. R.*, 103; Renaud Burgevin de M. R., 359, 352. On trouve plusieurs fois mentionnés les noms de Thescelin de M., Thescelin le Riche de M., Thescelin le Vieux de M., Thescelin, fils d'Hilbert ou d'Hulbert. Ce dernier diffère de Thescelin le Vieux, 351. Quant aux autres, nous nous contentons d'insérer ce que le Cartulaire renferme à leur sujet : *Tescelinus de M. R.* (1058), 314, 329, 348 ; époux d'Adeburge, 347, sœur d'Aremburge, épouse de Rahier de Lué, 317, 347 ; père d'Hubert, inhumé à S.-Serge, et vassal de Raoul, vicomte du Mans, 314, 317. — *Thescelinus senis, T. vetulus,* 320, 331, *senior*, 316. Thescelin, fils d'Hilbert, frère d'Eude et d'Hubert, 319, 357, 359, vassal de Roger de M., 345. *Thescelinus dives de M. R.*, 353, 354. M. Port mentionne un *Hilbert*, seigneur du Petit-Montrevault (*Dict.*, II, 730). Est-ce de lui que Tescelin était fils ? Nous l'ignorons. Mais comme il était vassal de Roger de M., il ne faudrait pas lui attribuer cette seigneurie.

Montriou, Feneu : *D. de Monte-Rionis; de M.-Riol*, 132, 143 ; *de M.-Rioli*, 124 ; *Eudo de M.-Riulfi*, 116, 134, 145.

Mont-Sabert, Coutures : *Petrus de Monte-Seberto*, 224 ; *Goslenus de M.-Setberti*, 365 ; *G. de M.-Tiedberti*, 364 ; *Gaoslenus de M.-Thetberti*, 366.

Morannes, arr. Baugé : *In vico Morenne*, 184 ; *Morenna*, 87, 169, 196, 314 ; *Gaufridus presb. de Morenna; Rotbertus presb. eiusdem loci*, 200 ; *Robertus presb. de M.*, 160, 186 ; *Lebertus de M.*, 149, 150, 197 ; *Barbotinus, Gaufridus, Robertus filii eius*, 150 ; *Frogerius de M.*, 294 ; *Helias de M.*, 184 ; *de Morennis*, 195 ; *Algerius de Moranna*, 314.

Mortagne (Vendée), arr. La Roche-sur-Yon : *Mauritania*, 66 ; t. B.

Morte-Fontaine, Thorigné : *Richardus de Mortuo-Fonte*, 111 ; *Herveus de M.-F.*, 126 ; *Will. de M.-F.*, 147, 235. (Cf. Arch. de Maine-et-Loire, H 1226).

Mortier (le) : *Morterium in Campi-Landa*, 88 (v. *Champelande).*

Motte, la Motte-Baracé, Baracé : *Rogerius de Mota,* 337 ; *Tescelina filia Rogerii de M.* (v. Vendôme); *Gaufridus de M.*, époux de la fille de Renaud le Sénéchal, 191.

Moulins : *Rogerius de Mulins,* 63, t. B. ; 374, t. Ch.

Mozé, arr. Angers : *Parrochia Mozeii ; Agatha domina eiusdem ville,* 223 ; *Mauricius de Moziaco,* 216 ; *Mauricius Garrel de Mozeio,* 223.

Mozé, Champigné : *Hugo de Moyseo,* 198, t. J.

Murs, arr. Angers : *S. Venantius de Murs,* 220 ; *Fulco de M.*, neveu d'Hugue de Claye, 220 ; Barthélemy de M., cousin d'Hugue de Claye et neveu d'autre Hugue de Claye, 216.

Neuville, Grez-Neuville, arr. Segré : *Eccl. S. Martini de Nova-Villa,* 289 ; *piscatura de N.-V.* ; *Odilerius de N.-V.*, père d'*Hervisus* et d'*Hildebert,* 140 ; *Nichol de N.-V.*, 106, 265 ; *Nichol de Novilla,* 250.

Noda : *Godefroy de N.*, père de Goffredus, 147, t. Th.

Noue (la), Brissarthe : *Vicentius, Salomon de Noa,* 151.

Noues (les) : *Apud Noas,* t. B., 11.

Noyant, Soulaire-et-Bourg, arr. Angers, ou Noyant, arr. Baugé, ou Noyant-la-Gravoyère, arr. Segré : *Noient,* 177. (Cf. Arch. de Maine-et-Loire, H 862).

Nyoiseau, arr. Segré : *Eccl. S. Dei Genitricis Marie de loco qui Nidus avis dicitur... Eremburgis, prima abbatissa,* 130 († 1135) ; *Nyoisel,* 63.

Orbesolaoo : *Albericus de O., uxor eius Berneldis,* 147 ; t. Th.

Orchère (l'), Montjean (?) : *Albertus de Orcheria,* t. B., 39.

Ostallo : *Raynaldus de O.,* 315 ; t. M.

Oumière (l'), Contigné : *Eudo de Ulmeria,* 65.

Palais ou **Pallet (le),** (Loire-Inférieure), arr. Nantes : *Daniel de Palatio,* 316, 348, 349 ; *Herveus de P.,* 360.

Parillo : *Galterius de P.* (1207), 170 ; t. J.

Parrenal : *Wiart de P.,* 151, Parnay (?), Vernoil-le-Fourrier ou arr. Saumur ; t. Ch

Partiri terra : 62, t. Ch.

Pende Latronem : *Lambertus de P. L.*, 142 ; t. Th.

Pendu, Morannes. Moulin et seigneurie de la Motte-de-Pendu, cf. Arch. M.-et-L., H 1085 : *Molendinum de Pendu*, 90, 169 ; *Warnerius cognomento Bodinus [dominus de Pendu] de Morenna*, époux d'Ermengarde, père d'Hélie, d'Agnès, d'abord mariée à Maurice de Corde, 118, puis religieuse, 160, et de Mabile, mariée à Hugue Goul, 160, 168, 169, 191, 200, 276 ; *Helyas*, fils de Garnier Bodin, 184, fait chevalier, 159 ; *Hugo Goul* ou *Gous*, époux de Mabile, fille de Garnier, père d'Adeline et de Matilde, 160, et de Paien, 165, seigneur de Pendu, 150, 165, mort après 1114, 165. Les mots *dominus de Pendu* ont été ajoutés en surcharge au-dessus des noms de Garnier Bodin et d'Hugue Goul, au XIII° siècle, 160, 165, 168. Le texte porte simplement : *Warnerius cognomento Bodinus de Morenna*. Hélie, fils de Garnier, s'appelle aussi Hélie de Morannes. V. Morannes.

Peniaboteria : *Decima de P.*, 45, t. B.

Perosel : *Molendinum de P.*, 8 ; *de Petroso*, 83, 84, t. B.

Perray (le), terre dépendant de Briolay (Arch. de Maine-et-Loire, H 890) : *Galterius, Walterius de Perreio*, 55, 366 ; *Durandus de Perreio*, 366, 368 ; *Harduinus, filius eius*, 368, t. Ch.

Pestono : *Lisuius de P.*, 298, t. J.

Petereola : *Tetbaudus de P.*, 351, t. M.

Petrenario : *Walterius de P.*, 317 ; t. M.

Peverleio : *Gaufridus de P.*, 293 ; *G. de Peverlezio, Richegarz armiger eius*, 302, t. J.

Pin-en-Mauges (le), arr. Cholet : *Girardus de Pinu*, 8, 14, 16, époux d'*Hersendis*, père de Payen et d'Ulger, 19, 20 ; *Girardus Tresmenses*, époux de lad. Horsende, 21 ; *Ulgerius de P.*, 17, 308 ; *Wil. de P.*, 70.

Place (la) : *Platea*, 25, 31 ; *Girorius de Platea*, 31, 65, 68 ; *Archembaldus de P.*, 335, 345, t. B. et V. N.

Place (la) : *Raherius de Platea*, 131, 171, 173, époux de la fille d'Hamelin, 172, père de Mathieu, Geofroy, Richer, Hamelin, 176, 179 ; *Hamelinus de Platea*, frère de Richer, 177, t. Sé.

Plesse (la), Pruillé : *Hinberta de Plessa*, 242 ; *Witon de Plexa*, 277.

Plessis, Mozé, ou le Plessis de Juigné (cf. Arch. de Maine-et-Loire, H 1159) : *Will. de Plaxitio*, 223, t. S.-M. ; *Petrus de P.*, 142, t. Th.

Plessis-Albert, Saint-Rémy-en-Mauges : *Plaxitium Alberti de S. Remigio*, 329.

Plessis-Macé (le), arr. Angers : *Lupellus presb. de Plexitio Mathei*, 265 ; *Ioh. de Plaxitio presb.*, 136 ; *Rainaldus Rufus dominus de Plaxitio*, 55.

Pocé, Distré : *Mauricius de Pocheio*, 92 ; *de Pocé*, 363.

Poitou : *Pictavensis Pagus*, 314.

Poligné, Thorigné : *Terra de Polinniaco*, 136, 137, 138 ; *Winebertus de P.*, 139 ; *Andreas de P.*, 111 ; *apud Poligniacum*, 140, 239, 240.

Pont-Perrin, Clefs, arr. Baugé : *Helyas de Ponte-Petrino*, 268 (Arch. de Maine-et-Loire, H 1196).

Porte (la) : *Maria de Porta, uxor Roberti Regis*, 260, t. G. ; *Ioinus de Porta*, t. B., 25 ; *Gosbertus de P.*, 334 ; *Gaufridus de P.*, 113, 204, t. Th. ; *Bened. et Pichun de P.*, 190 ; *Hub. de P.*, 299, t. J.

Pouèze (la), la Poitevinière, arr. Cholet : *Haimericus de Puzia*, 312, 314, 315.

Précigné, Chaumont (Arch. de Maine-et-Loire, H 827) : *Rainaldus de Prisciniaco*, 363.

Prée (la), Morannes : *Iuinniacum de la Prata, terra apud Lapratam*, 293, 294 ; *Mainardus de Laprata*, 189 ; *M. de la Pratra*, 303 ; *M. de Prædia*, 296.

Pré-Maudit : *Riveria Prati maledicti*, 374, t. Ch.

Pruillé, arr. Segré : *Decima de Pru .iaco*, 268 ; *Hub. presb. de P.*, 242 ; *Britellus de P.*, 270.

Puiset (le), Puiset-Doré, arr. Cholet : *Eccl. de Puziaco*, 360 ; *Capella Puziatum*, 353.

Puiseux, Grez-Neuville : *Apud Puseus*, 234 ; *Puiseuls*, 264 ; *Rich. de Puiseus*, 266 ; *Andreas de Poisos*, 269 ; *Genta de Puseaus*, 287 ; *Bern. de Poiseos*, 262.

Puy (le) : *Vitalis de Poio*, 195, t. J.

Quarteriolum, terre à Ville-Neuve, 348, placée par M. Port au Quarteron, comm. de Beaupréau.

Quincé, Feneu : *Huelinus de Quintiaco*, 105 ; *Gosfridus de Q., filiaster eius*, 112.

Rablay, arr. Angers : *Hugo de Arrableto*, 295.

Ragonnière (la), Beaupréau : *Ragonnaria*, 27.

Ralei : *Gaufridus de R.*, sa veuve Agnès, mère de *Werrius, Aimericus, Frello* et *Gaza*, mariée à Hugue de Baracé, 57, t. Ch.

Ramefort, Brou : *Gaufridus de Ramo forti*, 218.

Rareio : Barbot de R., 362 ; *Barbotinus de R.*, 367, t. Ch.

Rennes, Ille-et-Vilaine : *Wihenocus de Redone*, 213.

Restiniacensis : *Clericus R.*, 315, t. M.

Retaudière (la), Beaupréau : *Apud Restauderiam*, 13 ; cf. *Restaldus vicarius*, 335.

Reuzérieux, Morannes : *Molendinum de Ruseroils, Rouserous*, 160, *Roserols*, 168, *Roserolis*, 169, *Roserulis*, 184.

Riadin, Thorigné : *Johannes de Riaden*, 116, 172.

Roche (la), Chaumont : *In parr. S. Petri de Calido Monte*, 52, 61 ; *Paganus de Roca*, 58, 374 ; *Radulfus de Roca*, 372, t. Ch. — *Gaufridus de R.*, 17, ou *de Rupe*, 6, père de feu Geofroy, de *Rainaldus cognomento Rocherel*, 17 ; *Rainaldus Crassus, frater dicti Rainaldi*, 17, t. B. ; *Haimericus de Roca* et *de Rupe*, 187, t. J. ; *Walterius de Roca*, 225, t. S.-M. ; voir aussi la Roche-Fouque.

Rochefort-sur-Loire, arr. Angers : *Berengerius de Ruperforti*, 44 ; *Constantinus de R.*, 136 ; *Ioh. de R.*, 217.

Roche-Fouque (la), Soucelles : *Fulco de Rocha*, fils de Robert, 54 ; *Robertus de R.*, 55.

Roë (la), abbaye, Mayenne, arr. Château-Gontier : *Galterius canonicus de Rota*, 1207, 170.

Roem : *Hugo de R.*, t. S. M., 224.

Rosseau, Daumeray, arr. Baugé : *Rudinus de Rusceel*, 96.

Rougé : *Odo de Rugiaco, Warnerius frater Odonis*, 372.

Roussière (la), Echemiré ou Baugé : *Russeria*, 103.

Ruga : *Rainaldus de R.*, 183, t. Sc.

Sablé (Sarthe), arr. La Flèche : *Richardus de Sabloio*, 189 ; *Lisiardus de Sablolio*, 103.

Sacé, Beauné : *Hugo de Sace*, 363.

Sacio : *Rorgo de Sacio*, t. M., 315.

Saint-Brieuc (Côtes-du-Nord) : *Rivallonus de S. Briocio, monachus*, 196.

Saint-Christophe-de-la-Couperie, ou du Bois, arr. Cholet : *S. Christophorus*, 315.

Sainte-Colombe (Sarthe), arr. La Flèche : *Eccl. S. Colombe apud Feciam*, 274.

Saint-Denys-d'Anjou (Mayenne), arr. Château-Gontier : *Hugo de S. Dionisio*, 92 ; *Borrellus de S. D.*, 56.

Saint-Florent-de-Saumur : *Frédéric, abbé*, 314.

Saint-Laurent-des-Mortiers (?), Mayenne, arr. Château-Gontier : *Aalardus de S. Laurentio*, 175, t. Sc.

Saint-Loup-du-Dorat, arr. Château-Gontier : *Aimericus de S. Lupo*, 200.

Saint-Machaire, arr. Cholet : *Paganus de S. Machario*, 9.

Sainte-Marie : *Girardus mercator de S. Maria*, 120, t. Sc.

Saint-Martin : *Petrus de S. Martino*, 93, t. J.

Saint-Martin-des-Bois, arr. Segré : *Eccl. S. Martini de Bosco*, 107, 147.

Sainte-Maure : *Goscelinus de S. Maura*, 40, t. B.

Saint-Mélaine, arr. Angers : *Godefredus de S. Melanio*, 217, 220 ; *Goslenus de S. M.*, 222.

Saint-Michel : *Will. presb. de S. Michaele*, 176; *Guido de S. M.*, 157, t. Sc., Saint-Michel-du-Tertre (?), cf. Arch. de M.-et-L., H 774; *Alanus de S. M.*, 341; *Viventius S. Micaelis presb.*, 346, t. V. N.

Saint-Philbert-en-Mauges, arr. Cholet : *Vassallus de S. Philiberto*, 307, 309.

Saint-Pierre : *Gaufridus de S. Petro*, père de Burchard et de Marie, 318, 328, t. M.

Saint-Pierre, bois en Chaumont : *Boscus S. Petri*, 362.

Saint-Pierre-Maulimart (1), arr. Cholet : *Eccl. S. Petri de Melle Marco*, 351; *eccl. S. Joannis iuxta eccl. S. Petri de Mellemarco*, 358, 359.

Saint-Quentin-en-Mauges, arr. Cholet : *Gaufridus de S. Quintino*, 85, 306, 311, 313, 317, 319, 329, 335, 353, 357; *G. de S. Q. Gaufridus filius eius, Boardus frater eius iunior*, 350, 42; *Wido filius G. de S. Q.*, 360; Geofroy de S. Quentin vivait du temps de l'abbé Dalbert et paraît dans un acte passé sous son successeur, après 1083, 311.

Saint-Quentin-les-Beaurepaire, Baugé, ou Mayenne, arr. Château-Gontier : *Warinus de S. Quintino*, 208, t. J.

Saint-Rémy-en-Mauges, arr. Cholet : *Ecclesia S. Remigii in pago Metallico*, 314, 317, 319, 321, 334, 357; *Morinus et Rainaldus filius eius de S. Remigio*, 19, 320, 341; *Rainaldus de S. Remigio*, 329; *Maurinus filius predicti Rainaldi*, 320, 352; *Curia eiusdem Rainaldi*, 320; *Vinea in fevo R. de S. R.*, 356; *Gauzlenus de S. R.*, 329, 335, 355; *Alduinus de S. R.*, 320, 330.

Saint-Samson, ancienne paroisse d'Angers : *Hato de S. Sansone*, 108.

---

(1) Cette localité est ainsi mentionnée parmi les biens dépendants autrefois de l'évêché de Nantes, dans la charte de Louis-le-Gros (v. plus haut p. 180, note) : *Dimidium Mello Mortis cum ecclesia*. Parmi les autres localités du Maine-et-Loire énumérées dans cette charte, citons : Gesté, Montfaucon, Liré, Drain, la Varenne, et, dans ce qui était dès lors le pays d'Anjou : *In pago Andegavo, Halgiac, Curtem Davn, Curtem Genii* ac *Villam Lineris*. *Mello Mortis* a été identifié à tort avec Saint-Etienne-de-Mer-Morte, au Pays de Retz.

Saint-Saturnin, arr. d'Angers : *Petrus de S. Saturnino,* 224.

Saint-Sauveur : *S. Salvator de Carroco,* 85, t. B.

Saltu : *Hubertus de S.,* 31, t. B.

Sanctha : *Goffridus de S.,* 103, t. J.

Sarrigné, arr. d'Angers : *Rainerius de Sartrinio,* 15 ; *Garinus de S.,* 157 ; *Benedictus de S.,* 167.

Sarta, la *Sarthe,* rivière : *Inter Sartam et Meduanam,* 118, 121 ; *Insula Sartæ,* 296.

Sauconnier, Aviré, arr. Segré : *Gosbertus de Salcoigne,* 106 ; *Rabinus de Salcugniaco,* 199.

Sautré, Feneu, arr. d'Angers : *Saltiri,* 103.

Sauvagère (la), Cholet : *Salvageria,* 66.

Sauzaie (la) : *Vinee de Salzeia,* 43, t. B.

Sceaux : *Celsus,* 115, 118 ; *S. Martinus de Celso,* 122 ; *Gumbaldus de C.,* 148 ; *Ascelinus de C.,* 116, 172 ; *Drogo de C.,* 116 ; *Isembaldus de C.,* 133 ; *Fromundus de C.,* 174 ; *Herbertus de C.,* 178 ; *Hubertus de C.,* 243, v. Prieuré.

Segré (arr.) : *Lambertus de Secreto,* 51 ; *Gofredus filius Ivonis de Castello Secreto,* 147.

Seiches, arr. Baugé : *Gaufridus sacerdos de Cecheia,* 364 ; *factum apud Cechiam die dedicationis ecclesiæ villæ eiusdem,* 372.

Sels : *Will. de S.* (1207), 170, t. J.

Sélaines, Tiercé, arr. d'Angers : *Hubertus de Sillena,* 107.

Semblançay, Indre-et-Loire, arr. Tours, ou Chamblancé : *Hugo de Semblenciaco,* 92.

Senonnes, Mayenne, arr. Château-Gontier : *Adelardus de Senone,* 154 ; *Will. de Senona,* 199.

Sepi : *Terra quæ vocatur de Sepi,* t. Sc., 133.

Sermaise, Seiches, arr. Baugé : *Drogo de Sarmesia,* 362.

Seurdres, arr. Segré : *Nicholaus Petri de Cerde... Gaufridus Petri, frater meus, Theophania uxor mea... apud Cerdum,* 170.

Seuret : *Aremburgis de S.,* 257, t. G.

Sivrelo : *Fulco de S.*, 164; *Ecanus de S.*, 93, t. J.; *Hamelinus de S.*, 106, t. Th. — Civray ?

Sobs, Brion : *Radulfus de Sod*, 167; *R. de Sud*, 193; *Horduinus filius Gaufridi de Soth*, 38.

Sorelo : *Herveus de S.*, 93, t. J.

Soucelles, Tiercé, arr. Angers : *Eccl. de Soccella*, 130 ; *Wido de Suzeila*, 173 ; *Burchardus de Subcidilia*, 145.

Soudon, Cheffes : *Pontius de Subdun*, 121.

Soulaines, arr. Angers : *Benedictus miles de Solempniis*, 222 ; cf. Arch. de M.-et-L., H 1180.

Soulaire, Soulaire-et-Bourg, arr. Angers : *Hilleius de Soleire*, 177.

Souzé, Corzé : *Bernardus filius Normanni de Subciaco*, 121.

Streperio : *Durandus de S.*, 296, t. J.

Stultitia Aynriol, t. B., 27.

Talevasia : *Vinea apud Talevasiam*, 372 ; *Albericus de Talerasia, Ascelina uxor eius*, 373, t. Ch.

Tasleia : *Willelmus de T., monachus*, 152; *Robertus, monachus de Tasleia*, 370 ; *Rivaldus de T.*, 125.

Teheldis terra : t. B. 14.

Telelo : *Gaufridus de T.*, 132, 143, t. Th.

Tessecourt, Chantoussé, arr. Segré : *Albericus de Tertia Curte*, 125 ; *Hildemannus de T. C., filius Alberici*, 355 ; *Rainaldus de T. C.*, 172; *Gaufridus de T. C.*, 239, 286 ; *Burchardus frater Amerlandi de Tertia Curia*, 118.

Tessigné, Charcé, arr. d'Angers : *Walt. de Tessiniaco*, 221.

Thorigné, arr. Segré : *Torinniacum*, 104, 132, 286 ; *Angerius prior Torigneii*, 182; *Joh. presb. de Torinniaco*, 232, 239 ; *Operius de T.*, 104 ; *Meinardus de T.*, 107, 112 ; *Wido de T.*, 195; *Herardus de T.*, 116 ; *Radulfus de T.* 363, 68 ; *Droco de Truinniaco, Adelaidis eius uxor*, 116; *Godefredus de Torinni*, 139.

Tours : Archevêque : *Gillebertus* (1125), 103.

Tran, Bauné, arr. Baugé : *Adelelmus de Tredente*, 118 ; *de Traedente*, 120 ; *Agnes uxor eius, Burchardus filius eius*, 178.

Trapellis : *Ernaldus de Trapellis*, 221, 226 ; *Hugo, filius Ernaldi*, 221, 226 ; *Rainaldus de T., Elisabeth uxor eius, Petrus, Girardus et Falca, liberi eorum*, 231 ; *Bruno de T.*, 221, 226, 231 ; *Petrus de Trapelis*, 264, 287, t. G.

Tremblaie (la), Morannes : *Trembleia*, 171.

Troata : *Rainaldus de T.*, 58 ; *Tetgrimus et Hamelinus de T.*, 60 ; *Thebaldus de T.*, 151, 276 ; *Heliorz de T.*, 292, t. Ch. et J.

Tronc (le), Sceaux : *Terra de Truncis apud Celsum*, 181 ; *Boscus de T.*, 119 ; cf. Arch. de M.-et-L., H 1205 et 1207.

Trosam troe *(apud)* : 339, t. V. N.

Truela : *Paganus de T.*, 57, t. Ch.

Tuffière (la), Saint-Rémy-en-Mauges : *Hermiot de Thupheria*, 352.

Tuschaus : *Boscus qui vocatur*, 54, t. Ch.

Ulmela : *Ubertus de U.*, 88, t. J.

Uurcea : *Audebertus de U.*, 46, t. B. — La Guerche ?

Val (le), ou *les Vaux* : *Wido de Vallibus*, 52, 59, 62, 295, 367, 369, 375, 376 ; *W. de Valle*, 53 ; *Gilebertus, filius eius*, 370 ; *Hubertus, filius Widonis de Vallibus*, 362 ; *Hubertus de Vallibus*, 365, 366, 368, 374 ; *Richildis, fille d'Hubert*, 366 ; *Robertus de Vallibus*; *Herceus filiaster Roberti de V.*, 62 ; *Willel. de Valle*, 272 ; *Adam de Vallibus*, 314.

Varenne (la), moulin sur la Mayenne, Thorigné : *Varenna*, 103, 106, 109, 110, 111, 113, 212 ; *Varedna*, 209 ; *Rainaldus de Varenna*, 133 ; *Herbertus de V.*, 183 ; *Hubertus de Varennis, Vaslinus filius eius, Cochardus frater eius*, 124 (cf. Arch. de M.-et-L., H 1219 et 1204).

Veceril : *Apud Veceril*, 228, 231 ; *Vesceril*, 254 ; *Robertus de Veceril*, 263 ; t. G.

Vegela : *Gaudinus de V.*, 290, t. J.

Vendôme : *Tescelina uxor Huberti de Vendocino, filius eius Gosfridus*, 41 ; *Tescelina filia Rogerii de Mota, uxor Roberti* (sic) *de Vendocina,* 337 ; *Gaufridus de Vendomio,* 82 ; *G. de Vindocino,* 320, 352 ; *G. de Windocino,* 318.

Vendreau (le), Brissarthe, Arch. de M.-et-L., H 956 : *Terra de Vendreio,* 92 ; *Vendreium,* 197, 201 ; le Petit-Vendreau. *Ibid.* H 961 ; *Decima totius Vendrei ac Vendrielli,* 198.

Ventplante, 292 ; *Maresia de Venplanta,* 290, t. J.

Vercelo : *Vinee de V.,* t. J. 169.

Vernée, Chanteussé ou S.-Denys d'Anjou : *Wil., Paganus de Verneia,* 144 ; *Poelinus de Vernia,* 138.

Vernoil-le-Fourrier, arr. Baugé : *Vinee de Vernelio, Verneium,* 366 ; *Vernile,* 368 ; *Hubertus de Vernelio,* 369 ; *Rainbertus de Vernolia,* 376.

Verrière (la) : Forêt. *In foresta Verreria,* 296.

Verrières (les) : *Gaufridus de Verreriis,* 218, t. S. M.

Verrigné, Briolay, arr. d'Angers : *Arnulfus de Vitrinniaco,* 146.

Verron, Sarthe, arr. de la Flèche : *Ad Verrum,* 27.

Vigne (la) : *Sicher de Vignia,* 310, t. M.

Vignes (les) : *Durandus de Vineis, Odilerius de Vineis,* 209.

Vihiers, arr. de Saumur : *Nivelo de Vieriis ; Girberga uxor eius ; Enisax socer eius ; Detelina uxor eius ; Achardus de Vieriis,* 334.

Ville-Chien, Brissarthe : *Warnerius de Villa-Canis,* 165, 194, 292.

Villaine (la), Morannes : *Decima... bordagii qui Villena vocatur a quodam possessore etiam bordagium Rainaldi qui cognominabatur Jerusalem,* 198 ; cf. Arch. de M.-et-L., H 1089.

Ville-Neuve, bourg, comne du Fief-Sauvin, arr. Cholet : *Foresta de Villa-Nova,* 335, 351 ; *Capella S. Mariæ de V. N.,* 336 ; *Bonetus de V. N.,* 338-340 ; *Martinus de V. N.,* 340, 346.

Villiers, Pruillé, arr. Segré : *Girardus de Vileriis,* 279.

Violette (la), Grez-Neuville, arr. Segré : *Giraldus de la Volata,* 106 ; *Dometa uxor Giraudi de Voluta,* 122.

Viviers, Cheffes, arr. d'Angers : *Andreas de Viveriis*, 130.

Volvia : *Walterius de Volvia*, 105.

Vrenne (la), ruisseau et terre, arr. de Cholet : *Aymericus de Avaremma*, 17 ; *A. de Avaresma*, 6, 70, époux de Julienne, père de Février, de Gobin et d'Asceline, 11, 12 ; *Herbertus de A.*, 36 ; *Herbertus maritus Julianæ de Avaresma*, 19 ; *Theobaldus de Avalennis*, 72, frère d'Almery et moine de Saint-Serge, 11.

Vulventio : *Rainaldus de V.*, 110, t. Th.

APPENDIX

Nous donnons sous ce titre les documents ajoutés, après coup, au Cartulaire, sur la partie de ses feuillets laissée en blanc lors de sa rédaction. Ces documents se rapportent à l'histoire générale de l'abbaye et à celle de tous ses prieurés. Ils comprennent : 1° des diplômes et chartes concernant ses donations et privilèges ; 2° des serments prêtés par les recteurs des paroisses à la nomination de l'abbé, ainsi que les hommages rendus pour les biens situés dans son fief : les derniers actes concernent la plupart des prieurés de l'abbaye, et renferment quelques renseignements sur des prieurés des diocèses du Mans, de Laval, de Rennes et de Nantes.

Pour ne pas nous étendre plus longuement, nous nous bornerons à indiquer rapidement ces actes divers, dans l'ordre dans lequel nous les trouvons inscrits dans le manuscrit. Quelques-uns de ces documents ont été transcrits, comme nous le disons plus haut, sur les feuillets mêmes du Cartulaire : les autres remplissent les feuillets 167-176, qui forment un cahier ajouté au volume lors de sa reliure, mais qui en diffère complètement par le parchemin.

I. — Diplômes et chartes concernant les privilèges de l'abbaye de Saint-Serge

F° 131 v°. — Ch. 301. — 1000. Diplôme de Robert, roi de France, en faveur de l'abbaye de Saint-Serge, située à un mille d'Angers, vers l'Orient. Il confirme la donation faite par l'évêque Renaud pour les âmes de son père *Equinocus* (sic), de sa mère Richilde, de son frère Hugue, du comte Geofroy et de Fouque, son fils, donation qui comprend : *dimidiam ecclesiam S. Remigii cum pertinenciis suis, et de rebus ecclesie sue duas quartas de terra que est de potestate que vocatur Jonniacus... villam Boschitum ex integro et dimidiam villam Confluentis et dimidium portum de Sarta eiusdem ville, et piscarias et prata cum mancipiis et omnibus ad hoc pertinentibus et Alberis villam dimidiam et piscariam dimidiam que dicitur litteris Guaschita et villam Campiniacum cum adjacentibus ex integro et duas ecclesias Celsum et Thoriniacum inter Sartam et Meduanam et ecclesiam de Buxito et ecclesiam S. Melani ultra Ligerim et quidquid habent S. Sergius et Bachus in Chelgeyo.*

Charte d'Hubert, évêque d'Angers, relative à la donation de l'église Saint-Maurille de Chalonnes. *Datum kal. marcii regnante Henrico rege Francorum, et Gauf. comite Andeg. anno millesimo...*

Mention d'un diplôme s. d. du roi Henri, confirmant la donation précédente ; d'une autre charte de l'évêque Hubert, confirmant les donations de son prédécesseur Renaud ; d'une charte de l'évêque Ulger, donnée en 1148, *Ludovico Francorum rege expedicionem Domini in Sarracenos agentis*, concernant l'écluse des Ponts-de-Cé, *de Ponte Sagii* ; et d'autres chartes de l'évêque Eusèbe, 1128.

F° 132 v°. — Ch. 304. — 1313. Charte de Guillaume, évêque d'Angers, dans laquelle il rappelle qu'il est né et a été élevé dans ce diocèse, qu'il a été, sept ans, le commensal de l'évêque Nicolas, auquel il a succédé depuis vingt-deux ans et plus.

Ch. 305. — Note dans laquelle l'abbé Guillaume *Bajuli*, *sacre Theologie professor*, rappelle les différends de l'abbaye avec l'évêque Nicolas Gelent, notamment au sujet d'acquisitions devant et derrière le manoir d'*Esventart*, et atteste qu'il a transcrit les documents précédents le 4 septembre 1374.

F° 163 v°. — Ch. 371. — Juin 1270. Charte de Gautier, abbé de S.-Serge, concédant à Michel de la Forêt, *civi Andegavensi*, la moitié d'une maison sise dans le fief de l'abbaye, *juxta portum Buschere*.

Modèle de la lettre à envoyer à la mort des religieux.

F° 93. — Ch. 99. — 1212. Charte de Jean, archevêque de Tours, faisant sa visite dans le diocèse d'Angers et au prieuré de Juigné, touchant le droit de procuration réclamé au prieuré. *Orig. et vidimus*, Arch. de M.-et-L., H 1080.

Ch. 100. — 1319. Arrangement entre l'évêque d'Angers, Hugue, et l'abbé de Saint-Serge, Pierre *de Castro Lucii*, touchant le droit de visite dans ledit prieuré.

Ch. 101. — 1252. Charte de Michel, évêque d'Angers, réglant les droits de J., archidiacre *trans meduan*. sur les prieurés de Meral, de la Poissonnière, de Savonnières, de Grez et de la Roche-d'Iré.

Ch. 102. — 1275. Charte de Nicolas Gellent, évêque d'Angers, réglant un différend entre l'abbé de Saint-Serge et Olivier, archid. d'Angers, qui réclamait le cheval monté par le nouvel abbé lors de son installation.

Avec ces chartes inscrites sur les feuillets mêmes du Cartulaire, il nous semble bon de cataloguer les suivantes, que nous trouvons sur un feuillet détaché et inséré dans le manuscrit, bien qu'il ne lui ait jamais appartenu :

Arrangement passé sous l'évêque Eusèbe, entre Albert, abbé de Marmoutier, et Vulgrin, abbé de Saint-Serge, relativement à la chapelle de Saint-Maurille-de-Chalonnes.

Arrangement avec un nommé *Adalardus*, touchant son entrée à Saint-Serge.

Arrangement avec le prêtre de Saint-Marcel (de Briolay ?) : il gardera l'église de Saint-Marcel, aux conditions indiquées, *quamdiu se caste continuerit*.

Arrangement avec le recteur de Saint-Samson, sur les droits curiaux.

Arrangement entre les moines de Saint-Serge et le recteur de Chaumont : l'acte est interrompu à la sixième ligne.

II. — Serments prêtés par les recteurs présentés par l'abbé de Saint-Serge et hommages rendus pour des terres sises dans son fief

F°s 50 v° et 51. — Ch. 114. — 1282. Hommages rendus à Geofroy Soubrit, abbé de Saint-Serge, par les personnages qui suivent : *Hemeriays de la Jumelere*, pour le fief de *Bordellis*, en Chalonnes ; Guil. *de Planteys*, pour son hébergement du *Planteys*, paroisse de Sainte-Christine ; André *Raboan*, pour son hébergement de la *Raboannere*, en Thorigné ; Pierre Gaydon, pour sa terre de *Jaanneto*, en Chalonne, chargée d'une rente d'un saumon le jeudi de la Passion, en faveur du prieur de Beaupréau ; Guil. Bérart, pour son fief de la *Triquotere*, en Briolay ; Maurice *de la Guillaumere*, pour le fief du Prieur, en la Membrole, et Saint-Jean-sur-Maine, chargé d'une rente en faveur du prieur du Plessis-Macé ; André *de la Chenaye*, pour le fief de la Haye, en Saint-Clément-de-la-Place ; Robert Beraut, pour le fief de la *Beraudere*, en Ecuillé ; Eremburge, veuve de Geofroy Pelerin, de la paroisse de la Chapelle, pour le fief *Gonher*, en Lézigné ; Josselin du Bois Saint-Pierre, de Chaumont, pour la Touche-Renard, dite paroisse ; Jean Robin, pour le manoir de la Touche-Renard ; Guil. *Dolle*, pour une terre en Bazoges. — 1283. Jean Jebert et Pierre Jambu, de Brissarthe, pour le tènement du cimetière. — 1284. La veuve de Robert de Maulévrier, chevalier, pour le *Mortier de Vern*, en Juigné-sur-Loire. — 1285. Jean Nihard, du Vieux-Baugé, pour le manoir *dou Soleir*. — 1289. Agnès du Coudray, veuve Morignan de Beaupréau.

F° 61. — Noms de ceux qui doivent hommage à l'abbaye : les héritiers *du Buignun*, à Escuillé, Raoul *de S. Alemanno*, à Juigné-sur-Loire ; Jean *de Escharbot*, pour le *Boschet*; Pierre Raboan, à Poligné ; Guil. *de Alenchun*, redevable d'une rente d'un saumon au prieur de Beaupréau, pour fief à la Folie-l'Evêque, *apud Foliam Episcopi*; Guil. Boef, pour le fief de Soleir, *de feodo Solarii*. — 1248. Hommages rendus par Julienne, veuve de Jean *d'Alençon*, pour terre *subter Foliam episcopi*; par Guil. le Prévot, chevalier, pour les *Planteiz*, en Sainte-Christine, et Barthélemy de Beauvau.

F° 92 v°. — Ch. 203. — 1263. *Tempore Dom. abbatis Galterii noviter creati* : Hommages rendus par Geofroy *de la Roussère*, chevalier, de Beauvau ; Bourgine *de Culo Teisoin* (Cutaison) ; Jean Nihart, pour le fief du *Soler*, Vieux-Baugé ; Pierre Raboan, pour le fief de Poligné, en Thorigné ; Et. *du Breil de Lestre*, Thorigné ; Jean Jambu, de Brissarthe ; Renou Mellée, pour son manoir de Sceaux ; Pierre de la Roche-Tebaut, chevalier, pour l'hébergement de *Marcé* ; Robert *de Moteio*, en *Meral-de-Moteoio* ; *Eurenbore la Berarde*, de Briolay ; Renard *de Buignon*, chevalier, en Escuillé ; Jean Guales, pour le bois du Champ-Joubert : il doit trois s. de rente au prieur de Richebourg ; Marguerite, dame *du Planteys*, de Sainte-Christine; Mathieu, chevalier, seigneur d'Escharbot ; Pierre *de la Garmatière;* Hemeri Jorret, pour le fief de l'héritier de *Gloire ;* André *de la Chenoe,* de Pruillé, pour la terre de la Haye, en Saint-Clément-de-la-Place, chargée d'une rente au prieur du Plessis-Macé, M. de la Guillaumière, pour le tènement de Fouque de Quatrebarbes ; Jean le Mère, chevalier, au nom des enfants de *Matillis,* veuve de Gervais Henri, de la paroisse de Morannes. — 1265. Guil. des Plantelz, Guil. Dolle, de Bazoges-sur-Loir, pour terre en ladite paroisse, redevable d'une rente au prieur de *Crosto.*

F° 93. — Ch. 205. — 1270. Noble dame Jeanne d'Aubigné, d'Huillé, pour la dîme de *l'Escoblère,* en Morannes. — 1263. Joscelin du Bois-Saint-Pierre. — 1266. Jean Robert, de Chaumont, pour la Touche-Renard ; Geofroy Pelerin, de Lésigné, pour le fief Gonthier. — 1270. Mathieu *de Cutessun.*

F° 94. — 1271. *Tempore Dom. Hamelini abbatis.* — 1271. Thébaud de la Roche, de la par. *de Marcé ;* Pierre Raboan, de Chalonnes, pour le fief de Poligné ; Geofroy d'Escharbot, varlet ; la veuve de Geofroy de la Roussière, de Beauvau ; Gervais Henri, fils de Gervais Henri, de Morannes. — 1274. Heremburge, veuve de Geofroy Pelerin, de Lézigné. — 1271. Joscelin du Bois-St-Pierre.

F° 96 v°. — Ch. 211. — 1270. *Tempore D. Hamelini abbatis.* Pierre *de la Gramatière,* pour le fief de la Gramatyère, en Meral ; Jean Nihart, pour le *Solier ;* Jeanne d'Aubigné, Geofroy de la Roussière, chevalier ; Maurice de la Guillaumière, Renou Meslée ; Eremburge la Berarde, de Briolay ; J. Robert, de Chaumont ; Et. du Breuil ; J. Jambu ; Guil. *des Planteis ;* André de la Chesnaie, de Pruillé, pour la Haie, en St-Clément-de-la-Place ; Robert *de Moteio,* en Meral. — 1275. Colin *de Moteio,* clerc. — 1271. La veuve de Robert de Maulévrier.

F° 101. — 1250. Serment de Salomon, curé d'Astillé, à frère Nicolas, abbé.

F° 111 v°. — Ch. 255. — 1334. Hommages rendus à l'abbé Guillaume par Pierre Dolu *du Planteis* ; Geofroy de la Roussière ; Guil. le Charretier ; G. Rousseau et Guil. Robert de Chaumont.

F° 122. — Ch. 280. — 1332. Serments prêtés à Hélie, abbé de Saint-Serge, le jeudi après la Pentecôte, par : Jacques, rect. de Bazoges ; Pierre *Boutelle*, rect. de Sceaux ; Jean Rolland, rect. de *Culleyo* ; Et. Mellet, rect. de Brissarthe ; Gervais Amiré, ou Auvré, rect. de Villeneuve.

F° 159. — Ch. 361. — 1295. Guil. Grondan, époux de Pétronille, veuve d'André Raboau, pour la *Raboannière*. — 1298. Pierre Bernier, de Chaumont, pour la Tortière ; Macée, fille de Ren. *de Buignons*, pour vignes en Ecuillé. — 1299. Guil. Jambu de Brissarthe ; Geofroy *de Doe*, chevalier, au nom de son épouse, sœur de Robert de Maulévrier, pour terres à Juigné-sur-Loire. — 1305. Geofroy *de Buignons*, fils de Renard *de Buignons*, chevalier. — 1319. Hommage de Pèlerin, pour terres au fief *Gohier*, en Lézigné, rendu à frère Henri *de Ponte-Rubro*, prieur de *Villariis*, et G., prieur de Chaumont, au nom de Pierre de Châteaulux, abbé. — 1301. Colin Henri de Morannes, pour le moulin Henriot. — 1302. Pierre Raboan, de Thorigné, pour la Raboannière ; Mathieu Doille, de Basoges, pour terre entre le gué de *Boigne* et les aunaies de *Oilleyo*. — 1304. Guil. de Cutesson, vallet, pour un clos de vigne à Champelande. — 1307. Barth. Berart, pour le clos de vigne de la Tricotière et le bois de *Tremoreau*, en Briolay. — 1309. Guil. de la Roussière, pour la Roussière et maisons au grand bourg de Beauvau, etc. — 1319. Mabile, veuve de Geofroy *de Doe*, chevalier ; J. *Crochin*, de Chaumont.

F° 167. — 1296. Serments d'Et. Monnier, rect. de Beauvau, et J. Robichon, rect. de Briolay. — 1324. Robert *de Castro*, rect. de Savennières ; témoins, frères Hamelin, J. d'Angers, J. *de Gacinis*, Guil. Dan...., prieurs de Thorigné, de Sceaux, de Chémeré et de Chalonnes.

F° 168. — Serments de recteurs copiés par Jacques Pastureau, clerc :

1250. Salomon, rect. de N. D. d'Astillé ; Guil., rect. de Lézigné et doyen de Vitré ; Mathieu, rect. de S.-Laurent-de-

Baugé. — 1284. Guil., rect. de S.-Maurille-de-Chalonnes. — 1289. Guil., rect. de *Torrée*. — 1290. Maître Garnier *des Espineys*, clerc, présenté par le seigneur de *Villeguier*, à la chapelle de Villeguier-en-Baugé ; Ruellan, rect. de S.-Mélaine (1).

F° 169. — 1300. Guil. de *Juistignet*, rect. de S.-Mélaine, témoins : Symon, prieur de l'aumônerie de Château-Gontier ; Nic. de *Fausco*, rect. de Brissarthe ; Martin, rect. de *Combrée* ; frère Fouquet *de Miliariis*, prieur de Chaumont. — 1301. Henri, rect. de Chaumont, témoins : Guil., rect. de S.-Mélaine ; J. Parcheminier, bourgeois d'Angers. Fouque, rect. de Gennes, neveu de frère Jean, abbé de S.-Serge : témoins, frères Phil. *de la Bocaye*, prieur de Savennières ; Mathieu, prieur d'Andrezé ; Renaud, prieur de Thorigné ; Gilles Daniart, prieur de Briolay ; Hugue de l'Aunay, prieur de Chalonnes ; Mathieu de Maillé, prieur de Grez ; Fouque *de Milleriis*, prieur de Chéméré ; J. Morhier, prieur de Beaupréau ; Eude Quetier, prieur de Rochefort ; Mich. Mansseau, prieur de Mozé ; Gilles Orgebee, prieur de S.-Mélaine ; Samson, prieur de la Roche-d'Iré ; J. de Morannes, prieur de *Ceaux* ; Guil. Coustanz, prieur d'Huillé ; J. de la Maignenne, prieur de Baracé ; Mich. *Claudus*, prieur de Lézigné ; Hamon, prieur de S.-Léonard ; Guil. Danill, prieur du Creux ; Laurent, prieur des Champs ; P. Mallou, prieur de Verron ; Guil. Malloyau, prieur de Beauvau ; Martin de Tours, prieur de *Vendengé* ; J. Dex-Legart, prieur de la Poissonnière ; Guil. *Augusti*, frère du prieur de S.-Mélaine ; Robin Parcheminier, *civis andegavensis*.

1301. Nic. *dou Faut*, rect. de Brissarthe ; Jean *de la Suze*, rect. de Thorigné ; Math. *de Melleyo*, clerc, rect. de Neuville. — 1347. Jean *Saltee*, rect. de la Chapelle-du-Genest. — 1301. R. *Girard*, rect. de Rillé ; Maurice *Guinet*, rect. de Verron ; témoin : J., prieur de Beaupréau. — 1302. André *de Brumenceyo*, rect. de Gennes, du diocèse de Rennes ; témoins : frère Mathieu *de Mailleyo* ; Symon *de Melley* ; Pierre Bienassis, rect. de Montreuil-sur-Pérouse.

(1) Dans ces titres, le recteur est souvent appelé *persona*, la personne de Baugé, etc. Au XIII° et au XIV° siècles, le mot *de persona* était aussi employé avec ce sens dans le Pays nantais ; il l'est encore dans certaines parties de la Bretagne.

F° 170. — Redevances dues par Et. du Breuil, de Thorigné ; J. Guales, du Bois-du-Champ-Joubert ; les héritiers de la *Garmatère ;* Gervais, Henri, de Morannes, sur le Moulin-Henriot ; la dame d'Aubigné, sur l'*Escoutere ;* Mathieu *de Cutesson.*

1292. — Hommages rendus par Pétronille, veuve d'André Raboan ; Guil. du Verger, *de Virguto,* pour le fief du prieur en la *Manbreroule* et S.-Jean-sur-Maine ou sur Mayenne, *super Meduanam.* — 1307. Pétronille, veuve Raboan ; témoin : Guil. Malon, prieur de Chaumont. — 1309. Hommage de Geofroy de la Roussière à Henri de *Ponte-Rubeo,* prieur de Villiers, du dioc. de Limoges, au nom de Pierre de Château-Lux, abbé de S.-Serge, pour l'hébergement de la Roussière, dans la ville de Beauvau. — 1332. Math. Courtays, de Briolay.

Hommages rendus au temps de l'abbé Geofroy :

Pierre, fils d'André *de la Chesnaie* pour son fief de la Haie en S.-Clément-de-la-Place.

1299. Agathe, veuve d'Henri *Guatenny,* chevalier, pour les vignes de *Bouchet,* et terres en S.-Samson. — 1311. Nic. Raboan, fils d'André, pour la Raboannière ; présents : Jean Reboura, abbé ; Hamelin, prieur de Thorigné, fils de Guil. Censier. — 1313. Pierre *dou Planteys ;* témoins : frère Guil. Coutanz, prieur d'Huillé ; Hamelin *Bernehart,* prieur de Thorigné. — 1313. Jean *Ceressier ;* témoin : Guil., prieur de Lézigné. — 1319. Pierre du Breuil, pour le fief du Breuil en Thorigné.

F° 171. — Hommages rendus à l'abbé Jean, en 1290 : Maurice de la *Guillaumière ;* Jeanne, veuve de Geof. de la Roussière ; P. de la Chesnaye, pour la Haye, au fief du prieur du Plessis-Macé ; André Raboan, pour la Raboannière, au fief du prieur de Thorigné ; Jean Robert, pour la Touche-Renart ; Jules Pèlerin, pour le fief *Gohier,* en Lézigné ; J. Nihart, pour le fief *dou Soleir,* au Vieux-Baugé ; Pierre du Bois-Saint-Pierre ; Guil. Lerat, de Briolay, Ruellon le Breton, de Brissarthe ; Renaud de *Bupsos, armiger,* pour vignes en la paroisse de Cuillé ; Guil. *de Plantaiiz.* — 1293. Richard *de Vallibus* et Guil. Lepuilleys, pour la Touche-Renart ; Robin de Maulévrier, chevalier, pour terres à Juigné-sur-Loire. — 1394. Guil. Robert, pour une portion des biens de Jean Robert, à la Touche-Renart ; Robert le Corveysier, pour une portion de la Touche-Renart.

F° 172. — 1302. Jean de Savennières, seigneur d'*Escharbot*, au nom d'Agathe, sa femme, dame d'Escharbot ; témoins : frères Robert, prieur de Savennières ; Symon, prieur de Château-Gontier. — 1304. Michel, seigneur *de Escharbot*. — 1319. Pierre *dou Planteiz*, pour le Planteiz, en Ste-Christine ; témoin : Pierre, seigneur de Cuillé, vallet; Roland Talvaz, pour une partie de la Raboannière. — Serments prêtés par Guil., rect. de Torrée, 1289. — Pierre *de Vendel*, rect. de Montreuil-sur-Pérouse, au diocèse de Rennes, et Guil. *Raoul*, rect. de *Loere*, 1292. — Jean de S., rect. de M... (?), 1334. — Clément, rect. de Méral, 1293.

F° 173. — 1332. Et. Mellet, rect. de Brissarte, et Gervais Auvré, rect. de Villeneuve. — 1290. Rentes dues par Olivier de la Touche, Math. *de la Garrelière*, Et. de Chantelou, P. le Fèvre, Mahaut *la Godillone*, Jeanne *la Guionnie*, Et. de la Touche. — 1314. Serments : 1° de Philippe, rect. d'Huillé, tém. frère Guil., prieur d'Huillé ; Phil., prieur de *Tuydes* ; Guil., prieur de Chaumont ; Hamelin, prieur de Thorigné ; Jean, prieur de *Ceaux* ; Guil., prieur de Lézigné ; parmi les séculiers : Symon *de Melleyo* ; Olivier, rect. de S.-Léger ; Raoul *Faber*, rect. de Brissarthe ; Jean Texier, rect. de S.-Samson ; 2°, 1315, de Guil. *de Crochet*, rect. de Ceaux. — 1331. Giraud, prieur de Chalonnes.

1339. Hommage de Jean Nihart, seigneur de *Louidifer*, pour le fief de *Solario*, au Vieux-Baugé.

1349. Serments de Philippe du Plessis, rect. de Montreuil-sur-Pérouse. — 1350. Guil. le Bret, prêtre, rect. de Baracé. — 1353. Guil. Poi...aut, rect. de Rablay ; Henri Pinart, rect. d'Erigné ; Jean le Maivre, rect. de Mozé. — 1353. Hommage rendu à l'abbé Gui par Mathieu Nihart, du Vieux-Baugé ; tém., Guil. Faber, rect. de *Lupanis* (?) ; Bertrand Vigier, écuyer, du diocèse de Limoges.

F° 174. — 1332. Hommages rendus à l'abbé Hélye par Geofroy de la Roussière, la dame dou *Vienoix*, Pierre *dou Planteis*, Jean de Lantenelle, Robert Talvart, Thibaud Bernier, pour la Tortière, en Chaumont ; Jean Nihart, du Vieux-Baugé ; Guil. le Charetier, G. Roussel et Pierre Robert de Chaumont, P de Bois-Tesson, pour une vigne à Champelande ; témoins :

Pierre de Chinon, prieur de Beaupréau ; Pierre de Montigné, damoiseau ; Jean du Verger, Michel du Breuil, le jeune ; J. Trochon.

Hommages rendus en 1286, au temps de l'abbé Geofroy : les héritiers *d'Escharbot*, pour leurs terres de *Bouchet* et de *Riperia ;* André Raboan, pour la Rabouannière ; Hemeri de la Jumelière, pour le fief de *Bordellis*, en Chalonnes ; Guil. de *Planteys*, pour le *Planteys ;* P. Gaydon, pour la terre de *Jaanneto,* en Chalonnes, chargée d'une rente d'un saumon au Jeudi-Saint, en faveur du prieur de Beaupréau ; Guil. Berat, pour la *Triquotere,* en Briolay ; Maurice *de la Guillaumere,* pour terres dans les paroisses de la *Menbrerole* et de Saint-Jean-sur-Maine ; André de la Chenaye, pour la Haie ; Rob. Beraud, pour la *Beraudere,* en *Escullé ;* Eremburge, veuve de Geofroy Pèlerin, pour le fief *Gauher,* en Lézigné ; Jousselin du Bois-Saint-Pierre, pour le manoir du Bois-Saint-Pierre et le bois de la Touche-Renard, en Chaumont ; Jean Robert, pour le manoir de la Touche-Renard ; Guil. Dalle, pour terre en Basoges, chargée d'une rente au prieur du Creux ; J. Gebert et P. Jambu, de Brissarthe, pour le tènement de *Courterio ;* les héritiers de Renou Mellee, pour un manoir en Sceaux ; J. Nihart, pour le fief *dou Soleir ;* Jean de Lentinelle, petit-fils de Renou Mellée, et fils de Math. *de Morcio* et de Laurence, fille dudit Renou, pour le manoir de la Salle-Verte, en Sceaux.

F° 175. — Serments de recteurs : 1311. Raoul de Vendel, rect. de Savennières ; témoins, Robert de la Gravelle, P. de Saumur, Bouchard de Vendel, vallet ; Raoul le Fèvre, rect. de Brissarthe. — 1312. Jean Seuart, prêtre, chapelain de la chapellenie de *Ceaux*, et le recteur de Beauvau ; témoins, Simon Constanz, prieur de Beauvau. — 1314. Jacques le Masson, prêtre, chapelain de Ceaux ; témoins : Simon *de Mellein,* rect. de Meral, et Guil. Crochelt, rect. de *Ceaux.* — 1307. Jean Dorceys (?), rect. de *Loyeré.* — 1317. Raoul Folin, rect. d'Huillé, et Robert Bertout, rect. de Briolay ; témoins, frères Hamelin, prieur de Thorigné ; Hugue, prieur de Chalonnes ; Guil., prieur de Chaumont ; Guil., prieur de Lézigné ; G. de Huillé, J. de *Verronio, Laurencio de Campis, Herberto de Baracelo, B. de*

S. *Leonardo, juxta Durum Stallum*; Rob. *de Valli Landrici,* G. *de Vendengeyo,* J. *de S. Melanio,* Math. *de Bello Prato, Mich. de Saponeriis,* J. *de Celsis,* J. *de Plexeio Mathei.* — 1318. Math. Touteneau, rect. du Nouveau-Baugé, et J. Pommier (?), rect. du Vieux-Baugé.

F° 176. — 1303 Thomas, rect. d'Astillé, dioc. du Mans; témoins : Guil. *de Brardis*, doyen de S.-Hilaire, dioc. d'Avranches, et Simon, prieur de l'aumônerie de Château-Gontier. Raoul le Noir, rect. de S.-Samson, près d'Angers, et Jean de Ville-Oiseau, *de Villa-Avis,* rect. de S.-Michel-du-Tertre; témoins : Guil., prieur d'Huillé; Jean, prieur de Briolay; Jean, prieur de Ceaux; Jean, prieur de Beaupréau; Simon *de Melley.* Guil. Etienne, rect. de Mozé; témoins : Gilles *Dangart*, prieur de Thorigné; Math. *Mailly*, prieur de Grez; Jean *Deulegart*, prieur de Briolay; Jean, prieur de Mozé, et Guil. Coustanz, prieur d'Huillé. Etienne Neveu, rect. de Pruillé; témoins : Aubin, rect. de Chantocé, *Trans Meduan.*; Eude, prieur de Rochefort; le recteur de Juigné *en Montenadays*. — 1305. Raoul le Fèvre, prieur de Gennes, et Mich. Cordon, rect. de Brielles, dioc. de Rennes. — 1306. Gilles *Defiz?* rect. de *Ceaux;* Robert de *Meliendis*, rect. de Verron; P. Gaînteau, rect. de la Membrole; Raymond, rect. de Neuville. — 1307. Serment de Jacques Cordier, *Jacobus Cordarii*, du dioc. du Mans, à raison des Ecoles de grammaires que lui a concédées l'abbé Guillaume.

F° 176 v°. — 1307. Geofroy et Nicolas les Coustanz, rect. de Cuillé et de Pruillé. — 1308. Pierre de Cornillé; *de Cornilleio,* rect. de Briolay, et J. Texier, rect. de S.-Samson, près d'Angers. — 1309. Robert, rect. de Lézigné; témoins : Guil. de *Isygné*, chanoine de S.-Pierre, et Colin, son frère, prieurs de Sceaux et de Lézigné. Guil. du Bois-Talovez, rect. de Thorigné; tém. : frère Gervais, prieur de Baugé; G., prieur d'Huillé; Geofroy *de Mailleio,* aumônier. — 1320. Guil. le Fèvre, rect. de Baracé; Hugue Garnier, rect. de Mozé, et Mich. Pouan, rect. de S.-Mélaine.

CORRIGENDA

Page	Ligne	Au lieu de :	lire :
2	44	singulièrement terminée,	singulièrement diminuée.
11	30	de 1150 à 1168,	de 1152 à 1168.
22	23	copies de ce manuscrit,	copies tirées de ce manuscrit.
37	17	*sub potestale,*	*sub potestale.*
77	12	Bolchard,	Burchard.
78	22	Quel que soin,	Quelque soin.
93	5	ou moment où,	au moment où.
106	5	arrangée,	arrangées.
137	16	vers 1155,	1163-1168.

TABLE DES MATIÈRES

Sceau et Contre-Scel de l'Abbaye de Saint-Serge *(hors texte)*

I — LE MANUSCRIT

	Pages
Histoire du Cartulaire de 1790 à son arrivée dans la collection Dobrée	1
Types d'écritures du Cartulaire	8
Époque de sa composition	11
Son état	15
Son objet	21

II — MŒURS & USAGES

Les donateurs	25
Les donations : consentement des parents	32
— — des seigneurs	38
Dons en retour : argent, objets divers, chevaux	40
Formalité de la donation ; embrassement des parties	50
Chicanes : l'année de la chevalerie ; mort des donateurs ; les gendres	52
Les arrangements ; cours ecclésiastiques ; cours séculières	58
Les biens donnés : leurs charges et redevances	63
Les terres : leur amélioration ; les cultures : la vigne, vigne à complant	73
Mesures et prix des terres et de différents objets	79
Observations philologiques. — Les noms propres : noms d'origine germaine, etc., surnoms, sobriquets. Etablissement des noms de famille	82

  Pages

    III — ANALYSE DES CHARTES....   98

Liste des abbés de Saint-Serge............   100
Titres du prieuré de Beaupréau...........   101
    —   de Chaumont...........   114
    —   de Grez-Neuville.........   121
    —   de Juigné-la-Prée.........   129
    —   du Petit-Montrevault......   141
    —   de Saint-Mélaine.........   148
    —   de Sceaux.............   152
    —   de Thorigné...........   158
    —   de Villeneuve..........   165

 IV — Dictionnaire des noms de lieux mentionnés dans
       le Cartulaire....................   169

                    APPENDIX

  I. — Diplômes et chartes concernant les privilèges de l'abbaye. 206
 II. — Serments prêtés par les recteurs présentés par l'abbé, et
       hommages rendus pour des terres sises dans   208

Imprimerie Moderne — 22 et 24, rue du Calvaire — Nantes

www.ingramcontent.com/pod-product-compliance
Lightning Source LLC
Chambersburg PA
CBHW051913160426
43198CB00012B/1877